새중앙교회
이야기

선교행전

40 새중앙교회 이야기, **선교행전**

1판 1쇄 발행 2023년 6월 17일

발행인	황덕영
편집인	이칠수
편집총괄	이상영
책임편집	황 하
디자인	디자인 이츠
자료정리	김정진, 박창희, 손동선, 송명훈, 오인옥, 이상영, 최이정
교정교열	오인옥
사진	사진선교회
관리	최이정

펴낸곳	글로벌제자훈련원
등록일	2008년 4월 15일
주소	경기도 안양시 동안구 귀인로 301
전화	031-420-6365
전자우편	sjanews@naver.com
홈페이지	www.sja.or.kr
인쇄제본	신원인쇄
ISBN	979-11-85956-15-2 03230
정가	20,000원

새중앙교회
이야기

선교행전

글로벌제자훈련원

목차

40 새중앙교회 이야기
선교행전

'그럼에도 불구하고 선교하는 교회'
그 푯대를 향하여 달려가노라

새중앙교회가 어느덧 마흔이 되었습니다. 40년이라는 시간은 결코 짧지 않은 시간입니다. 그 긴 시간을 '선교'라는 푯대를 향하여 달려오면서 때로는 수많은 파도와 맞닥뜨리기도 했습니다. 하지만 하나님께서는 파도 앞에 주저앉는 것이 아니라 파도를 타게 하셨고, 파도를 넘어 위대한 명령에 순종하는 위대한 교회로 인도하시고 성장시켜 주셨습니다.

우리 교회가 걸어 온 발자취에 관한 또 하나의 기록을 고민하고 준비하면서, 모든 순간이 하나님의 은혜이며, 이 시대 가운데 우리 교회를 선교의 최전방에 세우시고 사용하시는 하나님의 일하심을 다시 한번 깨닫게 됩니다. 예수님의 제자인 사도들이 복음 들고 전진하였던 사도행전의 길을 뒤따르며 우리 새중앙교회가 21세기 버전의 사도행전을 적어 가고 있구나 생각하니, 하나님께서 우리 교회에 부어 주신 그 은혜에 절로 감사와 찬양을 올려 드리게 됩니다.

이번 40주년을 기념하는 기록은 '선교'를 주제로, 교회 설립 30주년을 기념하여 발간된 《30 새중앙교회 이야기》에 이어서 10년을 더 전진해 온 발자취를 담아 발간하게 되었습니다. 그간의 기록들을 모으고 정리하고 나니, 하나님께서 새중앙교회를 '선교'의 최전방에 두셨다는 확신이 더욱 강하게 듭니다. 급변하는 세상의 문화와 팬데믹의 상황에서도 '그럼에도 불구하고!', 선교하게 하시는 하나님을 경험하였기 때문입니다.

하나님은 요한복음 4장을 통해 이때가 '추수의 때'라고 하시며, 근현대 인류 역사상 가장 큰 위기로 묘사되는 코로나19와 같이 복음을 전하기 어려운 시기에도 선교하는 교회가 참된 선교적 교회라고 선명하게 말씀하셨습니다. 코로나19를 허용하신 것도 하나님이시기에 코로나19를 통해 반드시 선교를 이루실 것이라는 확신과 함께 창조적인 선교 전략으로 정면 돌파하게 하셨습니다.

결과적으로, 어려운 시간을 '창조적 선교의 전성기'로 열어 주시며 코로나19 이전보다 복음을 더 많이 전파하며 더 많은 영혼들을 하나님께로 인도할 수 있었습니다. 이 모든 것은 오직 성령 하나님의 역사로만 설명할 수 있습니다.

이 선교의 시간에 태어난 은혜의 열매가 '비전선교사'와 '비전캠퍼스'입니다. 평범한 청년들이 예수님을 따르는 제자가 된 것처럼, 루터가 주장한 '만인 제사장'을 넘어, 모든 평신도들이 각자의 가정과 일터와 지역, 그리고 더 나아가 타 문화 선교지까지 제자와 만인 선교사로 살아가는 것입니다.

저 멀리 손바닥만 한 구름을 보고 비가 오리라 믿었던 엘리야를 떠올려 봅니다. 그간의 선교 사역들이 맺은 열매들도 귀하고 큰 은혜이지만 여기에 머무르지 말아야 합니다. 엘리야가 보았던 구름이 큰비를 몰고 오듯이, 우리 교회가 맺은 선교의 열매들이 더 넓은 지경의 선교를 이루어 갈 서막이 되도록 더 성실하게 순종하며 앞으로 달려가겠습니다. 통일 한국과 북한 선교, 중앙아시아와 이스라엘 선교, 5대양 6대주 땅끝 미전도종족 선교에 이르기까지 여러 선교 기관 및 단체들과의 협력을 비롯해 다음세대와 실버세대를 선두에 둔 미래 선교 등 아직 달려갈 길이 많지만 하나님이 이루실 역사를 생각하면 마음이 설레고 뜨거워집니다.

하나님이 가장 기뻐하시는 일인 선교와 전도의 열정이 《40 새중앙교회 이야기, 선교행전》을 통해 많은 곳에서 되살아나기를 기도합니다. 앞으로 10년 후 새중앙교회 설립 50주년을 맞는 2033년, 또 하나의 《선교행전》으로 하나님 앞에 영광을 올려 드릴 수 있기를 소망하며 오늘도 푯대를 향해 '할렐루야!'를 외치며 달려갑니다.

평촌에서 **황덕영** 목사

1

오직 선교와
전도의 깃발을 높이다

'비전 백천만'의 전진

1983, 가르치는 교회·치료하는 교회·전파하는 교회

1983년 교회 설립과 동시에 비전으로 삼은 것은 '사랑'이다. "하나님은 사랑이심이라"라는 요한일서 4장 8절 말씀을 근거로 삼아 가장 크고 중요한 하나님의 속성을 비전으로 품은 것이다. 사랑은 교회가 가야 할 방향을 제시해 주는 것은 물론, 세상을 향해 주님의 마음을 어떻게 선포해야 하는지를 인도해 주었다. '가르치는 교회, 치료하는 교회, 전파하는 교회'라는 행동으로 이어지는 비전을 탄생시킨 것이다. 이 세상을 사랑하여 친히 사역을 펼치신 예수님을 본받은 구체적인 실천 지침이다.

'가르치는 교회'의 사명을 지키기 위해 회당에서, 산에서, 광야에서 늘 제자들과 사람들을 가르치시던 예수님처럼, 우리 교회 또한 그동안 쉼 없이 제자훈련을 통해 성도들을 말씀으로 가르쳐 오고 있다. 말씀을 배우지 않고는 주님의 뜻을 알 수 없고, 주의 나라를 확장시켜 나갈 수 없기 때문이다.

새중앙교회 야경

'치료하는 교회'의 사명을 지키기 위해서는 병든 자를 고치시고 회복시키신 예수님처럼 교회 또한 영육이 연약하거나 사회의 약자로 살아가는 이들을 보살피며 육신의 질병뿐만 아니라 영적으로 아픈 이들의 치료를 돕고 있다.

가르치고 치료하고 전파하는 세 사역 모두 귀하지만, 특히 우리 교회가 힘을 모아 온 분야가 '전파하는 교회'다. '전파하는 교회'란 예수님이 부활 후 승천하시면서 말씀하신 대강령을 실천하는 비전이다. 복음 전파의 소명은 예수님의 마지막 유언이자 하나님이 가장 기뻐하시는 일로, 전 세대가 함께 실천해 오고 있다. 아웃리치, 비전 트립, 선교사 파송과 후원, 선교센터 건립, 노방 전도, 전도학교 등을 비롯하여 매년 봄, 가을에 열리는 이웃사랑초청잔치와 새생명축제 등을 통해 선교의 사명을 지치지 않고 실천해 오고 있다.

2001, 제1기 '비전 백천만' 선포

현 평촌 예배당이 온전히 뿌리를 내린 후에도 부흥에 부흥을 이어올 수 있었던 것은 개척 초창기부터 교회가 온 힘을 쏟아 온 선교에 대한 끈을 한 번도 놓지 않았기 때문이다. 하지만 이때까지만 해도 조직적으로 체계화되기보다 열정 중심으로 실천했을 뿐이었다. 구체적인 선교비전을 주신 것은 2001년 1월 무렵으로, '새중앙교회' 하면 떠올리게 되는 '비전 백천만'이 그것이다.

'비전 백'은 1백 명의 선교사 파송, 1백 명의 주일 전도대, 1백 개의 북한 교회 설립을 뜻하고, '비전 천'은 1천 명의 주일학교 교사, 1천 명의 성가대, 1천 개의 중국 교회 설립을 의미한다. '비전 만'은 1만 명의 태신자를 품고 1만 명의 성도가 모이는 교회, 1만 개의 선교 헌금 구좌를 만드는 것을 골자로 한다. 성도 모두가 선교라는 하나의 비전에 마음과 시선을 집중한 결과, 교회를 보다 안정적으로 이끌게 되었고 부흥하게 되는 견고한 발판을 마련할 수 있었다.

2003년의 결실을 살펴보면, '비전 백'의 실천으로 선교사 41명이 파송

되고, 주일 전도대 64명의 헌신이 이루어졌으며, 헌신자 5명과 새터민 9명이 세워져 북한선교학교가 열리게 되었다. '비전 천'은 몸에 비유하자면 허리에 해당한다. 1천 명의 구역장은 그런 의미에서 선교의 중추 역할을 해 오고 있다. 새 생명의 출산을 돕는 영적 산파이자 나아가 양육하는 작은 목자로서 새중앙교회의 믿음의 건강 상태를 가늠한다. 구역장은 그만큼 현장 사역에 있어서 막중한 자리로, 당시에 510명이 세워져 작은 목자로서의 사명을 감당했다. 또한, 주일학교 교사가 4백 명 정도 세워져 4천여 명의 학생들을 돌보았으며, 성가대 대원은 당시 4백여 명이 세워져 찬양으로 하나님께 영광을 올렸다.

선교 비전은 열방에서도 이어져 열매가 맺혔다. 1천 개의 중국 교회 설립 비전을 내걸면서 중국을 선교 집중 지역으로 삼았다. 신앙의 자유가 없는 나라로서 지하 교회와 가정 교회 설립이 시급하다고 여겼기 때문이다. 그해 4월 중국에서 새중앙신학교가 개교했고 18개 성에서 온 47명의 신학생이 입학하여 교회 지도자로 육성되었다. 같은 해 중국 요녕성에 '제1새중앙지교회', 중국 동북 지역에 '제2새중앙지교회'가 설립되었다. '비전 만'은 1만 명의 성도가 한자리에 모이는 교회 비전으로, 당시 교회 성도의 수는 장년 4천여 명과 주일학교 3천2백여 명이었다.

새중앙교회 평촌성전 입당예배(좌), 1983년 새중앙교회 설립예배(우)

2006, 제2기 '비전 백천만' 선포

2006년 4월, 새로운 '비전 백천만'을 선포하며 제2기 선교 비전을 열었다. 제1기의 비전을 토대로 하고 있지만 방향과 내용 면에서 많은 부분이 새로워졌다. 제1기 비전이 교회 안에서 이루어지는 사역 중심이었다면, 제2기 비전은 모든 면에서 교회 밖 세상을 향했다. '비전 백'은 1백 개의 지교회 설립, '비전 천'은 1천 개의 세계 교회 설립, '비전 만'은 1만 명의 선교사 파송을 내용으로 한다.

2008년에 접어들면서 출석 장년 성도가 1만 명에 이르렀다. 성도 규모에 맞추어 예배당을 4천3백 석 규모로 증개축하였고, 예배당 내부를 리모델링하여 일부를 선교관으로 만들었다. 해외 선교사들이 방한할 경우 머무를 수 있는 임시 거처를 후원하기 위해서였다. 대부도수양관이 '작은 천국'이라는 이름으로 개축된 것도 이 무렵으로, 비슷한 개념으로 선교를 후원하며 선교 비전에 더욱 힘을 싣게 되었다. 목회자 및 선교사부부학교와 선교사자녀학교, 수도권으로 나아가는 지교회들, 새중앙전문인선교훈련 SMTC[Saejungang Missionary Training Course], 청소년 SMTC, 비전공동체의 아웃리치 등 다양한 형태의 선교 프로그램들을 진행하는 기관들이 '비전 백천만'을 이루어 가고자 공식적으로 문을 열었다.

새중앙교회의 옛 이름 포일중앙교회 시절

교회와 국내외 기독교 네트워크 형성도 시도되었다. 2010년을 지나며 선교 전문가들은 '한국 교회, 잔치는 끝났다'라며 한 줄 논평으로 선교 상황을 진단했다. 이미 10년 전부터 전도율이 낮아지고, 기독교 인구도 줄어들고 있었기 때문이다. 870만 기독교 인구 중 약 150만이 이단이고, 청소년의 기독교 비율도 점점 떨어져 4%도 안 된다는 통계도 등장했다. 이러한 현실을 앞에 두고 새중앙교회가 붙잡은 것은 기도였다. 당시 설교와 비전공동체를 담당하던 황덕영 목사^{현 담임목사}를 중심으로 2012년 2월과 12월, 2013년 6월, 세 차례에 걸쳐 특별금요철야기도회가 열리면서 기도의 열기로 성령의 불이 지펴졌다. 당시 기도회는 성령의 능력으로 성도들을 일깨우며 현실을 직시하게 하고 기도의 불씨를 붙였다. 깨어서 기도하는 것만이 이러한 시대의 사명을 감당할 수 있는 길이라는 선포였다.

교회 설립 30주년을 맞은 2013년에는 새로운 열매가 나타나기 시작했다. 먼저 가르치는 교회 사역의 가장 큰 열매는 '목양 장로'로, 27년의 전통을 자랑하는 제자훈련원을 통해 말씀으로 훈련된 목양 장로가 가르치는 사역의 선두에 세워졌다. 제자가 제자를 낳아 양육하기에 이른 것이다. 또한, 20년의 전통을 자랑하는 영아부의 가정 학습지 등 수많은 주일학교 프로그램들이 차세대를 믿음으로 양육했다. 새중앙바이블아카데미와 평신도 신앙 훈련 등을 통해 말씀을 삶의 인도자로 붙잡도록 가르친 것 역시 여러 가지 열매로 나타났다.

치료하는 교회 사역의 가장 큰 열매는 기독교 상담을 목적으로 세워진 새중앙상담센터로, 최고의 교육 기관인 심리상담연구원과 각종 치료 프로그램을 통해 비기독교적 기관에서도 인정받았다. 전파하는 교회로서의 전도 역량을 인정받는 데 앞장 선 새중앙파워전도세미나가 전국적으로 돌풍을 일으키며 성장한 것도 주목할 만하다. 새중앙전도학교와 SMTC도 국내외적으로 복음 사역에 대한 열의를 계속해서 이어갔다.

비전공동체의 '100 아웃리치'는 파격적인 행보를 보여 주었다. '선교와 섬김'의 내용만 있으면 언제 어디서나 주의 사역을 감당해 내는 기능과 구조를 갖춘 프로그램이다. 기존처럼 방학 기간에 주로 진행되던 아웃리치 행사는 물론, 교회 밖 성도를 배려하여 어디든 찾아가는 일종의 '이동 교회'를 표방했다. 종로 탑골공원에서 어르신들과 함께 주일 예배를 드리거나 부활절 오후 소방서나 경찰서 등에 계란을 돌리며 복음을 전하는 사역들로 선교계에 신선한 바람을 일으켰다.

2019, 제3기 '가서 제자 삼으라' 선포

2019년 1월 첫째 주, 선교 주일을 맞이하여 '2019 가서 제자 삼으라'가 제3기 비전 백천만의 표어로 공식 선포되었다. 표어가 처음 등장한 2018년부터 교회 설립 40주년을 맞는 2023년까지 줄곧 같은 비전을 세워 왔다. 교회가 예수님의 대명령에 순종하는 선교의 한 해 한 해가 되어야 한다는 뜻이기도 하다. 2018년의 비전과 차이가 있다면 4대 중점 사역이 추가된 것이다.

첫째가 창조 사역이다. 복음 전파에 대하여 교회가 재창조를 시도하며 사역을 펼친다는 의미다. 선포한 그대로 교회 사역이 창조적으로 발전해 오고 있다. 드림공동체의 출범, 강단기도회, 새중앙천사박스, 비전선교사와 비전캠퍼스, 이웃사랑나눔잔치 등 다양한 창조 사역으로 발전하면서 현재까지 꾸준히 선한 열매들이 나타나고 있다.

둘째가 거점 사역이다. '나'를 거점으로 하여 시작된 선교가 가정, 이웃, 열방까지 퍼져 나간다는 의미다. 선교의 거점을 찾고 그 안에서 팀워크를 이루며 선교 활동을 하는 것은 대단히 중요하다. 거점 사역 이후, 교회 외에 비전캠퍼스가 또 하나의 거점이 되어 많은 지역에서 활발한 선교 사역이 일어나고 있다.

셋째는 연합 사역이다. 영적 질서 안에서 개인과 개인, 기관과 기관이 각각 받은 은사들을 연합하여 교회를 세워 나간다는 의미다. 하나됨을 하나님의 명령으로 받아 순종한 결과, 장년교구와 드림공동체 및 외국인선교회가 연합하여 행사를 진행하고, 장년교구와 비전공동체가 연합하여 아웃리치를 가기도 했다. 선교 기관들이 연합하다 보니 예전에는

새중앙교회 대예배 모습

볼 수 없던 사역들이 폭발적으로 이루어지고 있다.

넷째는 미래 사역으로, 다음세대, 실버세대, 가정 사역, 통일 한국 및 세계 선교를 말한다. 2022년 10월에는 다음세대를 위한 집회 빌리언 소울 하비스트[BSH, Billion Soul Harvest]가 열렸고, 실버세대를 한자리에 모으는 글로리아대학을 비롯한 다양한 가정 사역들이 일어났다. 통일 한국을 준비하는 차원에서 북한선교회가 세워졌으며, 교회가 DMZ[비무장지대, Demilitarized Zones] 내에 있는 마을과 MOU[협약, Memorandum of Understanding]를 맺기도 했다. 세계 선교 분야에서도 많은 선교 단체와 교회가 연합한 사역들이 곳곳에서 이루어지기 시작했다.

2021, TARGET 2030 가서 제자 삼으라

코로나19가 한창이던 2021년 2월, 선교 비전은 'TARGET 2030 가서

향후 10년을 선교의 골든 타임으로 보고 2030년까지 1만 명의 선교사를 파송한다는 내용이 핵심이다. 2021년을 그 원년으로 삼는 것에서 'TARGET 2030'이 출발했다.

제자 삼으라'는 표어를 앞세워 보다 적극적이고 구체적으로 발전했다. 향후 10년을 선교의 골든 타임으로 보고 2030년까지 1만 명의 선교사를 파송한다는 내용이 핵심이다.

2021년을 그 원년으로 삼는 것에서 'TARGET 2030'이 출발했다. 그동안의 선교 비전이 코로나19라는 혹독한 시간을 거치면서 오히려 삶의 현장을 선교의 베이스캠프 삼도록 구체적으로 인도해 주신 것이다. 이후부터 매년 '가서 제자 삼으라'는 예수님 말씀 그대로의 선교 비전을 이루기 위해 갖가지 창의적인 프로그램을 통해 전력을 다하고 있다. 뒤에서 자세하게 설명될 비전선교사와 비전캠퍼스 사역은 이 비전에서 비롯된 실질적이고 구체적인 실천 프로그램으로, 코로나19 와중에도 수많은 성도가 폭발적으로 일어나 헌신하기에 이르렀다. 그야말로 선교와 전도에 관한 새로운 패러다임이 열린 것으로 평가받고 있다.

그동안의 선교 비전이 코로나19라는 혹독한 시간을 거치면서 오히려 삶의 현장을 선교의 베이스캠프 삼도록 구체적으로 인도해 주신 것이다.

겸손과 섬김의 영성
'새중앙' 이름에 담긴 '뉴 센터'의 비전

N E W

전도와 선교는 새중앙교회 설립 이후 40년 동안 쉼 없이 이어져 온 가장 큰 사명이다. 땅끝까지 복음을 전하라는 예수님의 지상명령에 순종하기 위하여 모든 프로그램이 제자훈련과 기도사역을 근간으로 이루어졌으며 또 이루어 지고 있다. 지난 40년 동안 하나님 안에서 교회가 바르게 걸어올 수 있었던 배경이 여기에 있다.

2019년 8월 전 교인 영성수련회를 통해 선포된 비전 '뉴 센터NEW CENTER'는 30년간 교회의 방향을 잡아 준 '비전 백천만'과 '가서 제자 삼으라'를 구체화 하고, '선교적 교회'로서의 정체성을 명확히 하였다. 교회가 설립된 이래 뿌리내려 온 다양한 사역들이 뉴 센터의 비전 아래 체계성과 적극성을 갖추게 되었으며, 이로써 2019년 이후 10년이라는 짧은 기간 안에 선교적 교회로 급부상하게 되었다. 특히 이 비전이 코로나19 발생 전에 선포되었다는 것은 새중앙교회를 선교적 교회로 쓰시려는 하나님의 계획이었다고 믿는다.

뉴 센터의 '센터'는 하나의 단어를 표현하지만, 철자마다 각각의 특별한 의미를 가지고 있다. 먼저 C는 **셀러브레이션 워십**Celebration Worship의 약자로 '거룩하고 열정적인 예배'를 뜻한다. 예배는 의무와 책임으로 이루어지는 숙제가 아니고 기쁨과 사모함으로 모이는 축제가 되어야 한다는 뜻이다. 예배가 축제가 되려면 한 주 동안 삶의 예배에서 승리하는 삶이 되어야 한다.

두 번째 철자인 E는 **에반젤리즘 앤 미션**Evangelism & Mission의 약자로 '복음의 전진을 위한 전도와 선교'를 뜻한다. 전도와 선교는 예수님의 증인된 삶을 사는 것을 말한다. 성도는 아웃리치를 통해 전도와 선교를 실천한다. 이는 하나님께서 우리를 부르신 이유이기에 순종하며 나아가는 것이다.

센터의 세 번째 철자인 N은 **뉴클리어 미니스트리**Nuclear Ministry의 약자로

'주 안에서 회복이 있는 소그룹'을 의미한다. 교회가 살기 위해서는 소그룹이 활발하게 움직여야 한다. 가정과 구역 그리고 삶이 선교의 현장인 비전 캠퍼스는 교회에서 이루어지는 전형적인 소그룹의 형태라고 볼 수 있다.

네 번째 철자인 T는 **트레이닝 포 디사이플십**Training for Discipleship의 약자로 '복음의 엔진인 제자훈련'을 의미한다. 제자훈련은 넓은 의미에서 교회에서 이루어지는 모든 교육을 포함하며 삶으로 살아내는 신앙을 의미한다. 올라가는 훈련이 아니라 반대로 내려가는 훈련, 섬기는 훈련, 생명을 나눠주는 훈련이다. 제자훈련으로 열매를 맺으려면 삶에서 자아가 죽어야 한다.

다섯 번째 철자인 E는 **에듀케이션 포 넥스트 제너레이션**Education for Next Generation의 약자로 '하나님 나라를 꿈꾸는 다음세대를 위한 교육'을 의미한다. 다음세대의 범위는 교회의 기둥으로 세워 가는 교회학교뿐만 아니라 주님의 새로운 부르심을 향해 나아가는 실버세대까지 포함한다.

마지막인 여섯 번째 철자 R은 **리포메이션 앤 리바이벌**Reformation and Revival의 약자로 '주님이 새롭게 하시는 개혁과 부흥'을 의미한다. 개혁은 회복을 의미하고, 부흥은 말씀으로 돌아가는 것을 뜻한다. 하나님 중심으로 살기 위해서는 그 중심에 말씀이 있어야 하며, 그럴 때 진정한 부흥을 이룰 수 있다. 이 개혁과 부흥은 개인으로부터 시작하여 공동체로 확산되어야 한다.

교회 설립 40주년을 맞으면서, 뉴 센터에 담긴 비전들이 '비전 백천만'의 구체적인 활동으로 채워지며 세워지고 있다. 이 비전 속에는 예수님의 겸손과 섬김의 리더십이 자리잡고 있다. 따라서 성도들이 비전을 실천하는 모든 과정들은 예수님을 배우고 닮아가는 제자로서의 사명을 이루어 가는 여정이다.

2019·2020 송구영신예배(위), 2019년 전 교인 체육대회(아래)

창조
사역

거점
사역

연합
사역

미래
사역

선교의 새로운 패러다임을 향하여
4대 사역,
창조·거점·연합·미래사역

30년 이상을 기도해 온 '백천만'의 비전이 구체적으로 드러난 것은 아이러니하게도 코로나19를 통과하면서다. 전도가 안 되는 시대에 코로나19까지 찾아온 것은 전도가 핵심인 백천만의 비전 앞을 거대한 벽이 가로막고 있는 상황과 다름없었다. 그럼에도 불구하고 하나님은 이전보다 더 창조적인 전도 방법을 떠올리게 하시면서 코로나19 이전보다 전도를 더 많이 하게 하셨다. 막혔다고 여긴 시기에 오히려 오랫동안 기도해 왔던 비전들이 구체적인 열매를 맺는 것을 보게 하신 것이다.

가장 신비스럽고 놀라운 것은, 비전 백천만을 이루기 위한 4대 사역 전략인 창조사역, 거점사역, 연합사역, 미래사역을 코로나19가 발생하기 이전인 2019년 1월에 교회의 선포를 통해 미리 준비시켰다는 사실이다. 이 전략들은 전적으로 하나님의 강력한 인도하심과 예비하심으로 만들어질 수 있었다. 그렇게 믿는 이유는 2020년 코로나19로 전 세계가 닫히기 전에 마치 앞날을 위해 미리 준비해 놓고 있었다는 듯이 전략적으로 발표되었기 때문이다.

하나님은 교회로까지 불어닥친 코로나19로 인하여 선교가 약화되기를 바라지 않으셨던 것이다. 감사하게도, 4대 전략 덕분에 코로나19로 인해 모든 관계가 닫히고 끊어진 상황에도 불구하고 계속해서 선교를 이어 갈 수 있었고, 이는 오히려 코로나19 이후 더 큰 효과를 거두며 폭발적으로 사역하도록 이끈 동력이 되었다. 나아가 코로나19 엔데믹이 회자되던 시점부터는 교회의 다양한 사역들에 응용되어 적용되기 시작했다. 그러면서 서서히 선교의 패러다임이 새롭게 변화되기 시작했다.

감사하게도, 4대 전략 덕분에 코로나19로 인해 모든 관계가 닫히고 끊어진 상황에도 불구하고 계속해서 선교를 이어 갈 수 있었고, 이는 오히려 코로나19 이후 더 큰 효과를 거두며 폭발적으로 사역하도록 이끈 동력이 되었다.

초청에서 방문으로의 전환, 창조사역

창조사역은 복음 전파에 관하여 교회가 재창조를 시도하며 사역을 펼치는 것을 뜻한다. 익숙한 것을 떠나서 새로운 것에 도전하는 것이다. 시대와 환경이 바뀌는 가운데 선교지의 상황 또한 계속해서 변화하는 중에 있다. 변화무쌍한 현장에 맞추어 사역 또한 창조적으로 변화하며 여러 방면에서 적용되기 시작했다.

창조사역이 접목되어 두드러지게 열매를 맺은 분야로는 4월과 10월에 열리는 '이웃사랑초청잔치'와 '새생명축제'를 꼽을 수 있다. 1년에 두 번 열리는 축제의 이름부터 과감하게 창조적으로 변경했다. 수년에 걸쳐 진행된 이웃사랑초청잔치라는 이름을 '이웃사랑나눔잔치'로 바꾸었고, 새생명축제는 한시적이지만 '전 교인 111 살리기 운동'으로 바꾸었다.

이웃사랑초청잔치는 믿지 않는 가족과 이웃들을 교회에 초청하는 행사다. 선물도 주고, 복음 메시지도 들려 주며, 유명한 게스트들이 보여 주는 복음이 담긴 공연에 초대한다. 교회의 문턱을 최대한 낮춰 어색해하고 어려워하는 새 가족들에게 편안함과 안식을 주고자 매회 노력해 왔다. 결과적으로 교회를 중심으로 신앙생활을 할 수 있도록 마음과 발길을 이끌어 왔다. 이웃사랑나눔잔치라는 이름으로 바뀌면서 '사랑나눔'이 더욱 강조되었다. 기존에는 교회 안으로 새 가족을 초청한 반면, 코로나19 이후부터는 관공서나 독거노인 등 사랑이 필요한 이들에게 직접 찾아가 섬기며 복음과 사랑을 전하는 방식으로 방향이 전환되었다. 그동안 해 오던 'FIVE운동'과 연계하여 매주 전도 용품을 전달하며 관계 전도를 이어 간 것은 물론이다.

2020년 6월 21일부터 2주 동안, 이웃사랑나눔잔치의 더욱 세분화되고 구체화된 사역으로 '이웃사랑7운동'이 펼쳐진 것도 같은 맥락이다. 지역 상권 사랑나눔, 지역환경 사랑나눔, 취약계층 반찬 사랑나눔, 공공기관 사랑나눔, 미자립교회 사랑나눔, 재능기부 사랑나눔 등을 그 내용으로 한다. 코로나19로 힘든 새 가족을 찾아 교회가 지역사회에 구체적으로 다가간 모습이다. 사랑을 나누는 동안 성도들은 그리스도의 향기를 날리고 복음을 흘려 보내는 기쁨을 맛보았다. 그 결과 코로나19 이전보다 더 많은 영역에서 복음의 열매가 맺히기 시작했다. 다음세대를 신앙의 주역으로 세워 가는 '드림공동체'를 출범시킨 것, '강단기도회'를 기점으로 기도의 새 불을 지핀 것, '새중앙천사박스'라는 이름으로 이웃에게 예수님의 사랑을 전한 것, '비전선교사'와 '비전캠퍼스'의 이름으로 일상 한가운데 선교의 거점을 마련한 것 등 지난 10년간 새롭게 일어난 이러한 움직임들 모두가 창조적 접근을 통해 도전된 사역들이다.

예배와 선교의 베이스캠프, 거점사역

'나'를 거점으로 하여 시작된 선교가 가정, 이웃, 열방에까지 확장되어 나간다는 의미이다. 거점에는 3가지의 축이 있다. 지역적 거점, 영역적 거점, 세대적 거점이다. 지역적 거점은 우리가 살아가는 장소를 말한다. 대표적인 것이 가정이다. 영역적 거점은 은사의 자리, 섬김의 자리, 리더십의 자리 등 각자의 사명대로 세워진 조직 안에서 팀워크를 발휘하여 사역을 펼쳐 나가는 것을 의미한다. 세대적 거점은 각 세대와 직업 등이 거점이 되어 사역을 펼치는 것을 뜻한다. 이 세 가지 선교의 거점을 찾아 각자의 자리에서 선교 활동이 확장되어 간다는 개념이다.

교회의 문이 닫히자 작은 교회 혹은 일상 교회의 개념으로 곳곳에서 거점들이 세워지기 시작했다. 특히 눈여겨보게 된 곳이 성도들의 사업장으로, 교회를 대신하여 예배와 기도를 위해 모이기 힘쓰는 장소로 삼아 비전캠퍼스라 명명하였다. 각각의 비전캠퍼스는 자연스럽게 그 영역의 선교 거점으로 자리잡게 되었다. 선교의 중심인 동시에 새벽예배와 구역예배 및 교회 관련 여러 모임들도 비전캠퍼스로 지정된 성도들의 사업장에서 열리고 있다.

전 세대가 교구로 하나됨, 연합사역

영적 질서 안에서 개인과 개인, 기관과 기관이 각각 받은 은사들을 연합하여 교회를 세워 나가는 것을 의미한다. 여기에서도 세 가지 연합이 주축이 된다. 부르심을 따라 연합하는 지역적 연합, 특별한 사역에 대해 공통점이나 공통 주제를 가지고 나아가는 연역적 연합, 각기 다른 세대가 연합하여 사역하는 세대적 연합이 있다.

연합사역의 기치 아래 각각의 흩어진 사역들과 분리된 세대들이 손을 잡은 것은 중요한 변화다. 새생명축제와 이웃사랑나눔잔치에서 기존에는 장년교구를 중심으로 사역이 일어난 반면, 4대 전략 사역이 발표된 이후에는 장년교구와 드림공동체와 외국인선교회가 서로 연합하여 행사를 열어 큰 열매를 맺게 되었다. 교회학교인 드림공동체와 청년 모임인 비전공동체가 연합하여 전도하는 일도 많아졌으며, 해당 구역에 속한 외국인선교회까지 협력하곤 한다. 그러다 보니 교구 사역들이 연합하거나 확대되는 일이 자연스럽게 이루어지고 있다. 이처럼 세대와 국적을 떠나 연합하자 기존에는 경험하지 못하던 구체적인 열매와 은혜를 경험하면서 연합의 힘을 직접적으로 깨우치게 되었다.

기존에는 교구 편성이 장년 중심의 12개 교구로 한정되어 있었으나, 4대 사역 전략이 나오면서 교구가 확연히 확대되었다. 교구 편성에 장년교구 외에 드림공동체, 비전공동체, 외국인선교회까지 모두 포함된 것이다. 그래서 새중앙교회의 교구 개념에는 장년교구, 비전공동체, 드림공동체, 외국인선교회가 모두 포함된다. 전 성도가 '교구'라는 커다란 하나의 공동체로 묶이는 것이다. 자연스럽게, 교회에서 어떤 행사를 진행하든지 교구 단위의 전 세대가 참여하는 행사로 바뀌기 시작했다.

매년 2월에 진행하는 '새봄어린이부흥회'의 경우만 봐도, 어린이만 참여하는 것이 아니라 부모는 기본이고 전 세대가 참여하는 부흥회로 그 지경이 넓어졌다. 장년교구에서 진행하는 여러 행사에 다음세대는 물론이고 다민족의 외국인 성도들도 함께해 오고 있다. 모든 사역에 4대 사역 전략을 적용하고부터 선교 사역이 탄력을 받고 구체적인 열매로 귀결되고 있다.

4대 사역 전략을 통해 선교의 거점이 점점 많아지고 있다. 선교의 열매를 맺어 갈 산실이 더 많아지고 있다는 의미일 것이다.

열방 복음화와 통일 한국을 향한 소망, 미래사역

미래사역은 다음세대, 실버세대, 가정 사역, 통일 한국 및 세계 선교 사역을 말한다. 이 사역의 일환으로 2022년 10월에 다음세대를 위한 집회 '빌리언 소울 하비스트'가 열렸고, 실버세대를 위한 글로리아대학을 비롯한 다양한 가정 사역들이 일어나게 되었다.

통일 한국을 준비하는 차원에서 북한선교회가 세워져 구체적인 활동이 시작되었다. 특히 북한선교회가 DMZ 내에 있는 마을과 MOU를 체결한 것은 의미심장하다. 통일 이후의 한반도를 준비하는 구체적이고 단계적인 사역의 첫걸음을 내디뎠기 때문이다.

북한과 세계 열방을 위해서 많은 선교 단체들과 우리 교회가 연합한 사역들이 곳곳에서 이루어지기 시작한 것도 미래 사역의 일환이다. 교회 내 전 세대가 함께 5대양 6대주와 북한을 위해 중보기도에 참여해 오고 있다. 아시아, 아프리카, 유럽, 아메리카, 오세아니아로 대륙을 나누고, 평안도, 함경도, 황해도, 강원도, 자강도, 양강도로 북한을 나누어 놓고, 14개의 장년교구와 비전공동체, 드림공동체 그리고 외국인선교회가 각각 한 지역씩 맡아서 그 지역을 1년 동안 품고 기도하고 있다.

'전도는 더 이상 구호가 아니다!'

연합하여 힘을 모을 때 현실의 장벽이 무너져 내리고 창조적인 사역으로 또 다른 길이 열린다는 것은 전 성도가 체험하면서 깨닫게 된 사실이다. 4대 사역 전략을 통해 선교의 거점이 점점 많아지고 있다. 선교의 열매를 맺어 갈 산실이 더 많아지고 있다는 의미일 것이다. 선교적 교회로 나아가겠다는 새중앙교회의 의지를 보시고 하나님이 앞서서 구체적으로 일하시는 것을 보게 된다.

40년의 변함 없는 행진
TARGET 2030 가서 제자 삼으라

한 해 교회를 이끌어 갈 표어를 정하는 일은 중요한 일이다. 교회 공동체의 방향성을 결정짓기 때문이다. 새중앙교회는 설립 이후 40년 동안 선교를 지향하는 표어를 정해 왔다. '온 천하에 복음을 전하라', '가서 제자 삼으라' 등은 그 대표적인 표어들로, 특히 '가서 제자 삼으라'는 2018년 이후부터 지금까지 한 번도 변함 없이 지켜지고 있는 비전이다. 이 표어에 'TARGET 2030'을 붙여서 'TARGET 2030 가서 제자 삼으라'라는 표어를 정하게 된 것은 2021년부터다. 그 중심에는 마태복음의 말씀이 있다.

"그러므로 너희는 가서 모든 민족을 제자로 삼아 아버지와 아들과 성령의 이름으로 세례를 베풀고 내가 너희에게 분부한 모든 것을 가르쳐 지키게 하라" 마태복음 28:19~20

2021년 코로나19로 인한 비대면 시기의 온라인예배

이 말씀은 예수님이 십자가에서 돌아가시고 부활하신 후에 제자들이 보는 앞에서 승천하시며 마지막으로 말씀하신 선교의 대강령이다. 이 땅에 교회들이 세워진 목적이자 성도들이 살아가야 하는 인생의 방향성이기도 하다.

2020년 모든 교회들이 시대의 전염병인 코로나19와 대면하였고, 암흑 같은 1년여의 시간이 지나면서 포스트 코로나Post-COVID-19를 대비해야 한다는 교회 내부의 연구가 거듭되었다. 이와 연관하여 여러 교계와 선교 단체와 연합하여 연구하고 교제하기를 이어 왔다. 결론적으로, 제자들을 향한 예수님의 대강령은 시대가 어렵고 여건이 충분하지 못한 어떤 상황 속에서도 순종해야 마땅한 교회의 사명이라는 점에 더욱 주목하였다. 시대와 환경을 초월하여 이 땅의 교회를 향해 주신 사명이기에 적극적으로 순종하게 된 것이다.

코로나19 엔데믹Endemic이 언급되기 시작한 2021년을 시작으로 다가올 10년을 선교의 골든 타임으로 판단했다. 2021년을 새로운 비전 'TARGET 2030 가서 제자 삼으라'의 원년으로 삼게 된 이유다. 이 비전은 '비전 백천만'을 구체적인 실천으로 이끌어 가기 위한 표어로, 그중에서 특히 '비전 만'의 내용에 초점을 맞추고 있다. '비전 만'은 '1만 명의 선교사 파송'이라는 의미를 담고 있다. 10년이라는 기간 안에 1만 명의 선교사 파송이라는 열매를 맺겠다는 의지를 선포한 것이다. 교회보다 앞서, 사단법인 한국세계선교협의회 KWMAKorea World Mission Association에서 2030년까지 10만 명의 선교사를 파송한다는 'TARGET 2030'이라는 선교 비전을 제시한 바 있다. 그 10만 선교사의 1/10인 1만 명의 선교사 파송을 새중앙교회가 감당하겠다는 비전과 의지를 표명한 것이다.

이 비전을 이루기 위해 내세운 선교 카드가 '비전선교사와 비전캠퍼스'이다. 비전선교사는 새가족반, 성장반, 제자반, 사역자반의 훈련을 수료한 성도들에게 주어지는 자격으로, 비전선교사로 파송된 사람은 '153운동'을 펼치게 된다. 153운동은 비전선교사가 1년에 5명 이상 전도하고 3명 이상 제자훈련을 시킨다는 선포다. 코로나19가 발생한 2020년 송구영신 예배 때 908명의 비전선교사들이 온라인 네트워크 줌zoom을 통해

성도들이 보는 앞에서 선교사로 파송받았다. 그런 의미에서 2021년 비전선교사 원년에 세워진 908명의 비전선교사들은 '비전 만'의 마중물이 되어 주었다. 비전선교사 2년차인 2022년에는 1,608명의 비전선교사가 헌신했고, 2023년에는 2,077명의 성도가 비전선교사로 헌신하였다. 코로나19로 인해 선교에 어떠한 제약과 어려움이 닥친다고 하더라도 복음 전파는 중단될 수 없다는 성도들의 신앙이 맺은 열매라고 믿는다.

교회가 이 비전에 순종하며 나아간 결과, 코로나19로 현장예배가 중단된 상황에서도 가정예배를 중심으로 삶의 예배가 폭발적으로 일어났다. 공예배 또한 실시간으로 이루어지는 생방송 예배로 진행되면서 각기 다른 공간에서도 같은 시간에 동일한 성령의 임재를 경험할 수 있었다. '이웃사랑초청잔치'는 '사랑나눔7운동', '전 교인 111 살리기 운동' 등을 실천하며 '이웃사랑나눔잔치'로 복음 행사의 큰 틀에 변화가 일어나기도 했다. 이 외에도 '전 교인 기적의 신앙 40일', '사랑의천사박스' 등의 이름으로 선교적 교회의 사명을 이어갔다. 이러한 행보들은 앞서 설명한 창조 사역의 시각으로도 바라볼 수 있는데, 기존과 다른 새로운 접근이었다. 비전을 구체적으로 실천하고 행동하면서 일어난 교회의 하나된 마음은 위드코로나^{With-COVID-19} 가운데에서도 복음 전파와 이웃 사랑을 실천하는 데 있어서 사탄이 감히 달려들 수 없는 강력한 무기이자 탄탄한 통로가 되어 선순환을 이어가게 했다.

2030 선교의
골든 타임을 준비하다

골방에서 승리하는 영적 용사들
중보기도 사역

"역사의 흐름이 바뀔 때는 하나님이 특별히 더 기도하게 하십니다. 온 성도가 지금은 다 함께 기도할 때이며 우리의 기도로 역사가 변화되기 시작한다는 것을 알게 될 것입니다."
2022년 10월 특별금요성령집회에서 황덕영 담임목사

기도를 통해 역사가 일어나고 하나님의 능력이 드러난다는 진리가 새삼 각성되는 시간이었다. 그러고 보면 새중앙교회 30년의 역사도, 이후 10년의 역사도 모두 기도를 통해 일어선 시간들이었다. 골방에서 은밀한 중에, 각자의 처소에서 혼자, 모이기를 힘쓰는 자리에서 여럿이 한 뜻으로, 동역자의 기도를 릴레이로 이어받는 식으로, 각각 모양과 자리는 달

2019~2020 송구영신 특별금요성령집회

라도 한결같이 기도의 처소를 지켜 오고 있는 중보기도팀들의 기도가 그 원동력이 되었다. 오늘도 끊이지 않는 기도 소리가 교회 곳곳을 울리며 선교 사역의 불을 지피고 있다.

금요성령집회

2012년 11월 16일부터 2013년 1월 4일까지 8주에 걸쳐 진행된 특별 금요철야기도회의 뜨거움이 먼저 떠오른다. 처음 시작할 때에는 예배당에 5백여 명의 성도가 모였지만 시간이 거듭될수록 예배당이 가득차며 2천 5백여 성도들이 참석해 뜨거운 기도로 매서운 추위를 녹였다.

2013년부터 '금요철야기도회'가 '금요성령집회'로 이름을 바꾸고 강사 초청 형식의 기도회로 변화를 모색했다. 라이즈업코리아 대표 이동현 목사, 총신대 김기찬 교수, '낮엔 해처럼 밤엔 달처럼' 등을 작곡한 최용덕 간사 등이 강사로 초청되어 성령집회를 이끌었다. 방학을 맞은 어린 학생들부터 중장년의 성도들까지, 전 세대가 세상의 논리에 무너지지 않고 하

금요성령집회 모습

나님의 용사로 천국을 세우겠다고 도전받은 시간이었다.

　2018년에는 연말부터 이듬해 초까지 4주에 걸쳐 황덕영 담임목사의 인도로 송구영신 특별금요성령집회가 열리기도 했다. '네 입을 크게 열라 내가 채우리라'는 주제로 진행된 이 집회에서 하나님이 어떤 기도를 기뻐하시는지 구체적으로 깨달아 기도의 틀을 바꾸게 하셨고, 성도들 모두가 나라와 열방을 변화시키는 힘 있는 중보기도자로 서겠다고 결심하게 하셨다.

　이후 금요성령집회는 공예배 중에서도 기도 중심의 예배로 자리잡으며 교회가 선교적 교회로 나아가는 데 큰 역할을 하고 있다. 말 그대로 성령이 함께하시는 능력을 체험하는 시간이다.

월요중보기도회

참여만 해도 저절로 중보기도자가 되는 곳이다. 교회, 선교사, 교회 각 기관에 관한 기도 제목부터 성도 개인의 시급한 기도 제목까지, 2백여 명의 중보기도자들이 합심하여 기도하는 믿음의 현장을 경험하게 된다. 기도는 영적 강건을 지키는 최고의 운동임을 강조해 온 결과, 낮 시간의 기도회임에도 불구하고 많은 성도가 동참하여 기도의 불이 꺼지지 않는다.

"40대 후반에 새중앙교회에 등록했을 때 갑자기 아버지의 위암 말기 판정으로 매우 힘들었어요. 그때 어느 집사님이 인도한 월요중보기도회를 만나 찬양팀을 섬긴 지 벌써 20년이 되었네요. 하나님이 뭘 하시려고 이렇게 나이 든 사람을 부르셨나 생각한 적이 있어요. 모세가 떠오르더라고요. 모세도 나이 팔십에 부르셨잖아요. 깨달음이 있자 이 자리에 세워 주신 하나님께 정말 감사했어요."
월요중보기도회, 이춘애 권사

"은혜요? 누군가에 의해 은혜 받기보다는 자신이 은혜 받을 때고 또 그 그릇이 되니까 받는 게 아닐까요? 월요중보기도회의 찬양이 은혜롭다 말씀들 하시는데, 저희가 잘해서라기보다 모이신 분들의 심령이 갈급하니까 은혜를 받으시는 것 같아요."

월요중보기도회 찬양팀장으로 섬기고 있는 이춘애 권사의 겸손한 목소리도 은혜가 된다. 20년 전, 김윤희 사모의 인도로 얇은 이불 한 장 깔고 접이식 밥상에 열 명 남짓 둘러앉아 기도했던 월요 선교 모임이 그 시작이다. 어느덧 비전센터 5층에 2백여 명이 모이는 큰 집회로 성장했다. 혼자서 찬양을 인도하던 것이 둘이 되고 셋이 되더니 이제는 11명의 싱어와 한 명의 반주자가 더해진 어엿한 찬양팀이 되었다. 나이 아흔을 넘긴 권사부터 80년대 생 집사들까지, 50년 세대 차를 아우르는 기도 공동체로 거듭나 있다.

주로 주님의 몸 된 교회에서 이루어지는 모든 사역을 위해 기도한다. 나라와 열방에 흩어져 있는 선교사들을 위해서, 교회 내 각 기관을 위해서, 사역자들의 성령 충만을 위해서 등등 세세한 기도로 사역의 반석을 세우고 있다.

강단기도회

"강단기도회 참석해 보셨나요?"
"이번 주에 강단기도회 다 같이 가볼까요?"

2018년 교회를 뜨겁게 달군 화두는 단연 강단기도회였다. 그 시작은 2017년 8월 28일부터 9월 1일까지 열린 '새중앙 리더십 영성수련회'였다. 교역자와 장로, 교구장, 구역장 등 교회 리더들이 강단 주위에 모여 무릎을 꿇은 채 두 손을 높이 들었다. 하나님의 강력한 능력을 간청하며 나라를 위해, 교회와 가정을 위해, 복음 전파와 이웃을 위해 기도하는 자리였다. 기도를 사모하게 하는 이 모습이 성도 모두에게 울림이 되어

금요성령집회

주의 영광 온 땅 덮을 때
나는 일어나 노래하리

언젠가부터 전 성도가 강단기도회를 사모하는 마음으로 나오고 있다.

강단기도회는 매주 월요일부터 목요일까지, 밤 10시에 시작된다. 작정한 심정을 갖고 예배당 강단 앞에 나가서 무릎을 꿇는 순간 절로 눈물이 흐른다. 우리 죄를 대속해 돌아가신 그 큰 은혜가 작정한 심령 안으로 확연히 전해지기 때문이다. 회개의 입술이 열리고 오직 주님만 바라보게 하며 성령의 임재하심을 느끼기 때문이다.

몸이 아프고 마음이 상한 자신을 위해 기도하러 나왔지만, 함께 무릎을 꿇고 기도하다 보면 말라 버린 눈물이 새롭게 샘솟으며 기도의 지경이 자신을 넘어 자연스레 넓어지고 깊어지는 것을 체험하게 된다. 선지자 엘리야처럼 기도하다가 주님의 음성 듣게 되기를 사모하는 자리이기에 언제나 만석이다.

"5분 정도 늦었는데 이미 많은 분이 강단 주변에 빼곡하게 자리잡고 기도하시네요. 비집고 들어가 앉을 자리가 없어 아래 의자에서 기도하다가 돌아간 적이 많아요."

다니엘기도회

2022년 4월 25일부터 모든 목양 부서 안에 다니엘기도회가 세워지고 있다. 5천 명의 기도자들을 세워 복음 전파와 교회의 선교 비전인 'TARGET 2030, 가서 제자 삼으라'의 사명을 바라기 위해서다.

"하루 세 번씩 무릎을 꿇고 기도하며 그의 하나님께 감사하였더라"
다니엘 6:10

기도의 용사 다니엘의 기도 생활을 본으로 삼는 이 기도팀은 장년교구 17팀, 비전공동체 6팀, 드림공동체 9팀, 사랑부 1팀, 외국인선교회 7팀, 목양 1팀 등 총 41개 팀으로 구성되어 있다. 팀별 카카오톡 단체방을 통해 주간 기도 제목과 중보기도수첩을 공유하며 하루 세 번 기도

"다니엘기도회는 기도로 세워졌습니다. 코로나 기간인 2년 반 동안 24시간 릴레이중보기도팀 스태프 중심으로 SNS로 기도회를 지속해 왔고, 월요중보기도팀 조장들 역시 6주간 기도로 준비했습니다. 레위기도회에서도 하나님과의 일대일 기도가 먼저 실천되는 게 마땅하다 강조해 왔고요. 어려운 때에도 기도하면 승리할 수 있다는 증거입니다." 다니엘기도회, 김명옥 전도사

를 드린다. 아침 기도는 큐티 말씀에 따라 교회와 나라, 교역자와 선교자를 위해, 점심 기도는 복음 전도를 위해 품은 태신자를 위해, 저녁 기도는 주님 안에서 참평안을 누리도록 가정을 위해 기도한다. 목양 기도팀 교역자 41명이 각 기도 팀장에게로, 기도 팀장은 다시 기도 팀원에게로 기도 제목을 전달하는 체계적인 형식으로 운영되고 있다.

5년 전부터 김명옥 전도사가 기도로 준비해 오기를, 온 성도가 하나님과 일대일로 은밀하게 만나 매일 기도하는 날이 속히 오기를 구했다. 기도하는 중에 2021년 6월, 김윤민 목사가 다니엘기도회 담당 사역자로 세워졌다. 그해 연말에 다니엘의 기도에 관한 황덕영 담임목사의 말씀 선포가 이어졌으며, 2022년 초 전체 교역자 수련회 때 기관, 부서, 교구로 전해져 '다니엘기도회 5천기도단' 결성으로 열매 맺게 되었다. 12~15명으로 구성된 기도팀의 총 인원은 2022년 6월까지 584명, 2023년 4월까지 2,026명으로, 앞으로도 계속해서 기도팀을 확장시켜 갈 예정이다. 감사하게도 교구마다 다니엘기도회에 참여하는 성도가 계속해서 증가하고 있다.

24시간 릴레이중보기도

2012년 12월, 본당 왼편 유아부실이던 자리에 24시간 릴레이중보기도실이 둥지를 틀었다. 이곳은 이름 그대로 하루 24시간 1년 365일 기도 소리가 끊이지 않는 곳이다. 문을 연 지 얼마 안 되는 2013년 8월, 자발적 지원자들이 이미 3백여 명을 넘어섰다. 중보기도수첩을 읽는 방식으로 진행되는 이 기도는 방학 때면 교구 릴레이중보기도로 확장된다. 각 교구마다 평일에는 매일 80~100명, 한 주간에 총 5백여 명이 참석하여 나라와 교회뿐 아니라, 영적 및 현실적으로 척박한 땅의 선교사들, 어려움에 처한 구역 성도와 이웃을 위해 중보한다. 2020년 코로나19가 확산되자 온라인으로 기도를 이어 오다가 2022년부터는 다시 현장에서 매일 2시간 간격으로 교구별 기도 섬김이들이 자리를 지켜 오고 있다. 쉼도 없고 마르지도 않는 기도의 샘물이다.

중보기도헌신자집회

말씀과 기도 훈련은 예배 회복의 원동력이자 선교의 디딤돌이다. 쉬지 않고 기도하는, 영적 갈급함을 가진, 기도에 대해 도전받은 등등 여러 가지 이유를 가진 수많은 성도가 한자리에 모였다. 2017년 7월과 8월, 방학이 시작될 때와 새로운 학기가 시작될 때 열린 기도 집회다. 성령 안에서의 영성 깊은 기도로 주님이 찾으시는 참예배자, 그 한 사람이 되고자 하는 간절함이 있는 시간이었다. 다음해 2018년 7월에도 집회가 이어졌다. 좌석이 모자랄 정도로 가득 채워진 성전에서 '방학 50일 동안 기도하며 깨어 있으리라'는 각오가 뜨겁게 일어났다. 이날 중보기도 헌신자로 작정한 성도가 740여 명에 달한다.

2019년부터는 3월 새 학기를 맞기 전에도 온 성도가 작정하여 70일의 중보기도를 채웠다. 새 학기 시작과 더불어 통일 한국을 소망하는 황덕영 담임목사의 메시지가 베드로전서 5장 7~9절 말씀을 통해 선포되었다. '염려를 주께 맡기라', '근신하라 깨어라', '믿음을 굳건하게 하고 사탄을 대적하라'는 메시지와 더불어 말씀과 함께 기도가 있을 때 성령의 역사가 일어난다는 것을 특별히 강조하였다. 이후 교회는 매년 1, 2월 동계 방학 기간과 7, 8월 하계 방학 기간에 중보기도헌신자집회를 열어 기도의 사람을 모았다. 이로 인해 교회 사역에는 방학이 있지만 중보기도의 불씨는 꺼지는 때가 없었다.

새중앙기도학교

2015년에는 신년 부흥회 대신 제1기 새중앙기도학교로 새해를 열었다. 주제는 '하늘의 문을 여소서'였다. '전도와 선교'에 맞추어진 비전에 따라 그 어느 해보다 성도들이 기도로 마음을 모아야 했기 때문이다. 개설과 동시에 무려 8백여 명이 지원했다. 성도 모두 기도에 목말라 있던 중에 기도할 때인 것을 확연히 보여준 것이다. 제1기에는 교구장, 여전도회장, 구역장 등 교회의 중직자들을 중심으로 250명이 참여하였고, 이어진 제2기에는 1월 30, 31일에 시작된 금요반과 토요반의 3주 과정을 통해 순차적으로 250명씩 수료하였다.

"기도 없이 하게 되면 그 일은 하나님의 일이 아니라 나의 일이 될 수밖에 없습니다."

'기도의 영적 원리'를 주제로 한 황덕영 담임목사의 강의는 사역에 앞서 기도가 얼마나 중요한지를 설명했다. 유미현 목사는 중보기도의 의미, 중보기도가 필요한 이유, 중보기도 방법 등을 강의하였다. 모든 과정을 수료한 성도들은 3개월, 6개월, 1년 등 기간별 헌신을 결단하고 교회 곳곳의 중보기도 모임에서 기도의 사명을 완수해 오고 있다.

토요심야기도회

매주 토요일 밤 11시가 되면 대예배당 강대상을 중심으로 찬양이 울려

토요심야기도회

퍼진다. 토요심야기도회의 시작을 알리는 소리로, 60~70명 성도들의 마음이 합해진 노래다. 박중식 원로목사의 어머니 고(故) 김옥향 권사로부터 시작된 기도회다. 김 권사는 교회 설립 때부터 돌아가시기까지 교회 대예배당에서 밤을 새워 기도하곤 했다. 새중앙교회가 하나님의 사역을 감당하고 세상에 빛을 비추기를 기도한 것이다. 밤샘기도에는 김 권사와 더불어 염순례, 박정숙, 이인수, 김입분 권사 등이 함께했다. 밤샘기도로 대예배당을 지키던 이들은 식사 시간, 화장실 가는 시간, 쪽잠 자는 시간을 제외하고는 오로지 기도로만 모든 시간을 채웠다. 당시 담임목사이던 박중식 원로목사는 기도하는 성도들이 잠시 잠들어 있는 시간만큼이라도 편할 수 있도록 팔걸이가 위아래로 움직이는 의자를 별도로 제작하여 장만해 두기도 했다.

현재 토요심야기도회는 박중식 원로목사의 아내인 김윤희 사모가 바통을 이어받아 인도해 오고 있다. 교회 설립 이후 1년 365일 한결같이 지켜지고 있다. 코로나19로 인한 사회적 거리두기로 인해 모여서 기도할 수 없게 된 2020년 2월부터는 문자를 통해 토요심야기도회가 열렸다. 주된 기도 제목은 나라와 교회를 위한 기도로, 예나 지금이나 특히 은혜로운 주일예배와 담임목사의 설교 등을 놓고 기도한다.

토요심야기도회에서만 경험할 수 있는 특별한 기도가 있으니, 일명 '강대상기도'라 불린다. 기도회 중간에 강대상을 주변으로 성도들이 모여들어 함께 강대상을 붙잡고 기도하는 시간이다. 이 시간에는 특별히 주일예배와 담임목사의 설교에 뜨거운 성령이 임재하기를 부르짖는다.

기도지에 적힌 중보기도 제목들을 하나하나 읽어 내려가며 기도하다 보면 밤 12시가 훌쩍 넘어서는 일이 허다하다. 이름 그대로 심야에 모두가 합심하여 기도하는 시간이다 보니 기도에 더욱 집중하게 되고, 그러다 보니 하나님의 역사하심을 체험하는 일도 많다. 2022년 2월경의 일이다. 이순희 집사의 남편 오광식 성도가 뇌경색으로 인해 혼수상태에 빠져 사경을 헤매고 있었다. 오 성도는 교구장 이윤순 권사가 토요심야기도회에 어렵게 인도해 온 분이었다. 그날 밤 기도회에 나온 모든 성도가 오 성도를 위해 간절한 마음을 담아 집중적으로 기도했다. 그 순간, 기적이 일어났다. 오 성도가 깨어난 것이다. 그해 오 성도는 새생명축제를 통해 교회에 등록하고 자신의 체험을 간증하면서 은혜를 나누었다. 하나님의 역사를 체험한 오 성도를 통해, 다른 믿지 않던 온 가족이 하나님을 만나는 놀라운 역사가 이어진 것이다.

토요심야기도회에는 선교센터에 머물고 있는 선교사들도 많이 참석한다. 조카의 태의 열매를 위해 중보기도를 요청한 한 선교사가 응답을

2016년 한국 교회 5천기도단 발대식

받은 것에 대한 감사로 간식을 제공하기도 했다. 토요심야기도회에 참석한 경험을 잊지 못해 선교지로 돌아가서도 기도회 시간에 맞추어 함께 기도하는 선교사들도 많아지고 있다. 질병의 회복과 치유를 위해, 긴급한 수술을 위해, 구직을 위해, 태의 문이 열리도록, 등등 성도들의 다양한 개인 기도 제목들이 중보기도로 요청되기도 한다. 중보기도자들은 합심기도를 통해 하늘 보좌를 움직이고 그 가운데 역사하시는 하나님의 은혜를 경험한다. 나아가 세상을 다스리는 분은 오직 하나님 한 분이심을 경험하게 된다.

토요심야기도회를 위해 여러 돕는 손길들이 함께하고 있다는 것도 은혜롭다. 찬양을 위해서는 비전공동체 청년들이 참여하고 있고, 늦은 시간이어서 교통편이 없어 고민 중인 어르신들을 위해서 차량 봉사자로 나서는 이들도 있다. 중보기도자의 부르짖음을 들으시고 필요한 것들을 그때마다 채우시며 응답하시는 하나님을 본다.

쥬빌리통일구국기도회

2021년 1월, 안양 지역에서 첫 예배를 드린 기도회로, 매월 셋째 주 수요일 저녁예배를 기도회로 드리고 있다. '쥬빌리Jubilee'는 50주년을 뜻하는 말로, 안식년이 일곱 번 지난 50년마다 돌아오는 해인 '희년'의 의미를 추구하기 위해 붙인 것이다.

중심으로 삼는 기도 제목은, 어떤 자리에서도 하나님만을 의지하는 신실한 중보기도자로 서며, 분단된 한반도를 향한 하나님의 마음을 가지고 하나되어 한반도의 비전을 구한다는 것이다. 여기에 마음을 모아 모든 중보기도자가 '수년 내에 한반도의 통일을 이루어 주소서'라고 기도하고 있다.

"복음적 통일은 우리가 함께 모여 기도할 때 주시는 하나님의 선물입니다. 하나님의 절대 주권을 인정하는 '희년' 정신을 추구합니다. 피흘림 없는 복음적 평화 통일을 추구합니다. 나라와 민족을 위한 구국 기도회입니다. 순수한 기도 운동입니다." 쥬빌리통일구국기도회 정신 중에서

한국 교회 5천기도단

2016년 11월 10일, 한국장로교 총연합회이하 한장총가 주최하고 비전 70 위

원회가 주관하는 '종교개혁 5백주년 대부흥 구국 기도를 위한 한국 교회 5천기도단' 발대식이 여러 중보기도팀이 참석한 가운데 거행되었다. 한국 교회가 다시 세워져 열방을 위한 하나님의 뜻이 이루어지고, 기도로 교회가 개혁되면 나라도 개혁되어 하나님의 나라를 이루어 갈 수 있다는 선포였다. 나부터 죄인임을 고백하고 초대교회 성도들을 본받아 오로지 기도에 힘쓰기를 결심하는 시간이었다. 또한, 나라와 민족을 위해 기도하는 성령 충만과 거룩과 복음과 사랑으로 무장한 기도단이 되리라 다짐하는 자리였다. 이후 황덕영 담임목사의 인도로 기도단을 위한 특별기도회가 이어졌다.

한국 교회 5천기도단은 2015년 한장총 신년 하례회에서 선포된 비전으로, 현재 93회째 기도 제목을 공유하며 기도해 오고 있는 '한장총 300기도단'이 모퉁잇돌이 되어 주었다. 나라가 혼란한 가운데 세워진 초교파적 기도회라는 점에 큰 의의를 두고, 한국 교회 5천기도단의 기

2023년 1월 원크라이 국가기도회

도의 불길이 한국 교회와 성도를 깨우리라 기대한다. 그 가운데 새중앙 교회가 전국을 성령의 불길로 타오르게 하는 미스바가 되고, 전국 방방곡곡은 물론 북한에도 기도의 용사들이 세워지기를 기도할 것이다. 2017년 1월 6일부터 첫 기도 제목을 가지고 대부흥 구국 기도에 힘써 오고 있다.

원크라이

'나라를 위한 하나의 부르짖음'이라는 의미로, 네 명의 목회자가 모여 기도하던 것에서 시작되었다. 매년 교회들마다 젊은이에서 노년에 이르기까지 전 세대가 버스까지 동원하여 참석할 정도로 뜨겁다. 새중앙교회에서는 제4회 나라를 위한 기도회, 원크라이ONECRY가 진행되었다. 2020년 1월 17일 금요일 저녁 6시부터 시작된 기도는 다음날인 토요일 오전 6시까지 이어졌다. 꼬박 12시간 동안이었다. 교단과 교파를 초월하여 여러 교회의 목사와 강사들, 워십팀과 찬양팀, 특송자들이 참여한 구국 기도회로 이루어졌다. 기도 내용은 나라와 민족, 교회, 다음세대, 북한 복음화 등 14개 섹션으로 구성되었다.

원크라이가 열릴 때마다 선포되는 말씀에는 회개와 은혜와 감격이 있다. 본당을 가득 채운 성도들의 찬양 열기와 기도 소리가 지치는 법이 없고, 서로에게 은혜가 되어 더 힘 있게 기도회를 이어가게 된다.

"하나님께서는 계획 없이 기도시키지 않으신다."

황덕영 담임목사의 말씀 선포에, 엘리야의 때에 숨겨 놓았던 7천 명의 기도자가 되겠다고 작정한 성도들의 기도가 더 뜨거워지기도 했다.

작은 예수로 살아가는 법
제자훈련

1986년, 새중앙교회로서는 아주 특별하고 귀한 해다. 주님의 인도하심이 매해 모든 순간순간을 빛나게 하였지만, 유난히 1986년을 주목하게 되는 것은 제자훈련 때문이다. 한 손에는 복음, 또 다른 한 손에는 평신도 교육을 주창한 그 해 그 순간 이후로 단 한 해도 쉬어 본 적이 없다. 예수님의 마지막 명령인 복음 전파와 영혼 구원을 행하기 위해서는 반드시 훈련된 제자가 있어야 하기 때문이다. 제자훈련의 중요성에 관한 박중식 원로목사의 목회 철학이 황덕영 담임목사의 비전에도 고스란히 대업으로 이어

저 오고 있다. 그래서 연초마다 새 학기 시작을 앞두고 교회는 예비 제자들의 열정으로 분주하고 충만해진다.

제자반과 사역자반

새가족반과 성장반을 수료했다면 누구나 제자훈련에 참가할 수 있다. 매년 3월부터 11월까지 진행되는 제자훈련은 평신도를 예수 그리스도의 온전한 제자로 만드는 것을 목적으로 한다. 제자로 세워지기 위한 기초적인 훈련 단계로, 성경 말씀을 어떻게 읽을 것인가, 기도 생활을 어떻게 할 것인가를 배우는 과정이기도 하다. 제자반 훈련과 그 다음 단계인 사역자반 훈련은 해마다 함께 시작되고 마친다. 제자반은 주일반·화요일반·화요일 저녁반·목요일반으로, 사역자반은 주일반·화요일반·화요일 저녁반으로

2019년 제자훈련 교사로 헌신한 교역자들

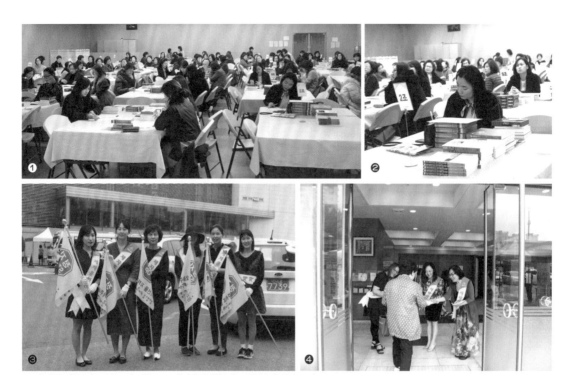

1,2 제자훈련을 받고 있는 성도들 3,4 제자훈련생들의 교회 봉사 실습 모습

구성되어 있다.

제자반은 황덕영 담임목사가 집필한《예수를 따르는 비전의 사람들》을 교재로 하여, 전반기에는 평생을 붙들어야 할 말씀, 기도가 내면화되는 훈련, 성부·성자·성령에 관한 교리적 이해와 견고한 믿음, 가정과 이웃과 다른 지체들을 섬길 준비 등을 훈련받게 된다. 후반기에는 제자도에 초점을 맞추어 '어떻게 하면 예수님 닮은 삶을 살 수 있는가'와 관련해 실제 삶에 적용하는 과정을 경험하게 된다. 훈련 시간마다 찬양, 합심 기도, 성구 암송, 큐티 나눔, 설교 말씀 및 삶의 적용을 서로 나누어 가다 보면 차츰차츰 성장해 가는 자신을 발견한다. 이외에도 반별 공동체 훈련, 전도용 소책자인 <영생 얻는 길>에 관한 전도 특강, 은사 발견 세미나 등의 특별 훈련을 거친다. 이렇게 총 32주간의 훈련을 통해 예수 그리스도의 제자로서 비전과 사명을 품으며 성장하는 과정을 겪게 된다.

사역자반 역시 황덕영 담임목사의《예수를 따르는 사명의 사람들》을 교재로, 전반기에는 교회의 비전과 사명, 사명자의 영성과 삶을 돌아보며 구체적인 사역 현장에서 예수님의 제자로 견고히 세워지는 훈련을 받는다. 하반기에는 사역의 현장을 체험하고 구체적인 기술을 배우며 공동체 훈련, 구역예배 참관 및 실습, 전도 소책자 <영생 얻는 길>을 활용한 전도 훈련 등을 거친다. 총 32주간의 훈련 동안 실질적인 평신도 지도자로 세워지기 위한 구체적인 준비와 훈련을 받게 되는 것이다.

적용과 체험을 통한 성장

배움이 중요한 것은 맞다. 하지만 보다 중요한 것은 배운 것을 적용하고 아는 것을 일상 속 현장에서 실천하는 일이다. 그래서 제자훈련에서 가장 의미를 두는 부분이 실습 과정이다. 모든 훈련생들이 훈련 기간 동안에 현장 봉사 체험에 반드시 참여해야 하는 이유다.

예수 그리스도의 온전한 제자로 변화되는 일은 결코 쉽지 않다. 평신도 지도자로서의 사명의 자리에 세워지는 일이기 때문이다. 가능한 한 동일한 시간과 장소를 정해 놓고 매일 30분 이상 기도 시간을 지켜야 하는 것은 기본이다. 여기에 더해서 큐티, 성구 암송, 성경 읽기, 독서, 설교 요약 등으로 자신을 단련해 가야 한다. 영성과 선교 비전이 흔들리지 않도록 지켜 나가기 위해서다. 특히 말씀을 읽고 묵상하는 큐티는 중요한 과목 중 하나다. 일명 '조각 성경'을 읽듯이 내가 좋아하는 성구만 찾아서 읽기 쉬운데, 날마다 큐티를 하다 보면 성경의 전반적인 내용을 이해하게 되고 하나님의 뜻을 삶에 적용하는 훈련이 절로 된다. 알고 보면 제자훈련은 일상 생활 속에서 예수 그리스도의 모습으로 살아가도록 돕는 현장 중심적 교육이다. 즉 '작은 예수'로 사는 법을 배우는 것이다.

매년 2학기가 시작되는 9월부터는 상반기에 받은 교육을 현장에서 적용하는 실천적인 활동을 중점적으로 훈련하게 된다. 예배 안내, 주차 안내, 교통 지도, 교회학교 교사, 봉고차 운행 등에 직접 참여해 봉사한다.

"예배 안내가 처음에는 멋쩍고 쑥스러워 표정 관리가 잘 안 되기도 했지만, 여러 번 반복하던 어느 순간 마음 깊은 곳에서 주인 의식이 생겨나

"제자 및 사역자 훈련을 통해 배운 제자로서의 삶이 정말 감사합니다. 말씀을 묵상하고 기도할 때 제게 오셔서 하나님의 마음을 더욱 많이 깨닫게 하시고, 부족함을 고백하고 회개하게 하셨거든요. 그때마다 그 사랑이 정말 크게 다가오는 것이 감사하여 감격의 눈물을 흘릴 따름이었습니다."
사역자반 수료자, 김조강 집사

더라구요. 그리고 나니 내 집 잔치에 찾아오신 귀한 손님을 맞이하듯 기쁜 마음으로 안내하게 되는 것을 체험했습니다."

어느 예배 안내 봉사자의 간증은 적용과 실천이 얼마나 중요한지 잘 보여 준다. 봉사를 마친 후 예배의 자리에 앉으면 제자의 도를 지켰다는 자부심에 봉사자로서의 자리가 정말 뿌듯하고, 그런 날은 주일 설교 말씀이 더 은혜롭게 다가온다는 간증도 많다. 또한 봉사를 체험해 보면, 보이지 않는 곳에서 섬기는 예수 그리스도의 제자들로 인해 하나님의 사역이 더욱 따뜻하고 온전하며 아름답게 빛난다는 사실을 새삼 깨닫게 된다.

"누가 봉사하려면 하나님이 공급하시는 힘으로 하는 것 같이 하라 이는 범사에 예수 그리스도로 말미암아 하나님이 영광을 받으시게 하려 함이니" 베드로전서 4:11

"2016년에 둘째 출산 후 육아 스트레스로 우울감이 와서 많이 힘들었어요. 첫째를 어린이집에 보내 놓고 잠시라도 저만의 시간을 가져 보려고 사역자반을 시작했는데, 훈련 내내 황 목사님의 말씀 하나하나가 제 귀와 마음에 스며들면서 회복되었어요. 영이 살아야 육도 회복되는 것을 깨닫자 훈련이 끝난 후에 자연스레 봉사에 참여하게 되었습니다."
제자훈련원 스태프,
서현숙 집사

유쾌하고 따뜻한 힘줄 같은 스태프

1년을 작정했다고 하지만, 막상 훈련의 문턱에 서면 서늘한 겨울바람 같은 막막함에 주눅드는 이들이 꽤 많다. 1년 간의 훈련을 무사히 마치기까지 험난한 시간이 이어지곤 한다. 헌신해야 할 부분도 많고, 일상과 주변에서 예상치 못한 어려움이 복병처럼 일어나기도 하며, 건강하던 육신이 갑자기 아프거나 다치기도 한다.

하지만 지레 겁먹을 필요 없이 모든 걱정과 염려를 주께 맡겨 버릴 것! 그리고 모든 움츠림을 단단한 영성과 부드러운 미소로 날려 줄 주의 사자들인 제자훈련원의 스태프들을 믿을 것! 그들은 유쾌한 에너지로 매서운 겨울 같은 막막함을 밀어내고 강의실을 따뜻한 온기로 채워 낼 힘을 가지고 있다. 강의실 내 음향 설정, 과제물 집계, 훈련생들이 수업 중간에 쉬면서 먹을 수 있는 간단한 다과와 음료 준비 등 교육이 순적하게 진행되도록 돕는 도우미들이다.

새중앙제자훈련원을 담당하고 있는 유미현 목사는 '목양이란 총체적이고 전방위적인 돌봄'이라고 정의하고 가르친다. 돌봄과 섬김의 최일선에 있는 유쾌하고 따뜻한 힘줄 같은 스태프들의 헌신 덕분에 훈련장은 시종일관 안도감과 안위감으로 차 있다.

"목사님의 강의에 훈련생들이 충분히 몰입할 수 있도록 봉사자인 제가 조금 더 감각적으로 움직일 수 있다면 좋겠어요."

"목사님 말씀은 매년 들을 때마다 영적으로 다가오는 메시지가 달라요. 봉사를 위해 참여하는 저희들의 믿음도 훈련생들 못지 않게 단단하게 여물어지는 것 같아요."

제자훈련원 스태프들의 고백에서 훈련과 교육이란 또 하나의 예배구나, 이 예배를 준비하는 이들은 겸손과 신실을 겸비한 예배자들이구나, 새삼 깨닫게 된다.

매년 제자반 훈련과 사역자반 훈련을 통해서 '작은 예수'가 배출된다. 처음에는 이론적인 교육으로 시작되지만 하반기에 들어서서 실천적 신앙생활로 접어들수록 솔선수범하는 제자들로 변화된다. 또한 보이지 않는 곳에서 섬기는 신실한 손길들이 있기에 올해도 '가서 제자 삼으라'는 교회의 선교 비전이 전진한다.

영적 사명을 갖는 것은 하나님의 축복이요 은혜다. 모든 성도들이 제자되기를 결단하고 참된 신앙인의 모습으로 훈련되기를, 그래서 사회 현장 곳곳으로 나아가 하나님의 복음을 전하는 영적 사명자로 거듭나 축복 안에 거하기를 권면한다. 예수 그리스도의 참제자들로 세워진 그들이야말로 건강한 새중앙교회의 튼실한 기둥이다.

제자훈련 수료 현황

	2013	2014	2015	2016	2017	2018	2019	2020	2021	2022	2023
제자반	242	186	234	185	182	249	323	202	393	228	369
사역자반	233	194	156	176	164	210	218	274	338	235	271
수료자	475	380	390	361	346	459	541	476	731	463	

2019년 전 교인 영성수련회

선교사들과 함께한 복음 잔치
전 교인 영성수련회

하나님과 함께하는 축제

2019년 8월, 빈자리가 거의 없을 정도로 대예배당이 가득찼다. 장년교구 1, 2, 3팀과 사랑부가 배정된 1, 2, 3층은 핑크, 보라, 연두, 주황으로 좌석이 구분되고, 드림공동체, 비전공동체, 외국인선교회가 배정된 4, 5층은 주황, 하늘, 노랑으로 구분되었다. 특별히 초청된 64명의 선교사 부부를 위해서는 1층에 자리가 마련되었다. 성도들의 우렁찬 합창이 대예배당에 울려 퍼지면서 막이 열렸다. 8월 26일부터 30일까지 열린 제1회 전 교인 영성수련회^{이하 수련회} 1부의 시작이었다. 눈을 뗄 수 없는 오프닝 영상, 교구와 기관에서 준비한 재미있는 UCC 영상, 특별히 초대된 게스트들의 연주와 찬양 등 일주일 동안 날마다 축제의 장이었다.

첫날 플루트와 피리 연주로 감동을 준 송솔나무는 하나님의 연주자답게 연주 이후의 간증으로도 큰 은혜를 전했다. 둘째 날 교회를 찾은 색소포니스트 심삼종은 예배당이 들썩거릴 정도의 압도적인 연주와 찬양으로 큰 울림을 주었다. 셋째 날에는 바이올린 선율이 대예배당을 가득 채웠다. 바이올리니스트 박지혜의 애절한 연주와 간증 또한 성도들의 마음을 촉촉하게 적시며 많은 박수를 받았다. 비가 쏟아지던 넷째 날에는 CCM 가수 송정미가 영혼을 담은 찬양으로 하나님께 영광을 올려 드렸다.

어린이에서 장년에 이르기까지 전 성도가 함께 어우러졌다. 프로그램이 진행되는 곳곳에서 드림공동체, 비전공동체, 장년교구, 외국인선교회, 파송 선교사들까지 모두 함께였다. 드림공동체는 특송, 찬양 인도, 강단기도회로 장년층과 어우러지며 하나되었다. 비전공동체가 톡톡 튀는 UCC 영상을 제작하기 위해 여러 주에 걸쳐 촬영하고 편집하는 과정 속에서 교구 식구들도 하나되는 시간을 경험했다. 장년교구는 수련회 내내 보이지 않는 곳에서 기도와 봉사로 수련회 전체를 지원하였다. 각 자리마다 흘러넘치는 기쁨이 있었다.

일주일 내내 새중앙주차위원회 회원들이 모두 동원될 정도로, 수련회에 참가한 성도들과 그들의 열의로 교회가 북적였다. 수련회나 예배라기보다 하나님과 함께하는 축제처럼 느껴졌다. 특히 이 수련회는 2017년에 열린 새중앙리더십 영성수련회를 기초로 한 것으로, 전 성도가 한자리에 모여서 수련회를 가지는 것은 교회 설립 이래 처음 있는 일이어서 영적으로 더욱 설레던 일주일이었다.

"선교 사역지에서 모든 에너지가 소진된 상태였는데, 함께한 선교사님들과 이야기를 나누며 갇혀 있던 사역의 시야가 넓어졌고, 선교사님들의 다양한 은사와 달란트를 통해 일하시는 주님을 새삼 경험할 수 있었습니다."
볼리비아 박수훈·오미자 선교사

'뉴 센터'에 관한 비전 선포

1부가 축제의 서막을 알린 시간이었다면, 2부는 말씀과 기도로 영을 깨우는 시간이었다. 수련회의 주제 성구로 선포된 아가서 2장 10절, '나의 사랑 내 어여쁜 자야 일어나서 함께 가자'라는 말씀을 바탕으로 황덕영 담임목사는 예배의 중요성을 강조했다. 예배에 깨어 있는 자라야 주님과 함께할 수 있고, 주님과 함께하는 자라야 예배 가운데 하나님이 주시는 회복을 누린다는 것이다.

아가서의 말씀처럼 교회 전체가 일어섰다. 무엇보다 '새중앙'의 영어 표현인 '뉴 센터ᴺᴱᵂ ᶜᴱᴺᵀᴱᴿ'에 각 철자별 의미를 담은 새로운 비전이 선포되었다.ᵖ·¹⁸⁻¹⁹ᵗ ᵗ³ᵃ² '거룩하고 열정적인 예배', '전도와 선교', '주 안에서 회복이 있는 소그룹', '복음의 엔진인 제자훈련', '하나님 나라를 꿈꾸는 다음세대 교육', '주님이 새롭게 하시는 개혁과 부흥'을 그 내용으로 한다. 뉴 센터를 통해 선포된 대로 즉 예배와 전도와 선교, 소그룹과 제자훈련과 다음세대 교육, 그리고 개혁과 부흥의 새 비전을 향해 '일어나 함께 가자'고 권면하였다. 말씀과 관련해 교회 각 기관의 역할이 제시된 것이다.

파송 선교사들에 대한 위로

이번 수련회의 아주 특별했던 시간을 꼽으라면 '선교사 워크숍'이 아닐까 싶다. 22곳의 열방으로 파송되어 교회의 선교 비전인 '비전 백천만'을 이루어 가고 있는 64명의 선교사 부부들을 초청하여 함께 비전을 나누고 영성을 재무장하는 시간이었다. 황덕영 담임목사의 주제 강연을 통해 교회의 새로운 선교 비전과 전략을 파송 선교사들과 공유한 것은 물론, 선교사들의 노고를 위로하며 격려할 수 있었다. '창조·거점·연합·미래'라는 선교의 4대 핵심 전략에 관한 비전이 소개되자, 선교사들은 사역의 변화와 성장에 대해 늘 고민하고 부담감을 갖고 있었는데 해답을 찾은 것 같다는 안도감을 보이기도 했다.

선교부 사역 현황과 내용이 발표된 후에는 선교사들이 선교부 교역자들과 스태프들을 안고 격려했다. 후방에서 선교사들을 돕기 위해 밤낮으로 고민하고 기도하는 교회와 선교부의 마음에 대한 뜻깊은 감사의 표현이었다. 보내는 자와 보냄을 받은 자가 하나님이 주신 열방을 향한 비전으로 하나된 공동체임을 다시 한번 확인하는 순간이었다. 선교사들이 현지에서 사역한 내용들과 기도 제목을 나누는 시간도 마련되었다. 쉴 틈 없이

"타국의 선교사들과
만나는 기쁨과 사역을
공유하면서 서로를 격려하고
기도하는 시간은
축복이었습니다.
내 나라의 언어로 마음껏
찬양할 수 있었던 것도
행복했고, 무엇보다 하나님이
담임목사님을 통해
선포하신 메시지는
선교사로서
하나님의 비전을 재확인하고
다짐하는 계기가 되었습니다."
알바니아 주준성·강경 선교사

1 파송 선교사 위로의 시간 2 포토존에서의 기념 촬영 3 파송 선교사들의 식사 시간 4 전 교인 영성수련회 참가를 위해 접수하는 성도들

하루 종일 강행군으로 진행되었지만, 참석자 모두가 선교사들의 발표 내용을 꼼꼼히 메모하며 경청했고 선교 현장의 어려움과 그 가운데 누렸던 은혜를 함께 나눴다.

9월 1일 주일에는 워크숍에 참여한 선교사들이 드림공동체, 사랑부, 외국인선교회와 함께 주일예배를 섬겼다. 전 세대가 선교사적 삶으로 도전받을 수 있도록 자신의 사역지를 소개하고 선교지에서 누린 은혜를 나눈 시간이었다. 마지막 일정은 하나님이 창조하신 자연 속에서 쉼을 누리고 다양한 체험을 통해 육체의 피로를 푸는 '힐링 캠프'로 진행되었다. 허브 향 가득한 정원에서 라벤더 베개 만들기, 아로마 족욕 등을 체험하면서 즐거운 추억을 만들었다.

파송 선교사들을 국내로 초청하기까지 교회의 전폭적인 지원과 함께 보이지 않는 많은 섬김이 있었다. 선교사들의 입·출국 차량 운전 봉사, 식사와 간식 봉사 및 후원 등 성도들의 손길은 참여한 선교사들에게 또 하나의 감동이 되었다. 가는 자와 돕는 자가 연합할 때 더욱 확장되는 하나님의 나라와 그 은혜를 온몸과 마음으로 경험하는 기회였다.

별처럼 빛난 봉사의 힘

수련회가 처음부터 끝까지 축제와 은혜의 장이 될 수 있었던 배경에는 성도들의 섬김과 봉사가 있었다. UCC 동영상을 만드느라 시간과 재능을 아끼지 않은 성도들이 많았다. 지금까지 한 번도 만들어 본 적 없는 동영상 제작에 도전하느라 교구 식구들과 머리 맞대어 의논하고 배우는 과정 그 자체가 은혜였다는 간증도 많다.

수련회가 진행되는 기간 동안 매일 오후 8시부터 11시까지, 새중앙주차위원회의 모든 회원들이 총동원되었다. 시작 시간보다 항상 더 일찍 나오고, 예배가 끝난 후 성도들이 모두 돌아가는 시간보다 더 늦게까지 남아 봉사했다. 매일 송구영신예배 때만큼 많은 성도가 참여했지만, 주차위원회의 안내 덕분에 주차 공간을 알뜰히 활용하여 혼잡을 피할 수 있었다.

파송 선교사 워크숍을 원활히 진행하는 데에는 권사회 회원들의 헌신이 컸다. 식사 준비에 정성을 기울여 준 권사회 덕분에 참여한 선교사들의 감동이 배가 되었다. 워크숍 순서마다 간식으로 섬기는 교구들도 있었다. TF팀, 교역자들과 행정실, 선교부와 예배팀은 수많은 프로그램을 기획 및 운영하느라 1개월 전부터 준비해 왔으며, 행사 기간 내내 이른 시간부터 늦은 시간까지 차질 없는 진행을 위해 수고를 아끼지 않았다.

선교가 시작되는 최소 단위
가정예배

"아빠, 오늘은 말씀 나눔 안 해요?"

부모님이 바쁠 때면 아이들이 먼저 말씀 나눔을 '권면한다'는 하빈이, 하원이네. 곧장 식탁 앞에 둘러앉은 식구들 입술에 찬양이 은혜롭게 흐른다. 찬양이 끝나면 식구들이 돌아가며 말씀을 읽은 후 아버지가 말씀을 요약하고, 각자 순서대로 적용과 그날의 삶을 나누곤 한다. 어느새 중·고등학생으로 훌쩍 커버린 하빈이, 하원이는 이렇게 여전히 말씀 안에서 자라고 있다. 말씀 묵상과 성구 암송이 이루어지는 가정예배 덕분이다.

삶의 현장이 곧 예배 처소

2020년 교회의 가장 큰 이슈는 가정예배였다. 코로나19로 인해 교회의 물리적 공간이 닫혔지만 그렇다고 예배의 처소가 닫힐 수는 없었다. 'BC^Before COVID-19'와 'AC^After COVID-19'라는 신조어가 등장할 정도로 신앙생활의 환경이 요동치면서 가정예배의 중요성에 더욱 주목하게 된 것이다. 감사하게도, 2020년 당시 새중앙교회는 코로나19와 같은 상황에 대해 이미 준비되어 있었다. 성도들의 사업장을 선교 거점으로 하는 30여 개의 비전캠퍼스를 개척해 온 것이 그것이다. 교회의 공예배를 통해서만 하나님을 예배하는 것이 아니라, 성도의 삶의 현장이 곧 예배 처소가 되어야 한다는 분명한 그림이었다. 비전캠퍼스가 사업현장을 예배의 처소로 삼는 경우라면, 가정은 가장 작은 단위인 가족과의 일상을 예배의 자리로 삼는 것이다.

"우리집은 3대가 함께 가정예배를 드리고 있어서 은혜도 3배이지 않을까 싶어요, 하하! 아이들을 저의 힘이 아닌 신앙으로 양육하게 되고 어린 막내도 가정예배를 통해 열매 맺어지고 있음을 깨닫게 하시니 하나님께 절로 감사하게 됩니다."
동편마을교구 홍영표 집사

가정예배 인도지와 큐티 책

가정예배의 1차적인 목적은 가족이 함께 말씀을 나누고 말씀 안에서 교제하는 것이다. 가족 한 사람 한 사람은 물론, 궁극적으로 가정 전체를 믿음으로 세워 가는 성령의 역사를 보게 된다. 그 중요성을 알기에 새중앙교회는 각 가정에서 가정예배를 어렵지 않게 드릴 수 있도록 지원해 오고 있다. 첫 번째가 교회에서 배포하는 가정예배 인도지 교안을 따라 진행하는 방법이다. 〈찬양해요〉, 〈기도해요〉, 〈말씀을 읽어요〉, 〈말씀 이해하기〉, 〈좀 더 생각해 보기〉를 따라 하다 보면, 가정에서도 어렵지 않게 예배를 드릴 수 있다. 어린 자녀와 가정예배를 드린다면 부모가 부가적으로 설명해 주면 된다.

또 하나의 방법은 큐티를 통해 가정예배를 드리는 것으로, 일주일에 한 번 가족이 모여 앉아 큐티한 내용을 나누는 것이다. 교회에서 발행하는 큐티 책 《해피투게더》와 《비전큐티》, 어린이 큐티 책 《키투》 등이 이를 돕고 있다. 전 세대가 매일 같은 본문으로 말씀을 묵상할 수 있게 되어 있는 큐티 책 안에 가정예배 교안이 실려 있어서 가족들이 시간에 맞춰 모이기만 하면 가정예배를 어렵지 않게 드릴 수 있다. 말씀은 부모와 자녀에게 동일한 삶의 변화를 이끈다. 묵상한 말씀과 적용을 나누다 보면 부부 사이의 마음과 대화가 말씀을 바탕으로 열리기도 하고, 사춘기 자녀와 부모 사이의 세대 갈등이 화해와 화평으로 변화되기도 한다. 함께한 식구들에게 말씀으로 주의 뜻을 보이시며 깨달음과 순종으로 인도하시기 때문이다.

가정예배를 드리는 가정비전캠퍼스

비전캠퍼스는 대체로 사업장을 중심으로 이루어진다. 사업장에 찾아온 고객들을 전도 대상자로 삼거나 사업장을 개방하여 구역예배나 새벽예배의 장소로 삼는 경우이다. 그 영역에서 한 발 더 들어가 가정을 비전캠퍼스^{이하 '가정비카'}로 헌신한다는 것은 또 하나의 새로운 문을 연 것이다. 매주 가정예배를 드리기를 결단한 가정의 대문에 교회가 그려진

"신앙을 지키면서 남들과 경쟁하며 산다는 것이 얼마나 지치는 일인지, 그래서 얼마나 하나님께 의지해야만 하는 일인지를 가정예배를 계기로 자녀들과 나누고 결단하게 되었어요. 계속되는 가정예배를 통해 급박하게 변하는 세상을 느긋하게 보는 지혜와 평온을 우리 가정에 선물로 주신 것 같아요."
초원1교구 이소연 집사

1~4 가정예배를 드리는 성도들의 모습 5 매주 가정예배를 드리는 가정을 위한 '가정비카' 교패 부착

교패를 붙여 '가정비카'임을 구별하고 그 가정을 응원한다. 몇 년 전부터 한국 교회에 유행처럼 불어 온 것이 주일 저녁예배의 생략이었다. 주일 저녁예배가 사라진 지 몇 년 후 코로나19가 닥치면서, 새중앙교회는 가정예배의 중요성을 캠페인을 통해 알리며 비전캠퍼스를 사업장에서 가정으로까지 확장한 것이다.

가정예배의 선한 영향력과 은혜는 신혼부부교구에도 흘러갔다. 비전공동체 신혼부부교구는 복음의 능력을 소유한 가정들의 모임이다. 코로나19의 어려움 속에서 이제 막 가정을 세우고 출산과 육아를 경험하고 있는 가정들의 어려움은 결코 작지 않다. 그런 형편 속에서 하나님을 예배하는 모습이기에 더욱 귀하다. 신혼부부교구는 매주일 현장과 온라인으로 비전예배를 드렸다. 주일 오후 2시와 5시에는 온라인으로 각 구역별 구역모임을 통해 말씀과 삶을 나누고 함께 기도했다. 또한, 매달 첫 주간을 가정예배를 세우는 뉴 센터 패밀리 워십^{New} Center Family Worship 기간으로 정하고, 각 가정마다 작정하여 가정을 예배의 처소로 세워 왔다. 신혼부부교구 구역장으로 섬기고 있는 박철우, 전애리 성도 가정은 2021년 2월 출산 후 조리원 입소로 인해 만날 수 없는 형편에도 온라인으로 가정예배를 드렸다. 이것이 신혼부부교구 안에 귀한 도전이 되었다. 도전의 움직임들이 나아가 'TARGET 2030 가서 제자 삼으라'는 선교 비전을 실천하는 한 걸음 한 걸음이 되리라 기대하게 된다.

전 교인 기적의 신앙 40일

코로나19로 인한 사회적 거리두기로 다중 이용 시설, 대중교통, 집회 및 시위장, 의료 기관, 요양 시설에서 마스크 착용을 의무화할 만큼 사회가 얼어붙어 있을 때였다. 세상은 빠르게 '언택트^{Untact} 문화'로 바뀌었다. 이런 환경만을 보면 '모이기를 힘쓰라'고 하신 성경 말씀을 지키기는 불가능해 보이고 심지어 정부 방침에 위배되는 느낌이다. 이러한 상황 속에서 교회는 모임의 본질을 생각하며 창조적인 방법으로 하나님과의 만남을 시도했다. 그 운동이 바로 '전 교인 기적의 신앙 40일'이다. 이 운동은 40일 동안 네 가지 항목, 즉 예배, 기도, 말씀 그리고 헌신으로 성도들이 구체적으로 삶에서 실천할 수 있는 것을 제시하고 있다.

첫째로 '예배'는 주중 공예배 참여와 가정예배 드리는 것을 중점으로 한다. 주중 공예배는 수요예배, 금요성령집회 그리고 새벽기도회를 말하며, 40일 동안 매주 주중 공예배를 한 번 이상 드리는 것과 일주일에 한 번 이상 가정예배를 드리는 것을 실천할 목표로 두었다. 사회적으로는 거리두기를 철저하게 지키는 만큼, 오히려 가정에서는 그 어느 때보다 가족이 함께하는 시간이 늘어났기에 이 시기가 가정공동체를 말씀으로 세울 수 있는 기회가 된 것이다.

둘째 '기도'는 큐티와 개인기도 그리고 온라인 구역 나눔을 실천하

"큐티 책으로 가정예배를 드리고 있어요. 회를 거듭할수록 그동안 내가 거듭나지 않아서 아픈 내 아이가 얼마나 더 아팠을까, 내가 정말 추악한 죄인 중에 죄인이구나 회개하게 되었어요. 아픈 딸이 '여기가 천국이야'라고 말할 때는 현실을 그렇게 미워하던 저도 맞다고 동감하게 되더라고요."
초원1교구 이은정 집사

'전 교인 기적의 신앙 40일'을 마치고 만든 성도들의 성경필사본

는 것이다. 개인적인 경건의 시간을 통해 삶의 예배를 드릴 수 있는 방법을 꼽는다면 단연 큐티일 것이다. 큐티와 더불어 매일 기도의 시간을 갖는다면 주의 자녀로서 이보다 더 귀한 일은 없을 것이다. 줌으로 나누는 온라인 구역예배 또한 처음에는 어색하고 낯설었지만, 이를 통해 함께 기도하며 교제하는 귀한 시간을 확보할 수 있었다.

셋째 '말씀'은 바이블아카데미 수강과 성경필사에 참여하는 것이다. 여름방학을 맞이하여 4주간 진행된 바이블아카데미는 12과목이 개설되어 줌을 통해 말씀을 배울 수 있는 장이 되었다. 코로나19 기간에 성도들의 삶에 가장 큰 은혜를 끼친 것을 꼽는다면 성경필사일 것이다. 성경 전체 1,189장을 구역이나 기관별로 나누어 공동 필사를 하기도 하고, 하나님께서 주신 은혜에 따라 온전히 혼자 필사를 하기도 했다. 새중앙선교센터 3층에는 그 당시 필사한 것을 제본한 성경책을 전시한 공간이 마련되어 있다.

넷째 '헌신'은 사랑과 복음 전파의 실천이다. 코로나19로 인해 많은 사람에게 복음을 전할 수 없는 상황이었지만 '관계성 전도'라는 방법으로 주변에 믿음이 없는 가족이나 이웃에게 복음을 전했다.

마르지 않는 선교의 샘
SMTC

"주일예배에서 '사랑해요~ 축복해요~' 특송을 할 때 사진 찍으시던 현지 교회 집사님들 눈에 눈물이 가득 고인 것을 봤거든요. 두 손으로 얼굴을 감싸고 우시는 집사님, 그 눈물 속에 담긴 뜻을 저도 알 것 같았고 하나님도 당연히 아시리라 믿어요."

이종석 SMTC 제13기, 일본 동경

"훈련을 마치면서 제게 일어난 변화가 보였어요. 하나님께서 현재 저의 영적 수준에 맞는 일과 환경으로 부르시면 도전할 수 있을 것이라는 마음이 들었어요."

안영태 SMTC 제13기, 인도네시아 찌까랑·반둥

"해외 현장 훈련을 통해 알게 된 것은 '선교사는 결코 강하지만은 않구나', '약함으로도 일을 감당하고 있구나' 하는 거였어요. 하나님은 그들의 아픈 눈물로 그 땅에 교회를 세우신다는 것을 깨닫게 되었어요."

이지현 SMTC 제15기, 러시아 우수리스크

열방을 향한 하나님의 마음은 한결같다. 마르지 않는 샘물처럼 지속적으로, 그 인자하심으로 땅을 적셔 가신다. 열방의 사역 현장으로 성령에 사로잡힌 주의 사자들을 보내시는 일 역시 끊임없다. 하나님의 뜻을 따라 전방에 복음의 일꾼들을 보내고 세워 가는 곳이 바로 SMTC, 새중앙전문인선교훈련이다. 2006년 설립되어 현재까지도 선교 비전의 역사를 이끌어 가고 있다.

SMTC의 목적은 성도들의 영적 회복과 성숙을 통해 하나님이 기뻐하시는 선교사적 삶을 살아가도록 하는 데 있다. 궁극적으로, 목사나 선교사의 신분으로는 접근하기 어려운 창의적 접근 지역에서 사역할 전문인 선교사, 한국 내 이주 노동자와 기타 외국인을 대상으로 사역할 전문인 선교사 등 한국 교회가 필요로 하는 선교 전문가와 일꾼들을 교육하고 양성한다. 더불어 '나가는 선교사' 못지않게 중요한 '보내는 선교사'에 대한 교육 역시 놓치지 않는다.

중·고등부에서 시니어까지

2006년은 SMTC 제1기가 배출된 해다. 봄 학기 12주, 가을 학기 12주, 공동체 훈련 2주, 다른 문화권에서의 현장 훈련 등 1년 간의 훈련을 거쳐 총 16명의 성도들이 새중앙교회가 인증하는 선교사 인증서를 받았다. 2010년 제6기부터는 18주 과정, 2013년 제9기부터는 12주 과정으로 훈련 기간이 줄어들었는데, 이는 선교의 문턱을 낮추고 더 많은 성도들이 선교의 소망을 품기를 기대한 것이다.

대신 참여 연령의 폭을 넓혔다. 교회학교부터 시니어부에 이르기까지 모든 세대의 성도들이 선교에 대한 관심과 비전을 품도록 하기 위해서다. 이와 같은 맥락에서 중·고등부, 청년, 장년, 시니어 등을 대상으로 매년 짧게나마 선교의 세계를 경험할 수 있는 과정으로 단기선교학교, 시니어선교학교가 추가로 열렸다. 이 과정을 이수한 성도라면 누구나 SMTC에 지원할 수 있도록 길을 열어 놓은 것이다.

훈련 과정을 수료한 졸업생들 중 많은 이들이 SMTC에 남아 스태프

"우리들 모두 선교에 빚진 자들이에요. 와서 보니 선교사는 낯선 땅을 떠도는 자가 아니라 그 땅에 흡수되는 영혼 같았어요. 몽골의 문화를 몸으로 배우고 이해하고 돌아와서는 몽골선교회 스태프로 섬기게 되었어요." 황봄이 집사, 2014년 몽골

로서 훈련을 돕곤 한다. 매 기수마다 훈련 팀장, 찬양 및 영상 담당, 관리자 등으로 참가하여, 훈련 진행이나 운영으로 섬긴다. 하나님의 비전을 품고 기도하며 섬겨 온 이들의 헌신은 SMTC를 이끈 중요한 동력이다.

SMTC 프로그램과 직임 훈련

훈련은 매주 토요일 2시 반부터 7시 반까지 진행된다. 훈련 내용은 정규 프로그램 10주, 1박 2일 동안의 공동체 훈련 2회, 비정기 프로그램인 팀별 미션 수행, 해외 현장 훈련 등으로 구성되어 있다.

프로그램 중에서 해외 현장 훈련은 훈련의 꽃으로 불린다. 파송 선교사들이 사역하는 현장은 어떠한지, 선교사들이 어떻게 사역하는지, 현실적인 어려움이 무엇인지, 그럼에도 선교사들의 마음을 뜨겁게 하는 것은 무엇인지, 잠시나마 전문인 선교사가 되어서 현장을 직접 체험하는 과정이기 때문이다. 그런 점에서 단순한 선교 여행이나 순례와는 분명 다르다. 목표한 지역의 선교사와 함께 현장의 삶과 문화를 직

"처음 관계가 서먹했던 훈련생들이 준비하고 동역하는 과정에서 일체가 되고 서로 치유와 회복을 경험했습니다. 이 시너지 효과로 스태프로서 또 헌신을 결심하게 되었고요." 이무종 집사, 2014년 말레이시아

접 경험하면서 하나님의 일하심을 배우고 선교하시는 하나님을 만나는 시간이다.

팀 내의 직임 훈련 또한 중요한 과정이다. 훈련 기간 동안 리더, 헬퍼 리더, 회계, 식사, 약품, 정탐, 짐 키퍼, 라스트 키퍼 등 맡은 바 역할을 계속 이어가게 된다. 직임 훈련을 통해 팀원들은 서로 배려하고 협력해야 하는 선교사적 삶의 태도와 역할을 배우게 된다.

제1기 POST SMTC

2019년 6월 29일 토요일, 제1기 POST SMTC가 열렸다. 7월 20일 토요일까지, 매주 토요일 선교센터에서 진행된 SMTC의 심화 과정이라고 할 수 있다. SMTC 수료생들이 선교사적인 삶을 잃어버리거나 잊어버리지 않도록 재무장시키는 데 목적을 둔 프로그램이다. SMTC 수료 이후 지속적인 성장을 갈망하던 훈련생들이 주로 선교 훈련 스태프나 리더로 섬기곤 했는데, 그들이 제1기 POST SMTC를 통해 매주 다양한 주제 강의를 들으며 열방을 향한 하나님의 마음을 다시 새롭게 배우고 가꾸는 시간을 가질 수 있었다.

'21세기 글로벌 선교의 도전과 이슈', '전방 개척 권역의 이해와 실제', '한국 교회의 선교 역사', '선교행전' 등 심도 깊은 강의를 통해 훈련의 유익을 깨닫고, '내가 선 곳이 선교지이며 내가 바로 선교사'라는 선교사적 삶을 지속적으로 도전해 가겠다는 의지와 필요성을 재확인하는 시간이 되었다.

2021, SMTC 위드코로나

2019년 12월 발생한 코로나19는 세계 선교에 유례없는 위기를 몰고 왔다. 사역지를 뒤로하고 고국으로 발길을 돌려야만 했던 선교사들도 있었고, 선교 동원 및 훈련 사역과 관련한 계획들이 예기치 않게 전면 수정되거나 취소되었다. 마치 선교 사역의 시계가 멈춘 것처럼 느껴진 시간들이었다. 그러나 선교하시는 하나님은 코로나19 위기 상황에도 새로운 선교 전략으로 변화의 바람을 불어넣으셨다.

'위드코로나 시대'에 선교부는 대내적으로 기도와 재정비에 힘썼다. 동시에 대외적으로는 선교 사역 기관 및 선교 전문가와 연합하여 전략 연구에 집중했다. 재개된 선교 훈련 사역의 핵심은 온라인과 오프라인 방식의 결합이었다. 이른바 '올라인 콘텐츠All-line Contents'다. 먼저, 온라인 방식을 적극 활용하여 선교에 관심이 있는 성도라면 누구나 참여할 수 있도록 '줌', '유튜브' 등의 플랫폼을 기반으로 진행했다. 특별한 것은 강의 시청뿐만 아니라 질의 응답, 과제물 점검 등 훈련 프로그램의 기능을 온라인에서 구현한 것으로, '구글 클래스룸'과 같은 강의 플랫폼을 접목했다.

2021년 3월 27일부터 7월 3일까지 진행된 제17기 SMTC 훈련에서는 이렇듯 온라인을 통해 황덕영 담임목사를 비롯해 전문인 사역, 이슬람 선교, 멤버 케어, 위기 관리 등 각 분야 전문 강사진들의 강의가 12주 동안 펼쳐졌다. 그동안 훈련생들이 현장 강의에 관한 문의를 끊임없이 해 오던 터에, 온라인 방식으로 전환하자 시간과 장소와 횟수 등에 구애받지 않고 기존 강의를 충분히 활용할 수 있었다.

온라인 강의 이후에는 개인 선교 리서치 훈련이 이어졌다. 선교 훈련은 그 특성상 교실 안 강의로만 이루어질 수 없다. 선교 현장에서 몸으로 직접 부딪치고 경험하면서 깨우치고 배우는 것이 무엇보다 크기 때문이다. 해외 현장 훈련이 SMTC의 꽃이라고 불리는 이유다. 그러나 코로나19로 인해 해외로 이동하는 데 제한이 컸기 때문에 해외 현장 대신 국내 주요 선교 거점을 중심으로 장소를 정해 코로나19 방역 지침에 따라 현장 훈련을 진행했다. 개인 선교 리서치 및 포트폴리오 작성법 등 코로나19 시대에 맞추어 개인별로 선교 전략을 강구하는 현실적인 교육이 진행된 것이다.

코로나19 팬데믹과 유사한 양상들이 앞으로도 계속해서 사회와 인류를 위협하는 잠재적 요소로 남아 있다고들 한다. 언젠가 또 맞닥뜨릴지도 모를 이런 상황에도 불구하고 일상 속에서 어떻게 복음으로 살

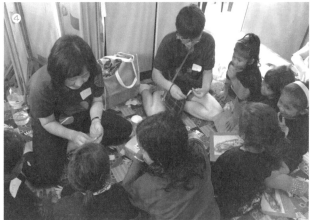

1. 2019년 카자흐스탄 캅차가이한글학교 학생들과 함께한 SMTC 카자흐스탄팀 2. 2019년 'Be Kind' 공부방을 방문한 SMTC 인도네시아팀 3. 2019년 SMTC 몽골팀 4. 2017년 오랑 아스리교회에서 아이들과 함께하는 SMTC 말레이시아팀

아갈 것인지 교회와 성도들이 함께 길을 찾고 있다. 선교하시는 하나님의 일하심은 결코 멈춘 적이 없다는 것을 믿는 믿음에서 그 답을 구해 본다.

새중앙교회는 'TARGET 2030, 가서 제자 삼으라'를 푯대로 삼고, 2021년 908명의 비전선교사를 임명하며 '올라인 콘텐츠' 선교 훈련을 통해 복음의 일꾼을 세우는 작업을 멈추지 않음으로써 하나님의 선교적 부르심을 따르고 있다. 마르지 않는 선교의 샘, 멈추지 않는 선교의 물줄기 SMTC는 새중앙교회 40주년을 넘어 50주년을 향하여 오늘도 뚜벅뚜벅 걷고 있다.

SMTC 해외 현장 훈련 일지

2013년

중국 우루무치 6.22~30. 감동보다는 아픈 기억이 있는 곳이고, 그만큼 선교의 사명을 느꼈던 곳이다.
투르판과 톡순에서 위구르족을 만나 그들의 생활과 문화를 체험하고 정을 나누었지만,
선교팀이 떠난 다음날 위구르족 경찰서가 습격당하여 29명의 사상자가 발생했다.
위구르족과 한족 간의 유혈 사태가 반복되는 땅임을 새삼 확인하였고,
오직 하나님의 사랑만이 치유하고 회복할 수 있는 땅이라는 생각에
더욱 그들을 품고 기도해야 한다는 사실을 절감하였다.

태국 메짠 6.29.~7.7. 메짠의 여러 산족 교회와 치앙마이 교회들을 돌아보고 서로 다른 언어와
생활 형태를 가진 다민족의 생활 터전 곳곳에 교회가 세워지는 메짠 공동체에서 훈련하였다.

인도 벵갈로 7.5~13. 안드라프라데시주와 타밀나두주에 있는 인도 교회를 근거로 삼아 근처 마을을 돌며
주민들을 상대로 복음을 전했다. SMTC 제3기이자 제6기 출신인 설인숙, 김요한 선교사 가정의 헌신이 인도 선교부
내에서도 눈에 띄게 모범적이었다. 덕분에 동역하는 선교사들과의 협동 사역의 필요성도 함께 배울 수 있었다.

키르키스스탄 비쉬켁 7.25.~8.1. 영어 교육과 찬양 사역, 미생물 양계장 운영, 침술원 사역,
태권도 사역 등으로 달란트를 갈고 닦는 전문인 선교사를 만날 수 있었다. '얕은 지식으로는 전문인 선교사를
오래도록 지속할 수 없고, 자기가 가진 달란트에 관해서는 진짜 전문가가 되어야 한다'는
조언에 참가자 모두 마음이 뜨거워졌다.

캄보디아 프놈펜 7.26.~8.3. 1976년 폴포트 치하에서 인구의 1/3이 죽임을 당한 아픈 역사가
있는 곳이다. 복음률 1.1%의 극빈국으로 지금도 여전히 영혼과 육신의 치유가 갈급한 나라다.
선교사의 헌신이 절실한 땅에서 고엘공동체, 직조 현장, 이삭기업학교 등을 운영하는
선교사들의 사역 현장을 둘러보고 필요로 하는 것들을 함께 고민하고 배웠다.

일본 고베 7.30.~8.5. 과거사에 대한 민족 감정 때문에 일본을 위해 기도하지 않았던 우리의 모습을
반성하고 회개하는 기회가 되었다.

인도네시아 메단 8.3~11. 선교사 10명이 사역하고 있는 메단, 자카르타, 푼짝 반둥 지역을 다녀왔다.

2014년

말레이시아 말라카 1.15~22. 종교의 자유는 있으나 입을 열어 복음을 전하기는 매우 어려운 나라다.
하지만 만국 공통어인 보디랭귀지를 통해 현지 사람들을 만나 인증 숏을 올리는 과제 수행으로
말레이시아인들을 친구로 삼을 수 있었다.

일본 고베 1.15~21. 고베, 오사카 및 후쿠야마 지역에 있는 일본인 교회를 찾았다. 기도와 찬양 퍼포먼스로

하나님께 영광을 돌리고 일본인 성도들과의 교제에도 힘을 쏟았다. 일본 현장 훈련을 마치고 돌아온 제11기는 제9기, 제10기 일본팀과 연합하여 일본의 복음화와 부흥을 소망하는 기도회를 정기적으로 갖고 일본 선교를 위해 준비하고 있다.

몽골 울란바토르 1.24~31. 현지 선교사들이 의료 선교, 교회 개척, 학교 사역 등을 감당하는 현장을 둘러보면서 자신들의 선교 비전도 돌아보게 되었다. 아버지처럼 뒤에서 돌봐 주는 동시에 현지 사람들을 리더로 세워 그들이 직접 운영해 나갈 수 있도록 역량을 전수시키는 사역의 방향을 배울 수 있었다.

2016년

인도네시아 찌까랑 및 반둥 6.20~27. 한국 교육 단지 건축 현장을 둘러보며, 하나님이 비전의 사람들을 통해 이미 오래 전에 그 땅에 기독교 대학 설립을 꿈꾸게 하셨음을 깨닫게 되었다. 필요한 사역자들을 예비하시고 하나님의 때에 모으셔서 하나님의 계획을 이루어 가시는 현장을 보여 주셨다.

일본 동경 7.7~14. 히카리복음교회에 도착하여 예배를 드리는데 어찌나 눈물이 많이 나는지, 다음날 가스미가세키 역에서 노방전도를 할 때 일본인들의 표정을 보면서 영적으로 억눌린 모습들에 마음이 아팠다.

말레이시아 말라카 7.18~26. 말라카의 이곳저곳을 다니며 땅밟기를 진행했다. 육체는 힘들었지만 말씀대로 육이 죽고 영이 살아나는 기쁨도 경험할 수 있어 감격스러웠다.

일본 요코하마 8.1~8. 찌는 듯한 더위 속에 깨끗하고 정갈한 주택들을 돌아보는데 십자가가 하나도 보이지 않는 것에 마음이 아팠다. 집집마다 돌며 우편함에 한 장 한 장 전도지를 넣으며 선포하고 기도하러 다닐 때 온몸이 땀과 눈물로 범벅이 되었다. 한글 교실과 요리 교실을 통해 잡채, 김치전, 메밀전, 떡볶이, 주먹밥 등 한국 음식을 만드는 시간으로 은혜를 체험하였다.

2018년

인도네시아 찌까랑 7.4~11. 교육 선교의 중요성과 방향에 대해, 또 인도네시아가 다른 이슬람 지역 선교의 중요한 거점과 교두보라는 사실을 알게 되었다. 현지인 예배에 참여해서 이슬람권에서 기독교인으로 살아가는 것이 상당히 힘들고 불리한 상황임에도 불구하고, 신앙을 지키며 담대하고 뜨겁게 주님을 찬양하는 모습을 보았다. 그 장면들에 성령님의 보호하심을 저절로 간구하게 되었다.

러시아 우수리스크 7.9~16. 빠크로프까교회와 우수리스크 자베트 교회에서 어린이 여름성경학교 사역을 진행했다. 선교사라고 해서 항상 강하지만은 않고, 때로는 약함으로도 일하고 있다는 점, 그리고 그들의 아픈 눈물로 하나님은 그 땅에 교회를 세우신다는 것을 알게 되었다.

몽골 울스 7.16~23. 선교사와의 만남과 특강을 통해 오랜 몽골 선교사의 진솔한 경험을 들을 수 있었다. 또한, 하나님이 펼쳐 보이실 놀라운 몽골의 미래를 예측해 볼 수도 있었다.

인도 델리 7.30.~8.6. 세계 최대 힌두교 사원인 악사르담, 그곳에서 하나님은 인도 땅을 위해 기도하라는 마음을 주셨다.

1백 개 북한 교회 설립의 소망
통일선교아카데미

'비전 백천만'에서 '백'은 '1백 개의 북한 교회 설립' 비전이다. 분단의
현실 속에서 북한에 교회 설립을 꿈꾼다는 것은 말 그대로 소망이고
바람에 그칠 수 있는 문제로, 오랫동안 비전만 품고 기도해 오고 있었
다. 그렇다고 계획이나 지식 없이 비전만 세워 놓은 것은 아니다. 북한
선교회를 중심으로 북한의 현실과 선교적 사명을 갖기 위해 북한선교
학교를 지속적으로 열어 왔다. 구체적으로, 북한을 6개 도로 나누어

북한선교학교

비전공동체를 중심으로 구역별로 품고 계속해서 기도해 오고 있으며, 2020년부터는 장년교구, 비전공동체, 드림공동체까지 포함하여 북한을 품고 기도하고 있다.

북한의 6개 행정 구역인 평안도, 함경도, 황해도, 강원도, 자강도, 양강도에 대한 2023년 교구별 편성은 72쪽의 표와 같다. 북한 땅의 영역을 나누어 교회 홈페이지에 공지하는 한편 각 도마다 구체적인 기도 제목을 공유해 놓고 있는데, 통일을 기도로 준비하는 일이 얼마나 중요한지를 전 성도 및 대외적으로 널리 알리기 위함이다.

통일선교아카데미의 시작은 2020년 10월부터다. 제5기까지 진행해 온 북한선교학교의 명칭이 제6기에 와서 통일비전학교로 변경되었고, 이후 통일선교아카데미 안양·평촌 캠퍼스를 시작하기에 이르렀

<2023년 교구별 북한 6개 행정 구역 편성도>

지역		교구			
		장년	비전	드림·사랑	외국인선교회
평안도	평양직할시	샘마을, 수원, 분당	2청년	키즈	북한
	남포특별시	꿈마을, 무궁화, 귀인			
	평안남도	호계, 고천			몽골
	평안북도	안양, 동편마을, 덕천마을			
함경도	나선특별시	갈미, 군포, 안산, 군포송정지구	1청년/온라인	사랑부	베트남
	함경남도	초원1, 초원2, 향촌			인도네시아
	함경북도	산본			
황해도	황해남도	내손, 서울, 과천	예배	킨더	중국(어린이)
	황해북도	화평, 인덕원대우, 포일			
강원도		비산, 관양	3청년	유스	중국(장년)
자강도		한가람, 공작, 에코, 샛별, 관악, 은하수			중국동포
양강도		목련, 청계, 백운밸리	신혼		일본

다. 본래는 국내외 12개 교회가 연합하여 서울 캠퍼스, 분당 캠퍼스, 안양·평촌 캠퍼스, 미주 LA^Los Angeles 캠퍼스, 미주 OC^Orange County 캠퍼스로 나누어 진행하고 있었다. 그중에 우리 교회가 안양·평촌 캠퍼스를 맡아 진행하면서 2020년 제8기 가을학기부터 통일선교아카데미에 동참하게 된 것이다. 정규 과정은 봄학기 10주, 가을학기 10주 과정으로 구성되어 있으며 새중앙교회가 공동대표로 운영되고 있다.

새중앙교회에서 처음으로 시작한 2020년 제8기 통일선교아카데미는 처음 훈련생을 모집하는 상황이었는데다 코로나19로 인해 홍보도 많이 부족하였다. 그럼에도 불구하고 83명이라는 많은 성도가 참여했다. 프로그램 안에 북한에 관한 새중앙교회의 선교 비전이 잘 녹아 들도록 재구성되었기 때문에 그동안 진행해 온 북한 선교에 관한 훈련과 교육이 효과적으로 전승되는 기회가 되었다.

북한 선교는 그 어떤 선교 영역보다 전문성을 요구하기 때문에 영적 무장은 물론이고 현장 체험이 풍부한 강사의 영향력과 비중이 크다. 선교 단체와 새중앙교회가 북한 선교라는 하나의 비전을 가지고 한뜻으로 연합한 덕분에 선한 결과로 이어질 수 있었다. 외부와의 연합 사역에 있어서 다양한 프로그램에 대한 개방적인 태도와 대외적으로도 검증되는 부서를 모두 가진 건강한 교회임을 다시 한번 증명해 보였

줌으로 진행하는 통일선교아카데미

다는 점에서 호평이 이어졌다.

이러한 무수한 노력에도 하나님은 왜 아직 한반도의 통일을 허락하지 않으실까? 의문을 가질 만하다. 우리 민족이 아직 준비되지 않았기 때문이라고 이야기되곤 한다. 여기에서의 준비는 그 어떤 요소보다 복음에 관해서일 것이다. 누구나 알고 있듯이 준비가 안 된 통일은 더욱 큰 혼란을 야기할 여지가 있다. 복음으로 준비되어 하나님 안에서 하나되는 통일이라야 하는 이유다.

앞으로 북한 선교는 통일선교아카데미를 전후하여 다르게 평가될 것으로 예상된다. 과거에는 북한 선교라는 용어나 내용에 익숙하지 않아 막연한 감이 있었다면, 통일선교아카데미 이후에는 적어도 새중앙교회 안에서나 지역 교계 내에서 북한 선교가 점차 친숙하고 보편화된 개념으로 자리잡으리라 기대된다.

나아가 교회의 첫 번째 비전인 1백 개의 북한 교회 설립이 막연한 선교 구호로 그치는 게 아니라, 현재의 실정에 맞는 구체적인 사명과 실질적인 사역으로 현장에서 실행될 것이다.

'비전'의 길 위에서
답을 찾다

1만 명 선교사 비전의 마중물
비전선교사

믿음대로 살아가는 기적의 사람들이 있다. 그들은 삶의 형편과 상황에 관계없이 여전히 살아계시고 역사하시는 하나님을 전적으로 신뢰하며 주님의 심장을 가지고 선교에 헌신한다. 2020년, 온 세상이 코로나19 팬데믹 상황이었지만 그들은 세상이 혼돈과 불안에 떨 때에도 주저하지 않았다. 하나님이 기뻐하시는 일을 위해 자신의 삶을 주님께 드린 성령

의 사람들이다. 새중앙교회는 선교사의 삶을 살아가는 그들을 '비전선교사'라고 부른다.

비전선교사의 개념이 등장하게 된 것은 2020년 6월, 교회 설립 37주년을 맞이하여 교회의 모든 사역의 포커스를 선교에 맞출 때쯤이다. 당시에 선교 전문 단체들과 기독교 영적 지도자들이 동일하게 예측하고 공감하는 이슈가 있었다.

"TARGET 2030, 세계 선교의 남은 과업을 2030년까지 추진한다."
"선교의 골든 타임 2030을 준비한다."
"앞으로 10년이 선교의 골든 타임이다."

온라인으로 908명의 비전선교사를 파송한 2020~2021 송구영신예배

이때 황덕영 담임목사는 10년 안에 '비전 백천만' 중 '만'의 비전을 실현하자는 설계도를 내놓았다. 이를 성취하기 위해서는 목사 선교사, 장로 선교사, 가정 선교사, 일터 선교사 등으로 헌신해야 하며 삶, 일터, 사역 등 자신이 속한 영역 안에서 전방위적으로 선교적 삶을 살아야 한다고 강조한 바 있다. 선포된 비전을 구체화하려는 교회의 노력에 하나님은 더 구체적인 모형을 보여 주셨으니, 그것이 바로 '비전선교사'다. 헌신하기 위한 자격 요건은 새가족반, 성장반, 제자반, 사역자반 훈련을 모두 수료한 성도이다.

'153 전도 운동'으로 만드신 새 길의 역사

비전선교사로의 헌신은 2020년 가을 펼쳐진 '전 교인 111 살리기 운동'을 통해 맺어진 대표적인 결실이다. 가정과 이웃과 열방을 품고 기도하며 결단한 운동으로, 여기에 동참한 많은 성도들의 기도가 마중물이 되어 성령의 역사가 가정과 이웃을 넘어 열방을 향한 선교의 불길로 번져 나갔다. 이 운동은 교회 안에 머물지 않고 한국 교회 전체로 퍼져 나가며 잔잔한 파동을 일으키고 있다. 오직 성령이 허락하셨기에 가능한 기적으로, 그 현장에 새중앙교회를 세워 주셨다.

2020년 본격화된 코로나19로 인해 세상이 멈춘 것처럼 힘든 한 해였지만 주저앉지 않았다. 'TARGET 2030 가서 제자 삼으라'를 표어로 삼은 이듬해 2021년, 새로운 선교를 지향하는 출발점에서 비전선교사를 세우는 일에 주안점을 두었다. 2021년을 '비전 백천만'을 달성하는 원년으로 삼아 출발하겠다는 의지와 결단이었다.

2020년 11월 15일부터 황덕영 담임목사의 인도로 예비 비전선교사 교육 및 기도회가 2주간 진행되었다. 이 시간을 통해 비전선교사로 헌신한 예비 선교사들은 각자의 자리에서 하나님이 주신 선교의 비전을 품고 선교사로서의 헌신을 다짐하는 시간을 가졌다. 코로나19로 모이기 어려운 시국에 750여 명의 성도가 선교사의 비전을 갖고 선교사 교육에 참여한 것은 놀라운 일이다. 이 시간을 통해 말씀과 기도에 집중하고, 하나

2021~2022 송구영신예배 중 비전선교사 임명장 수여식

도 빼놓지 않겠다는 듯 강의 내용을 꼼꼼히 정리하는 등 그들 모두에게서 뜨거운 하나님의 임재를 느낄 수 있었다. 이미 10여 년 전부터 새중앙 전문인선교훈련인 SMTC를 통해 많은 성도가 선교 사역의 중요성을 깨닫고 자신의 환경과 역량에 맞는 자리에서 헌신해 오고 있다. 기존의 이러한 토대가 비전선교사라는 새로운 개념을 세우는 데 중요한 역할을 했다.

비전선교사는 선교사의 범위를 기존보다 확대 해석한 개념이다. 성도들 모두 일상생활 속으로 파송받았다는 사명을 갖고, 일상 속에서 만나거나 관계 맺는 이웃들을 대상으로 복음을 전하는 것을 방향으로 삼는다. 황덕영 담임목사는 이 교육을 통해 비전선교사들이 펼쳐 나갈 '153 전도 운동'을 강조했다.

"153 전도 운동은 1년에 5명을 전도하고 3명을 양육하자는 운동입니다. 비전선교사로서 이 운동을 실천하도록 기도하면서 노력해야 합니다. 적어도 3명은 제자훈련과 사역자훈련을 마치고 또 다시 비전선교사로 헌신하게 될 것이고, 새로 세워진 비전선교사가 또 다시 153 전도 운동을 전개하는 식입니다. 비전선교사가 비전선교사를 세워 가는 선순환이 이어지다 보면 10년 안에 '비전 백천만' 중에 1만 명의 선교사 비전이 성취될 것입니다."

2021년 비전선교사 원년 908명의 헌신

코로나19로 세상이 어두워진 그때, 오히려 주님의 지상명령에 관한 비전이 더욱 환하게 밝혀져 주목하게 하셨다. 2030년까지 10년 동안을 목표로, 선교적 골든 타임에 더 이상 늦어서는 안 된다는 간절한 메시지를 읽은 것이다. 'TARGET 2030, 2021 가서 제자 삼으라'는 표어 아래, 그 부르심에 대한 응답으로 비전선교사를 세워 하나님의 역사에 쓰임 받고자 했다. 2020년 송구영신 예배 때, 908명의 성도들이 헌신을 작정하면서 비전선교사로 임명되었다. 주님의 메시지에 교회가 구체적인 계획으로 화답한 것으로, 부르심에 순종하는 성도들이 있었기에 가능한 역사였다. 2021년 1월 17일에는 황덕영 담임목사의 인도로 비전선교사 교육이 온라인으로 열렸다. 이사야 선지자의 말씀을 바탕으로 진행된 교육에서는 비전선교사의 정체성이 정의되는 시간이었다.

"하나님께서 가장 탄식하시는 때는 영적으로 목마르고 주린 영혼과 괴로워하는 자들을 보실 때입니다. 그들을 자유롭게 하는 주님의 복음과 사랑을 전하고 실천하는 분들이 바로 선교사님들입니다. 하나님은 길을 만드시는 분이십니다. 하나님이 새 길을 열어 가시는 이 거룩한 역사에 우리 선교사님들의 삶이 아름답게 쓰임 받기를 축복합니다."

비전선교사는 제자반 훈련에 이어 다음해 사역자반 훈련을 수료해야 임명될 수 있다. 사역자반 훈련을 수료한 해의 송구영신예배 때 비전선교사로 임명되는 것이다. 비전선교사 첫 교육에서는 좀더 많은 성도가 새가족반 훈련과 성장반 훈련을 수료하고 제자훈련에 참여할 수 있도록 마음에 품고 기도하자는, 구체적인 목표가 제시되기도 했다.

선교적 골든 타임의 원년에 헌신을 자처한 908여 명의 비전선교사들은 복음의 씨앗을 뿌리며 또 다른 비전선교사를 세우는 마중물 역할을 할 것이다.

2022년 비전선교사 2년차 1,608명의 헌신

2021년은 코로나19가 발생한 지 2년차이자 'TARGET 2030 가서 제자 삼으라'는 비전을 선포한 원년이다. 그해 송구영신예배에서도 비전선교사를 향한 성도들의 마음이 여전히 식지 않고 있었다. 아니, 1,608명의 헌신이라는, 첫해보다 훨씬 많은 헌신자들의 수를 놓고 보자면 더 뜨거워졌다고 할 수 있다. 2021~2022년 송구영신예배 때도 성도들은 일상 한가운데서 선교적 삶을 살아가며 세계 선교와 복음 전파, 가정예배 그리고 이웃 사랑을 실천하기 위해 자신의 삶이 예배의 처소가 되기를 기쁘게 결단하였다. 이날 황덕영 담임목사는 비전선교사들에게 격려를 아끼지 않았다.

"하나님은 코로나19 기간을 오히려 전화위복의 기회가 되도록 놀랍게 축복해 주셨습니다. 그 결과 2022년을 새롭게 시작하면서 1,608명의 비전선교사 임명이라는 은혜를 주셨습니다. 비전선교사들은 성도님들의

온라인 비전선교사 교육

2022~2023 송구영신예배에서 비전선교사로 파송받는 성도들

삶의 자리인 가정과 일터와 지역 사회 그리고 세계 복음화를 위해 헌신하게 될 것입니다. 비전선교사들은 153 전도 운동을 펼치며 선교의 사명을 감당할 것입니다. 축복하고 사랑합니다."

1,608명의 비전선교사들은 마태복음 28장 19~20절 말씀인 주님의 지상명령을 붙잡고 비전선교사로서 살아가기를 다짐했다. 1만 명의 선교사를 파송하는 그날을 향하여 교회는 끝까지 순종하며 힘있게 성령과 더불어 행진하고 있다. 해마다 성도들이 비전선교사를 재결단하고, 교회가 그들을 재임명하는 것이 그 증거다.

선교는 삶이기 때문에 시대가 복잡하든 막혀 있든 삶이 이어지는 한 선교도 이어지는 것이다. 삶을 이어 가는 모든 성도들이 감당해야 하고 또 감당할 수 있는 사명이다. 선교지로 나갈 수 없다면 보내는 선교사이자 중보 기도자로 자기 자리를 지키고 선교를 후원하는 봉사자와 일상 속 복음 전도자로 살아가면 되는 것이다.

선교는 홀로 할 수 없다. 믿음의 동역자들이 함께 걸어가야 한다. 그런 의미에서 새중앙교회 성도들 모두 서로에게 동역자가 되어서 선교적 삶을 살아가야 한다. 그동안 하나님이 교회를 인도하셨던 것처럼 성도들의 모든 삶의 처소가 예배와 선교의 자리가 되도록 인도하실 것이다.

2023년 비전선교사 3년차 2,077명 헌신

2022~2023년 송구영신예배 때 2,077명의 성도가 비전선교사로 파송을 받았다. 단일 교회에서 이루어진 파송이라는 점에서 놀라운 일이 아닐 수 없다. 2023년 3월, 2천 명이 넘는 비전선교사들을 대상으로 황덕영 담임목사가 비전선교사 교육을 진행했다. 완전한 위드코로나에 접어들면서 오랜만에 많은 성도가 한자리에 모일 수 있었다.

"하나님께서 저에게 사사기 6장 12절 말씀을 통해 '비전선교사는 큰 용사다'라는 감동을 주셔서 기도회를 열게 되었습니다. 기드온은 가장 연약하고 부족한 자였지만 하나님은 그에게 '큰 용사여, 내가 너와 함께한다'라고 말씀하셨습니다. 그렇습니다. 하나님은 우리가 대단해서 사용하시는 것이 아닙니다. 연약하지만 하나님께서 함께하시면 큰 용사로 쓰임받을 수 있음을 기억해야 합니다."

비전선교사가 사명을 감당하기 위해 놓쳐서는 안 되는 한 가지, 바로 기도다. 그들의 선한 목표는 153운동을 통한 복음의 결실을 맺는 것이다. 복음을 위해서 결단하고 주님의 부르심에 순종하면 모든 환경을 주님의 눈으로 볼 수 있어서 추수할 영혼이 보이기 시작한다. 기도는 이렇듯 비전선교사로서의 사명을 감당하고 한 영혼을 추수하기 위함이다. 비전선교사 교육이 있던 날 말씀이 끝나고 기도가 시작되었다. 이제까지 살아온 모든 것이 하나님의 은혜임을 고백하고, 받은 은혜에 대해 기도하며 전도자로 살겠다는 결단의 시간이었다.

비전선교사들은 강단 앞으로 나와 옆 사람과 짝을 지어 서로의 머리에 손을 얹고 뜨겁게 축복하는 시간을 가지기도 했다. 다른 사람을 축복할 때 나에게도 축복이 임하는 영적 원리를 체험하며 전도의 자리에서 모두 함께 승리를 선포하는 것이다.

2023년 3월 8일 수요일 오전 비전선교사 기도회에 참석한 비전선교사들

믿음대로 살아가는
기적의 사람들이 있다.
하나님이 기뻐하시는
일을 위해 자신의 삶을
주님께 드린
성령의 사람들이다.
새중앙교회는
선교사의 삶을
살아가는 그들을
'비전선교사'라고 부른다.

2023년 3월 8일 수요일 저녁 비전선교사 기도회에 참석한 비전선교사들 및 교역자들

2030년까지 10년,
선교적 골든 타임에
더 이상 늦어서는
안 된다는 이 메시지에는
뒤집어진 모래시계와
같은 주님의 간절함이
담겨 있다. 그 부르심에
'아멘!'으로 화답하며
순종한 주의 자녀들이
줄을 지었다.

평범한 일상의 터전에서
비전선교사로 사는 은혜의 고백

코로나19로 아무것도 보이지 않을 때 주님의 빛나는 뜻이 더욱 선명해졌다. 세상이 어두워지면서 오히려 주님의 비전이 더욱 밝아져 주목하게 하신 것이다. 땅끝까지 복음을 전하고 제자를 삼으라는 지상명령이 그것이다. 2030년까지 10년, 선교적 골든 타임에 더 이상 늦어서는 안 된다는 이 메시지에는 뒤집어진 모래시계와 같은 주님의 간절함이 담겨 있다. 그 부르심에 '아멘!'으로 화답하며 순종한 주의 자녀들이 줄을 지었다. 그들이 입술을 열었다. 비전선교사로 결단하고 살아가면서 받은 은혜들을 고백하고 증거하는 이야기들이 흘러넘친다.

전도는 마음의 병을 치유하는 힘

《 고천교구
이미경 집사

'선교사'라는 단어는 그저 평범한 나와는 거리가 있는 영역이라고 생각했습니다. 그러나 코로나바이러스라는 눈에 보이지도 않는 작은 바이러스가 세계로 나가는 모든 길은 물론, 주일예배를 드리러 가는 길, 구역예배에 가는 길, 함께 전도하러 가는 길, 중보기도 가는 길 등 모든 관계의 길을 막아 버리면서 나는 오로지 가정으로 돌려보내졌습니다. 그동안 바쁨에게 자리를 내주면서 복음에서 소외되었던 나 자신에게로, 내 가족에게로 돌아가게 하셨습니다.

중학교 2학년 때 동네 집사님들을 따라 처음으로 교회라는 곳에 발을 디뎠습니다. 집에서 2.5리쯤 떨어져 있는 교회에서 부흥회가 열리던 날이었습니다. 차가운 겨울 벌판을 뚫고 부흥회에 참석한 어린 나를 하나님이 기뻐하셨는지, 그날 밤 뜨거운 불세례로 방언이 터지는 성령 체험을 하게 되었습니다. 성령 체험 이후 45년 만에 908명의 비전선교사 중 한 사람으로 임명받은 것이 기적처럼 느껴졌습니다.

'그렇다면 나는 어떻게 비전선교사로 부르심의 은혜를 감당할 것인가?' 자문해 보았습니다. 첫째, 하나님께 부르짖어 기도하며 심리 상담부터 받기로 했습니다. 당시 나의 우울감, 무기력, 게으름, 두려움, 공포들을 주님 앞에서 눈물로 고백할 때 사랑과 치유의 하나님께서 나의 내면을 정확하게 공감하고 위로하며 치유하실 줄 믿었습니다. 둘째, 1년에 5명을 전도하고, 3명을 양육하는 '153 전도 운동'을 감당하기로 결단했습니다. 먼저 남편과 가정예배를 시작하고 모태 신앙을 가진 두 아들의 주님에 대한 첫사랑을 회복하는 데 힘쓰기로 했습니다. 또한 3명의 동생들에게 복음을 전하고 나의 전문 분야인 일대일 양육을 실천하도록 노력하기로 했습니다. '주 예수를 믿으라 그리하면 너와 네 집이 구원을 받으리라'라는 말씀을 사모하면서 말이지요.

하나님의 음성을 따라 사는 법

인덕원대우교구
류형미 집사 》

하나님께서는 저를 비전선교사로 일찍부터 준비해 오셨습니다. 2010년 인덕원으로 이사하기도 전에 지인이 새중앙교회에 미리 등록해 줬지만 많이 낯설었습니다. 당시 첫째의 육아 휴직 중에 윗집 아주머니의 권유로 자녀를 위한 수요기도회에 출석한 것을 계기로 교회에 마음의 뿌리를 내리게 되었습니다. 둘째를 가지면서 또 한 번의 육아 휴직을 갖게 되면서는 제자반 훈련을 받을 수 있었고, 첫째가 초등학교에 입학하면서 세 번째 육아 휴직을 얻어 사역자반 훈련에 임할 수 있었습니다.

사역자반 훈련을 마치고 복직했을 때, 가정에 큰 아픔이 있는 한 학생을 맡게 되었습니다. 자포자기한 그 학생은 다른 아이들에게 두려움의 대상이었고, 선생님들조차 모른 체하는 것이 답인 것처럼 분위기가 형성되어 있었습니다. 두 아들 모두 금요일 밤에 어와나를 하게 되면서 자연스럽게 아이들과 금요성령집회에 출석하여 그 학생을 위해 기도하게 되었는데, 강력한 하나님의 메시지가 들렸습니다.

"그 학생을 통하여 많은 사람들이 구원을 받을 것이다."

응답은 속히 왔습니다. 스스로 제게 찾아와 우는 그 학생을 위로하며 하나님의 사랑을 전할 수 있었습니다. 그 학생은 지금도 신실하게 신앙 생활을 하고 있습니다.

'선교사'라는 이름을 대하면 두렵기도 합니다. 하지만 이 이름은 한 영혼 한 영혼을 귀하게 여기시는 마음을 가진, 하나님의 다른 이름이 아닐까 생각합니다.

'착하고 충성된 종'으로 사는 기쁨

《 목련교구
김조강 안수집사

2014년 10월 1일을 잊을 수 없습니다. 근무 도중에 급성 심근경색으로 응급실에 실려가 죽음의 문턱을 밟았던 날이거든요. 환난은 복이라 했으니, 그날은 동시에 그동안 죽어 있던 영이 회복되기 시작한 날이기도 합니다. 저의 연약함을 깨닫고 하나님을 더욱 의지하게 되면서 '선데이 크리스천' 생활이 종식되고 교회가 삶의 중심이 되었습니다. 몸이 회복되자 2015년에는 제자반 훈련, 2017년에는 사역자반 훈련, 2018년에는 SMTC를 거쳐 선교 마인드를 키웠습니다.

훈련의 과정을 거치면서 2020년 11월의 비전선교사 선포식에서는 순종하는 마음으로 자원했습니다. 'TARGET 2030'의 메시지를 들으면서, 하나님께서 황덕영 담임목사님을 통해 새로운 이정표를 가리키신다는 것을 깨닫게 되었습니다. 사실 구역장과 교구장으로서 말씀, 기도, 교제를 꾸준히 잘 지켜 왔음에도 무엇엔가 목말라 있었습니다. 바로 전도와 양육이었습니다. 내가 부족한 이 부분을 열심히 해야 한다는 마음을 하나님이 주신 것입니다. 그 순간 담임목사님이 제시한 '153 전도 운동'이 떠올랐고, 하나님의 선명한 명령으로 들렸습니다.

하나님 나라를 위한 한 알의 밀알로 사는 삶

《 관양교구
김형숙 권사

신혼 때부터 선교센터를 지어 선교사님들을 섬기고 싶다는 비전을 갖고 있었어요. 새중앙교회에 와 보니 선교센터가 이미 건립되어 있는 것을 보고 감동스러웠어요. 하나님 나라를 위해 한 알의 밀알이 되고자 비전 선교사 헌신서를 내게 되었어요. 오래 전부터 통일 적금을 붓고 있는데 저희 가족이 교회를 중심으로 선교하기를 원합니다.

평소에 꿈꾸던 선교를 행하는 교회

관양교구
유영순 권사 》

모태 신앙으로 산 너머에 있는 교회를 오가며 신앙생활을 했습니다. 결혼 후 고난의 시간도 있었지만 그때마다 선하신 하나님을 굳게 믿으며 교회를 중심으로 살았어요. 그러다 보니 선교하며 살아야 한다는 마음이 중심에 자리잡게 되어서 선교에 관한 비전을 품는 일은 당연하고 자연스러웠어요. 감사하게도 새중앙교회는 제가 평소에 생각하고 꿈꾸던 선교를 이미 모두 진행하고 있었어요. 앞으로도 교회를 중심으로 산다면 저도 선교사의 삶을 살 수 있겠다는 확신이 들어 비전선교사로 헌신하게 되었어요.

내가 누리는 평안을 나누고 싶은 마음

공작부영교구
백정자 집사 》

비전선교사로 헌신하기에는 부족한 것이 많지만, 제가 있는 자리에서 선교해야 한다는 생각이 들었어요. 가깝게는 집안의 믿음 없는 가족들에게 복음을 전하고, 또 주변 사람들을 위해서도 기도하고 싶어요. 제가 믿고 누리는 이 평안을 다른 사람들에게 전해야 한다는 마음뿐이에요. 지금은 부족하지만 비전선교사로서의 삶을 잘 살아내도록 먼저 기도로 시작하려고 합니다.

전도학교 팀장으로서의 사명과 소망

화평교구
황병길 집사 》

전도학교 훈련 팀장으로 섬기고 있습니다. 예수님을 영접한 후 이웃에게 복음을 전하고 싶은데 막상 전도의 방법을 모르는 성도가 상당히 많더라고요. 그분들이 전도학교 훈련을 잘 받아서 전도자의 삶을 살기를 기도해 왔습니다. 이번 '전 교인 111 살리기 운동'을 통해 비전선교사의 삶을 살기 원하여 비전선교사 헌신을 작정했습니다.

선교에는 정년이 없음에 감사하며

화평교구
임영자 권사 》

'발사랑선교회'에서 사역하면서 많은 선교의 경험과 비전을 갖게 되었습니다. 언제부턴가 선교사적인 삶을 살다가 하늘나라 가는 것이 꿈이 되어 버렸어요. 평신도 선교사로서 해외 열방에서 선교하시는 선교사님들을 돕는 일을 하고 싶어요. 나라와 지역에 관계없이 저를 필요로 하는 곳이면 어디든지 그곳에서 선교사의 삶을 사는 것입니다. 이런 꿈을 가지고 있어서 비전선교사 헌신을 결단하게 됐어요. 세상 일은 정년이 있지만 선교는 나이에 관계없이 하나님께서 필요할 때에 필요한 곳에 쓰시기 때문에 정말 감사해요.

국경 넘어 일도 하고 선교도 하고

외국계 IT회사에 다니고 있습니다. 주님께서 제게 주신 최고의 선물은 구원과 믿음의 공동체인 가정과 비전공동체 그리고 직장입니다. 주신 은혜에 감사하여 주님께 보답하고자 비전선교사를 결단하게 되었습니다. 하나님을 믿고 또 주님께서 나를 믿어 주신다는 확신이 있습니다. 회사에서 국경을 넘어 일하는 경험을 통해 선교사로서의 자질들이 준비되기를, 같이 일하는 동료가 복음을 받아들이기를 기도하고 있습니다. 비전선교사로서의 삶을 통해 한국을 넘어 주님의 더 큰 그림 속으로 들어가게 되기를 소망합니다.

《 비전공동체
공소정 자매

주님의 때에 선교사로 서기를 기다리며

오래 전부터 모태 신앙을 가진 남편과 함께 선교사로 일하는 것이 꿈이었어요. 저의 비전은 교회의 비전과 같아요. 세 명의 자녀를 양육하느라 분주한 가운데에도 선교사님들을 어떻게 도울까를 늘 생각하곤 해요. 선교센터 봉사자로 1년 정도 섬기고, 선교사님 몇 분에게 물질적인 후원을 해 온 것은 나름 선교에 대한 비전을 실천해 본 것입니다. 선교 현장에서 복음을 전하기 위해 애쓰시는 선교사님들을 생각하면 어떤 방법으로든 동참하고 싶다는 마음이 커요. 언제부턴가 주님의 때를 기다리며 선교사가 될 준비를 하고 있었는데 마침 '전 교인 111 살리기 운동'에 동참하면서 비전선교사로 결단하게 되었어요. 하나님의 때가 되어 부르심을 받으면 오직 '네!'라고 순종하려고 합니다.

《 꿈마을교구
이미진 집사

구한말 외국인 선교사들의 헌신을 되새기며

호계교구
배정오 집사 》

섬에서 나고 자라 동네 어르신들이 우상숭배하는 모습을 너무 많이 봤습니다. 그런 제가 아내를 통해 나이 마흔에 예수님을 처음으로 만나게 되었지요. 선교사님들의 삶은 책으로만 접해 봤습니다. 19세기 말 이 땅을 찾은 외국인 선교사들의 헌신 덕분에 우리에게 복음이 들어왔으며 그분들을 통해 병원과 학교 등이 세워지면서 이 땅에서의 삶의 질이 달라졌다는 사실도 알게 되었습니다. 역사적으로 선교사의 역할을 깨우치게 되면서 선교에 차츰 관심을 갖게 되었고, '전 교인 111 살리기 운동'을 계기로 비전선교사로 헌신하게 되었습니다. 여전히 믿음도 약하고 선교사로서 부족한 부분이 많습니다. 그러나 하나님께서 저에게 주신 물질로 후원하고 기도하면서 저 또한 선교사의 삶을 살고자 합니다.

별것 아닌 관심이 '별것의 열매'로 돌아오다

백운밸리교구
박미희 집사 》

저는 3년 차 비전선교사에요. 저에게 '비전선교사'의 의미는 삶의 자리가 선교의 거점이 되어서 전도하며 사는 것이라고 생각해요. 구역 식구들과 지역에서 만나는 사람들에게 먼저 좋은 호감을 주려고 노력해요. 무엇보다 좋은 감정이 스며들도록 하고 나서 예수님을 소개합니다.

우리 동네에 샌드위치와 커피를 파는 작은 가게가 있어요. 그곳에 교구 식구들과 자주 가면서 사장님에게 좋은 이미지를 보여 주었더니 자연스럽게 친밀감이 생겼어요. 이후에 말씀을 전했더니 거부감이 없이 받아들이시더라고요. 이후에 이웃사랑나눔잔치에 초청하자 흔쾌히 응하시고 지금은 새가족반과 성장반을 거쳐 제자훈련도 받고 있습니다.

코로나19가 한창일 때는 외로워하는 사람들을 많이 만났어요. 그들에게 관심을 갖고 작은 사랑을 나누면서 별것 아니라고 생각했는데, 그 나눔이 별것이 되어 열매를 맺게 된 경우도 있어요. 우리 동네 마트 사장님 이야기에요. 여전도회장님과 그 마트를 자주 이용하는데, 마트 사장님에게 "예수님 믿으면 얼마나 행복하고 좋은데요."라는 말을 자주 하곤 했거든요. 어느 날 사장님이 먼저 "어쩌면 그렇게 매일 웃으세요?" 하며 먼저 말을 건네시더라고요. '153운동'에서 중요한 것은 삶의 자리에서 만나는 사람들에게 좋은 이미지를 심어 주고 관심과 사랑을 흘려보내는 것이라고 생각해요. 그러다 보면 나중에 그분들이 먼저 우리를 찾는 순간이 오고, 그때 말씀을 전하고 교회로 인도할 때 거부감 없이 다가오는 것 같아요.

만남과 선물 쿠폰으로 관계를 지속했더니!

《 동편마을교구
조인성 권사

3년째 비전선교사로 지원한 동편마을 교구장입니다. 처음에 비전선교사로 헌신할 때는 어떻게 실천해야 할지 몰랐지만, 우리 교회는 늘 전도하는 교회니까 일상에서 전도하면 되겠지 생각하니 어렵지 않았어요.

　2년 전으로 기억해요. 상가에서 음식점을 운영하던 사장님을 알게 되어 좋은 관계를 맺고 있었는데 음식점을 그만두면서 만남도 뜸해졌어요. 음식점 갈 일은 없어졌지만 그분 생일 때마다 커피 쿠폰을 보내며 꾸준히 관계를 지속해 왔어요. 어느 날 그분이 먼저 전화를 주시더라고요. 다시 반가운 얼굴을 보게 되었고, 자연스럽게 복음을 전하자 교회에 등록하는 것으로 이어졌어요. 지금은 새가족반과 성장반, 제자반 훈련까지 받고 사역자반 훈련을 받고 있습니다. 내년에는 그분이 비전선교사로 헌신하리라 기대하고 있고요. 우리 교회는 양육 시스템이 잘 되어 있어서 새가족반에 등록하고 나면 비전선교사로 자연스럽게 흘러가는 것 같아요. 또 하나 제가 힘을 쏟는 것은 가족들 전도에요. 가족들이 이곳에 살지 않기 때문에 전도용 책자 <영생 얻는 길>로 복음을 전하고 그 지역의 교회로 안내하고 있어요.

　제가 살고 있는 동편마을에서는 새중앙교회에 관한 평이 좋아서 아파트 경비원들이나 지역민들이 잘 받아 주어서 전도하는 데 어려움이 조금도 없어요. 하나님께서 기뻐하시는 일을 할 수 있게 되어 정말 감사해요. 기쁨이 있는 삶 가운데 '153 전도 운동'이 저절로 되는 것 같아요.

전도 물품도 많고, 전도 방법도 가르쳐 주고

《 군포교구
이정숙 권사

2005년에 새중앙교회에 등록하고 현재 비전선교사는 3년차입니다. 전도학교를 수료한 후 14년째 전도학교 스태프로 섬기고 있고요. 덕분에 전도가 삶에 배어 있어서 전도에 대한 부담은 별로 없었어요.

저의 전도로 불교 집안인 시댁 부모님이 주님을 믿게 된 것에 얼마나 감사한지 몰라요. 현재 시부모님 모두 집사 직분을 받으셨고, 새벽예배를 드리는 기도의 부모님이 되셨을 정도예요. 남양주에 사는 친정 언니도 믿음의 동역자가 되었어요. 언니가 사는 동네의 화장품 가게 사장님과 말을 맞춰서 언니를 교회로 인도할 수 있었어요. 언니도 7년째 주님을 섬기며 서로 기도하는 영적인 관계가 되었습니다. 한 동네에 20년 지기 친구가 있는데 2년 전에는 그 친구를 전도해서 새가족반과 성장반 과정을 제가 직접 가르칠 수 있었어요.

새중앙교회는 전도의 삶을 살 수 있는 환경을 정말 잘 갖추고 있어요. 전도 물품도 많고, 전도하는 방법도 가르쳐 주니까요. 전도에 대한 마음만 있으면 얼마든지 전도할 수 있는 곳이에요.

전도하기 전 '땅밟기 기도'가 필수!

고천교구
김윤서 권사 »

전도학교에서 전도를 가르치는 선임 팀장으로서 제가 속해 있는 구역에서 전도를 실천하게 되었어요. 매주 토요일마다 2인1조 전도를 시작했는데, 제가 맡고 있는 구역에는 60세 이상의 어르신들이 많다 보니 초기에는 70세 구역원 한 분이 동참하기도 했어요. 버스정류장에서 새중앙교회 띠를 두르고 전도지를 나눠주면서, "오늘도 행복하시고 앞으로 더 행복하시길 바랍니다." 했더니 대부분 좋아하시더라고요. 지금은 구역 식구들 모두가 2인 1조로 매주 토요일마다 거리에서 전도하고 있습니다. 우리 교회는 평판이 좋아서 전도하는 데 큰 어려움이 없어요.

전도하기 전에 '땅밟기 기도'를 빼놓지 않는 것이 저만의 전도 비법이에요. 샘마을교구에서도 땅밟기 기도를 하면서 전도했더니 전도의 열매를 맺을 수 있었어요. 제가 사는 곳은 고천교구에 속하지만 샘마을교구에 전도하는 방법을 가르쳐 주고 전도하도록 돕기도 합니다. 그 덕분에 지금은 수요일마다 샘마을교구 전도대가 나와서 전도하고 있습니다. 비전선교사는 거창하거나 어려운 무엇을 하는 사람이 아니고 삶 속에서 복음을 전하는 사람이라고 생각해요.

선교의 베이스캠프로 변신한 사업장
장년교구 비전캠퍼스 이야기

비전선교사와 더불어 '비전 백천만' 중 '만'의 비전을 함께 나누어 나아가고 있는 것이 비전캠퍼스^{Vision Campus}다. 일명 비카^{VICA}로, 성도들의 사업장을 선교의 거점으로 하여 예배와 선교가 이루어지는 것을 말한다.

전도와 선교의 일상화

비전캠퍼스로 지정이 되면 그 장소에서 영상을 통해 새벽예배를 드릴 수 있고, 구역예배와 훈련, 소그룹 모임 등을 가질 수 있다. 특히 '이웃사랑나눔잔치'나 '새생명축제' 기간에는 비전캠퍼스가 전도의 거점이 된다. 교회에서 매월 《새중앙신문》, 《해피투게더》, 《비전큐티》, 《키투》, 《가정예배》 등을 비카박스에 넣어 보내면, 비전캠퍼스에서 그 전도 용품과 자료를 가지고 전도하게 된다.

  선교를 위해 일상과 별개의 활동을 모색하는 것이 아니라, 모든 성도가 각자 일상의 터전을 복음의 거점으로 삼는 것을 의미한다. 바로 그 일상의 자리에서 예배와 아웃리치의 사명을 감당하는 방식으로, 삶 자체가 전도와 선교가 되는 복음의 삶을 살아가기 위함이다. 언뜻 보면 이상적인 이야기처럼 들리지만, 비카는 삶의 현장에서 복음을 전파하며 선교와 전도의 비전을 이루어 온 실재적인 구심점이다. 특히, 비대면의 시대에도 위축되지 않고 복음을 전하기 위해 비카 개척예배를 드리는 열정이 뜨거웠다.

  비전선교사와 비전캠퍼스는 새중앙교회에 주신 비전 백천만 중에서 '만'에 해당하는 비전을 이루어 가는 양대 산맥으로 소개할 만하다. 실제로, 비전선교사와 비전캠퍼스가 여러 선교 단체와 한국 교회 등에 알

려지면서 교회 탐방이 계속해서 이어지고 있다. 선교 전문 단체에서는 이 제도를 공식적으로 사용하고자 협조를 구할 정도다.

장년교구 제1호 비카, 고슴도치공부방

그 시작을 보자면 2018년으로 거슬러 올라간다. 그해 교회는 '가서 제자 삼으라'라는 표어를 선포하고, 이 선교 비전을 구체적으로 이루기 위해 네 가지 사역을 발표했다. 창조·거점·연합·미래사역이 그것이다. 이 중 거점사역으로 성도들 삶의 자리에서 복음의 삶을 살아내도록 지역, 학교, 직장, 사업장 등 어느 장소이든지 복음의 거점으로 세워 그곳에서 예배를 드리도록 도왔는데, 그것이 비전캠퍼스 사역의 시작이다.

2018년 4월, 드디어 제1호 비전캠퍼스가 탄생했으니 고천교구 고슴도치공부방이다. 공식 명칭 '비전캠퍼스 개척예배'를 드림으로 거점사역이 첫발을 내디뎠고, 이곳을 시작으로 수많은 성도들이 사업장을 놓고 기도하고 결단하면서 제2, 제3의 비전캠퍼스들이 이어졌다.

코로나19라는 비대면의 어지러운 시기에도 크게 요동할 일이 없었다. '줌'으로 온라인 개척예배를 드리며 비전캠퍼스 개척 열기는 식을 줄도 그칠 줄도 몰라서 무려 총 149곳이나 개척되었다. 성도들이 운영하는 식당, 미용실, 카페, 학원, 공부방, 카센터, 옷가게 등 여러 형태의 사업장들이 예배와 선교의 처소를 겸하며 그야말로 복음의 삶을 살아내고 있다. 교회 주변과 경기도 지역은 물론, 서울과 남쪽 끝 제주에까지 뻗어 있을 정도다. 교회도 줄어들고 성도 수도 줄어드는 이 어둠의 시대에 여기저기 복음의 등불을 밝혀 나가는 모습이다.

청계비카거리

복음이 없던 거리에 복음이 들어가니 2년이 안 되어 무려 5개의 비전캠퍼스가 나란히 세워졌다. 그야말로 도시의 거리를 복음으로 물들이는 '새중앙비카거리' 프로젝트의 서막을 알렸다. 그 첫 열매가 '청계비카거

"오전에만 공부방을 오픈한다는 마음으로 시작했어요. 1년여가 지나다 보니, 교구 기도회는 물론, 새 가족 환영회까지 열고 학원생들과 '사랑의천사박스' 만들기에도 함께 동참하게 되더라고요. 믿지 않는 학생들까지 선물 하나씩을 가져와서, 덕분에 전도도 하고 사랑의천사박스도 여덟 상자나 후원할 수 있었죠. 어머니들이 나눔을 실천할 기회를 주어 감사하다는 문자를 많이 보내 주셨을 때 공부방이 축복의 통로로 쓰임 받는 것 같아 감사했어요."
고슴도치공부방 비카지기
김해순 집사

리'다.

2019년 12월 26일, 청계비카거리의 제1호 비전캠퍼스인 'bnt' 의왕점에서 개척예배를 드리는 가운데 문희원 교구장에게 강력한 마음의 감동이 일었다. 그 자리에서 바로 두 번째 '비카지기'로 헌신하게 하셨다. 이후 문 교구장의 '한나의옷방' 비카 개척예배 때 '비카거리' 만들기에 관한 이야기가 자연스레 흘러나왔다. 교감을 나눈 문 교구장의 구역 식구인 손은미 집사가 운영하는 '라라힐링샵', 김경숙 권사의 '제이투', 권미수 집사의 '우아케이크'가 제3, 4, 5호 비전캠퍼스로 연이어 세워졌다. 복음의 부재로 어둡던 거리에 비전캠퍼스들이 줄줄이 들어서면서 '비카거리'가 탄생된 것이다. 한 거리에 있다 보니 함께 모여 전도하고, 언제든 필요할 때마다 영적으로 소통하며 기쁨으로 하나님의 일들을 감당하고 있다.

영과 육의 치유를 기도하는 '병원비카'

하루에도 수많은 환자가 찾는 병원을 비전캠퍼스로 헌신하는 경우도 생겨났다. 환자들 대부분 질병으로 인해 영육이 예민해 있고, 의료진의 작은 실수도 용납되기 어려운 곳이 병원인 만큼 병원 사업장을 비카로 드린다는 것은 쉬운 일이 아니다. 육체의 질병을 치료하는 공간에서 영혼의 치유 또한 이루어가겠다는 선포이자 기도였다.

'권혁호내과'의 이은혜 권사는 비카 개척예배를 드리기도 전인 2015년부터 병원에서 근무하던 간호사들을 대상으로 주 1회 초급반과 성장반 교육을 시작했다. 환자들에게는 발 마사지 서비스를 통해 복음을 전하기도 했다. 그런 섬김들이 쌓이면서 비카로 헌신하기에 이르렀다. 그 무렵 코로나19가 닥쳤지만, 굴하지 않고 온라인으로 성경통독을 시작한 것이 올해로 벌써 5년째다. 간호사로 일하는 윤금선 권사의 헌신으로 병원 3개 층의 모든 간호사들이 성경통독에 참여하고 있다. 교회를 다니지 않는 간호사들도 있지만, 그들이 성경통독에 참여하는 이유는 이은혜 권사를 인간적으로 너무 좋아해서다. 환경이 이러한 덕분에 모든 간

"저의 옷방은 돈을 벌겠다는 것이 목적이 아니라 비전캠퍼스를 통해 '성도 섬김'이 목적이에요. 한나의옷방 비카는 누구나 필요하면 언제든지 와서 사용할 수 있어요. 주간, 야간, 주말에도 기도처, 구역예배, 소그룹 나눔, 회의 장소로 활용 가능합니다. 요즘은 성도들이 자신의 집을 열기를 꺼려하잖아요. 이런 상황을 준비하라고 하나님께서 우리 옷방을 비카로 준비시키신 것이라 생각해요. 옷 만드는 기술도 전수하며 틈틈이 하나님을 전하고 있어요."
한나의옷방 비카지기
문희원 권사

호사들의 일과 사역이 믿음 안에서 이루어지고 있다. 각 층의 신장병 환자들을 위한 기도 제목들이 일주일에 한 번씩 정리되고 공유되는 가운데 자연스럽게 예수님을 믿는 환자와 간호사들이 나오고 있다.

2022년 1월에 비전캠퍼스로 헌신한 '웰빙미치과' 원장인 조갑주 안수집사는 새중앙교회 의료선교회 회장을 맡고 있다. 모태 신앙으로 어릴 적부터 전도하는 일에 적극적이었고, 고향 교회인 담양교회를 다닐 때에도 친구들을 대상으로 열심히 전도하곤 했다. 조 집사는 '가는 선교, 돕는 선교를 어떻게 할 수 있을까?'를 늘 고민한다. 문인이기도 한 그의 병원은 초입부터가 남다르다. 병원 로비가 일종의 전시관으로 구성되어 있어서 천천히 시화를 감상하며 병원 안으로 들어서게 된다. 눈에 가장 잘 띄는 벽에 비전캠퍼스 명패가 '자랑스럽게' 자리하고 있어서 많은 이들이 교회 다니는 의사 선생님임을 한눈에 알게 된다. 소파 주변에는 다채로운 전도 용품이 보기 좋게 진열되어 있어서 순서를 기다리는 동안 교회에서 발행된 도서들, 큐티 책《해피투게더》,《새중앙신문》등을 맘껏 탐독할 수 있다. 두 자녀 또한 아버지의 비전이 자신들의 비전이라고 말한다. 초등학교에 다닐 때부터 부모를 따라 의료 선교에 참여했던 영향이 크다. 조 집사 부부는 비전캠퍼스가 일회성 선교 행사처럼 쓰임 받기를 원치 않는다. 어떤 방법으로든지 선교의 거점이 되어 일상 속에서 구체적으로 선교하며 살기를 바라고 있다.

자연치유센터인 '베데스타이주민센터' 정대용 안수집사는 약선과 침구 처방사다. 지금으로부터 10년 전 경북 경산 영남대학교 근처에 자연치유센터를 열고 대신대학교, 영남대학교, 대구 한의대학교에 출강하고 있었다. 당시 영남대학교에 재학 중이던 외국 유학생들을 대상으로 치유 사역과 함께 복음을 전하며 그들이 한국에서 사는 데 필요한 여러 가지를 돕는 사역을 했다. 특히 유학생들이 감기나 오한으로 아플 때 배즙이나 필요한 약제를 챙겨주어 응급 처치를 돕기도 했다.

정 집사는 의료 환경이 열악한 선교지에서 응급한 치료를 감당할 수 있도록 선교지로 나가는 선교사를 교육한다. 이주민센터라는 이름에 맞게 먼 곳까지 입소문이 나서 이주민들이 많이 찾곤 하는데, 1~2시간 온

"예수님의 작은 제자로서 새중앙교회 '비전 백천만'에 부응하는 삶을 살고 싶어요. 앞으로 몇 년 동안은 직장에서 얻는 수입으로 선교사님들에게 경제적인 부분과 물품 등을 지원하려고 합니다. 비전을 품고 살고 있으니 그 비전이 이루어지리라 믿어요. 선교관 객실 50실과 필요한 부대 시설을 갖춘 건물도 주시길 하나님께 기도하고 있어요." 글로벌서울안과의원 비카지기 홍승주 집사

장년 비카 개척예배

장년 비카 개척예배

장년 비카 개척예배

장년 비카 개척예배

열 요법을 통해 치료를 받는 동안 낫기를 기도해 주며 복음을 전한다. 아프고 연약한 육신이 나으면서 영적인 변화도 일어나기를 기도하는 마음으로 치료가 이루어진다. 오랫동안 온열 요법으로 갑상선 치료를 받은 중국인 아내가 말끔히 낫는 것을 경험하면서, 인도인 남편도 복음을 받아들여 믿음의 가정이 된 경우도 있다.

좋은터미션비카

서현권, 정영희 선교사는 2020년 교회가 국내로 파송한 선교사로, 미자립교회와 일터 사역의 이주민을 대상으로 선교를 펼치고 있다. 80여 개의 작은 회사와 기숙사가 모여 있는 명학역 아너비즈타워에 있는 선교사 부부의 사업장에는 이웃 업체 대표들도 자주 드나들고 이주민들도 곧잘 방문한다. 사업장 안에 특별히 꾸며 놓은 작은 도서관 때문이다. 건물 엘리베이터에 홍보지를 붙여 홍보하며 여느 도서관들처럼 책을 빌려주다 보니 입소문이 퍼져 책을 기증하거나 후원하는 이들도 생겨났다.

매주 수요일 12시에 사업장에서 '일터예배'를 드린다. 출발과 더불어 믿음의 사람들이 모이기 시작하면서 따뜻한 마음을 나누는 자리로 인정받고 있다. '회사는 일하고 돈을 버는 곳이 아니라 예배하는 곳'이라고, 서 선교사 부부는 말한다. 사업장에서 사람을 만나고 예배를 드리며 삶의 예배를 드리는 것이 중요하다고 강조한다.

비즈니스선교회 비카지기 여인수 장로
"비즈니스선교회비카는 말씀과 기도를 통해서 하나님 나라를 세우는
선교적 사명을 가지고 살고 있습니다. 그것은 내가 선택한 것이 아니라,
주님이 우리를 선택하셨고 사명자로 우리를 부르셨기 때문에 우리가 믿음을 가지고
나아가야 한다고 생각합니다. 비즈니스선교회 회원들은 사업가로 부르심을 받아
먼저 사업에 뛰어든 사람들로서, 경제적으로 어려운 상황에 있는
지금의 청년세대들과 다음세대들을 위해서 적극적으로 재능 기부를 하고,
비카 공간을 활용해야겠다는 생각을 갖고 있습니다."

거룩한 청년들이 밟는 땅
비전공동체 비전캠퍼스 이야기

계원예술대학교비카 개척예배 시 천태혁 목사와 황덕영 담임목사

2015년 첫 주, 당시 비전공동체에서 사역하던 황덕영 담임목사가 대학 캠퍼스 개척에 대한 비전을 선포했다. 선교의 시각에서 보자면, 미전도 종족이라 불릴 만큼 침체되어 있는 대학생들과 직장 내 청년들을 깨우기 위함이었다. 그렇게 대학 비카와 직장 비카를 개척하여 아웃리치를 실현하는 선교적 움직임이 비전공동체 내에서 일어나기 시작했다. 비전 3주년과 함께 비전공동체가 새로운 길을 연 것이다.

비전공동체, '안양대비카'를 시작으로

6월 17일, 기독 동아리와 신학대학 기독교학과 지체들이 비전공동체 캠퍼스 개척예배를 드렸다. '안양대비카'를 통하여 대학 캠퍼스 사역의 포문을 열며 캠퍼스 내 5천여 명 학우들과 청년들이 복음으로 깨어날 것임을 선포했다.

계원예술대학교회와의 협력 비전 협약식

이어서 '숭실대비카'가 개척된 것은 한국 기독교사에 있어서 의미가 크다. 숭실대학교는 1897년 미국 북장로교에서 평양으로 파송된 베어드 선교사의 헌신 위에 세워진 학교이자, 1912년 정식 인가를 받은 우리나라 최초의 대학교다. 일제 강점기에 신사참배를 거부하며 자진 폐교하는 등 신앙의 토대가 견고한 곳이다. 그럼에도 불구하고 숭실대 역시 복음화율이 낮은 게 현실이다. 이런 역사성과 현실을 감안할 때, 숭실대비카는 한국 대학 캠퍼스의 영적 각성에 관한 상징성이 크다. 영혼 구원의 사역이 교회 내 비전공동체를 벗어나 한국 대학 캠퍼스를 향하고 있고, 비전공동체의 영적 변화를 통해 다음세대를 신앙으로 세워 가심을 알 수 있다.

지난 2022년 7월 31일에는 새중앙교회와 계원예술대학교회가 협력 비전 협약식을 가지고, 계원예술대학교회 비전캠퍼스 개척예배를 드렸다. 두 공동체가 함께 다음세대와 지역사회 복음화를 위해 협력하기로 서명한 것을 계기로 가깝게는 대학 캠퍼스와 지역 사회가 복음 안에서 다시 살아나고, 더 나아가 통일 한국을 준비하게 될 것이다. 개척예배의 시작과 끝을 뜨겁게 채운 교역자들의 통성기도가 계원예술대학교 우경아트홀을 크게 울렸다.

"20대 초반에 겪을 수 있는 여러 가지 삶의 문제와 영역들을 하나님 앞에 내려놓고 지혜를 구하며 기도하고 있습니다.
큐티 책《비전큐티》를 통해 말씀을 묵상하고 삶을 나누기도 하고요.
공동체 안에서 더불어 사는 지혜도 나누고 개인의 삶이 회복되는 경험도 나누며 은혜 받고 있습니다."
안양대비카 조종민 형제

2022년 12월에 개척예배를 드린 '가천대비카'는 매주 예배를 드리던 학우들과 교직원들의 참여로 자연스럽게 만들어진 경우다. 대학교가 바로 선교지라는 결단으로 캠퍼스 복음화를 위해 결단하고 지금까지 꾸준히 예배를 드리고 있다. 매주 큐티로 말씀과 묵상을 나누고 기도 모임을 통해 하나님이 부어 주시는 은혜를 체험한다. 이외에도 캠퍼스 안에서 감당할 수 있는 선교적 사명을 이루기 위해 비카를 중심으로 계획을 세우고 하나씩 추진해 오고 있다.

군부대를 예배로 연 파주 'GOP비카'

최전방 군부대에서도 비카의 행진은 거침없다. 파주 GOP에도 비카가 세워졌는데, 2022년 여름 '블레싱 한반도'를 주제로 진행된 비전공동체 연합 아웃리치를 통해 파주 군부대와 지역 교회들을 섬긴 일이 계기가 되었다. GOP는 민간 차원의 도움이 쉽사리 닿지 않는 곳이어서 비카가 개척되기 전에는 자발적인 예배가 전무했다. 작전 지역을 지나서 부대 끝에 위치하는 교회까지 예배드리러 오는 장병들은 거의 없기 때문이

파주 'GOP비카'의 장병들과 비전공동체

다. 통일 한국 시대가 되면 가장 먼저 열리게 될 남북한의 접점지 GOP, 그곳을 영적 황무지에서 영적 부흥지로 변화시키기 위해 선교적 명령에 따라 파주 'GOP비카'를 개척하게 된 것이다.

비카 개척 이후, 비전공동체의 각 교구가 돌아가면서 매월 둘째 주일마다 군 장병들과 함께 예배드리고, 소그룹을 인도하고 있다. 매달 부흥에 부흥을 거듭하면서 지금은 두 곳의 GOP 교회에서 1백여 명의 장병들이 정기적으로 예배의 감격을 경험하고 있다. 매월 GOP에 올라가는 청년들은 기독교 신앙의 기초가 되는 다섯 가지 주제인 복음, 말씀, 기도, 공동체, 교제에 대한 예배와 소그룹을 준비한다.

또한 청년들은 GOP 예배를 위해 출발하기 한 달 전부터 준비 모임을 시작한다. 군 장병들의 신앙 주제에 맞춘 나눔과 활동을 고민하며, 합심기도회를 하면서 마음을 모은다. 복음이 주제인 달에는 '복음비빔밥'을 함께 만들어 먹으며 형형색색에 담긴 십자가의 의미를 전하고, 기도가 주제인 달에는 휴대용 기도 카드를 전달하면서 믿음의 씨앗이 뿌려지기를 기도한다. 장병들 대부분이 군 입대 후 생애 처음으로 교회에 나왔다는 사실을 고백하곤 한다. 청년 복음화율이 3% 미만[2018년 기준]이라는 통계가 사실인 것이다. 그럴 때면 믿음의 공동체를 왜 그곳으로 부르셨는지 생각하게 되고 참여한 청년들 모두 선교와 전도에 더 큰 도전을 받는다.

예배와 교제가 이루어지는 가운데, 한 청년은 '내가 이 땅에서 무엇을 하고, 왜 사는지'에 대한 고민을 말씀을 읽으면서 해결받았다고 고백하면서 성경책이 필요한 장병에게 자신의 성경책을 즉석에서 선물로 전달하기도 했다. 전망대에서 바라본 북한 땅이 가깝게 느껴져 북한 선교에 대한 사명을 깊이 깨달았다고 고백한 청년도 있다.

영적 스펙을 쌓는 취업과 직장 비카들

안양창조경제융합센터 3층에 자리한 'A-CUBE'라는 곳은 취업 준비생들의 성지로 불린다. 국가적 차원에서 취업 준비를 위한 장소와 정보 등을 제공하는 곳이기 때문이다. 이곳을 오가는 청년들을 영적으로 위로하고 힘을 불어넣고자 'A-CUBE비카'가 세워졌다. 취업의 관문은 스펙의 축적으로 여는 것이 아니라 영적 준비, 즉 선교적 삶을 준비하는 과정 속에서 하나님이 열어 가신다는 고백이 청년들을 통해 증거되리라기대하게 된다.

세상의 청년들이 치열하게 스펙을 쌓는 그곳에서 비전공동체 청년들은 기도와 선교의 분량을 쌓아 오고 있다. 기도대로 하나님이 취업의 문을 열어 주시면서 A-CUBE비카가 영성을 갖춘 청년들에게 취업의 등용문이 되었다. 청년들의 고백은 하나같다. 하나님이 자신들을 직장에 보내시는 이유는 그 자리에서 선교적 삶을 살아내라는 사명 때문이라는 것이다. 취업을 위한 영적 스펙, A-CUBE비카의 비밀한 은혜.

'범계비카'는 직장 사무실을 비전캠퍼스로 삼은 경우로, 3년 전 '가산 G밸리'에서 근무하는 4명의 청년이 씨앗이 되어 개척되었다. 현재는 초기 회원들이 이직과 각자의 사업을 시작하게 되어 범계로 거점을 옮기

비전공동체 비카지기들에게 듣다

가천대비카 류성열 형제
"가천대학교비카는 대학 캠퍼스 내에서
말씀으로 무장되어 그리스도인으로
살아가기를 결단하며 말씀을 나누는
모임입니다. 캠퍼스 안에서 비전선교사로서
선교사적 사명을 감당하며 학교와
믿음의 공동체를 위해 먼저 중보기도 하면서
캠퍼스 곳곳에 복음이 전해지기를
바라고 있습니다. 가천대학교의 모든 학생이
하나님을 가장 사랑하는 학교가 되길
바라는 비전을 갖고 있습니다.
캠퍼스 복음화율이 3%라고 하는
이 시대 가운데, 부흥의 역사가
가천대학교에서 시작되길 기도합니다."

강남비카 최훈 형제
"서울 강남 교보타워 뒤편에 있는 집사님이
운영하는 카페 '공차'에서 모여요.
코로나19가 한창일 때 모이게 하신 하나님께
감사합니다. 치열한 삶의 현장 속에서
일터 선교사로 살아가는 지체들이 함께 모여
취업준비, 직장에서의 사람 관계, 사업장의
문제 등을 놓고 기도할 수 있어서 얼마나
감사한지 모릅니다. 기도뿐만 아니라 서로의
경험과 지혜를 나누면서
힘과 위로를 얻습니다."

에듀비카 최주희 자매
"초등학교 교사로 재직하고 있어요. 아이들을 가르치면서
겪는 고충들을 나누고 싶었지만, 세상적인 방법으로 해결하는
것이 아니라 말씀 안에서 해답을 찾고 싶었어요.
그러던 중 비전공동체 안에 교사들이 있다는 것을 알고
에듀 비카 개척예배를 드리게 되었어요. 각 선생님들이 있는
자리가 거점이 되어 그곳에서 선교사의 삶을 살게 됩니다.
그 비전을 이루기 위해서 학교 현장에서 그리스도의 사랑으로
살아가는 것이 먼저라고 생각해서 모두 말씀으로
하나되기를 위해 기도하고 있습니다."

홍대비카 주미진 자매
"비카를 통해 직장에서의 관계 문제, 사업장의 문제를
나누며 중보하고 서로 위로하는 모습을 보여 하나님께서
일하심을 봅니다. 홍대 지역에서 활동하는 수많은 청년들과
직장인들에게 복음이 심겨지기를 소망하고,
우리가 밟고 다니는 땅을 위해 기도하고 축복합니다.
홍대 비카를 통해 하나님을 예배하는 거룩한 청년들이
일어나기를, 복음을 전하며 함께 회복을 이루어 가는
귀한 모임이 되기를 기도합니다."

맘스비카 공현지 자매
"신혼부부 엄마들이 겪는 가장 큰 어려움 중 하나가
교제와 소통의 부재입니다. 젊은 엄마들이 가정에서 홀로
감당해야 하는 육아의 무게가 코로나19를 겪는 동안에는
훨씬 더 무겁게 느껴졌습니다. 그런 어려움이 클수록 복음으로
가정을 살리고 믿음으로 자녀를 양육해야겠다는 생각이
더욱 더 절실했던 것 같아요. 그런 믿음과 결단으로 비전공동체
신혼부부 교구 안에 속한 산본 지역 엄마들을 중심으로
모임이 시작되었습니다."

고, 매주 수요일 아침 7시에 10명이 넘는 인원이 범계역에 함께 모여 예배를 통해 말씀과 서로의 삶을 나누고 있다. 3년여의 시간을 거치면서 네팔 선교사로 떠난 청년도 있고, 기도로 준비해 온 일을 위해 창업에 뛰어든 청년들도 있다. 믿음의 배우자를 만나 가정을 꾸린 청년도 하나둘 생겼다. 각자의 삶과 환경은 계속 변하고 있지만, 주어진 상황 속에서 하나님의 비전을 바라보며 가정과 일터와 지역의 복음화를 위한 기도와 예배를 이어가고 있다.

'21세기부동산비카'는 3청년 중보기도 팀장인 박상호 형제가 비카의 의미도 모르던 시기에 이미 시작한 경우다. 구역원들과 교제하던 중 말씀과 찬양을 나누면 좋겠다는 생각에 초원마을 한양아파트 상가 내 자신이 운영하는 부동산 사무실을 제공한 것이다. 한 달에 한 번, 교제의 횟수가 늘어나면서 주위의 다른 동역자들도 초대해 점점 풍성해졌다. 그러던 중 성령의 감동으로 사업장을 복음의 거점인 비전캠퍼스로 헌신하게 되었다.

위로가 필요한 지체들이 회복의 역사를 체험하는 곳, 서로를 세워 주고 이끌어 주는 공동체 훈련의 장소, 사명을 명확히 하고 복음을 실천하는 거점, 믿지 않는 영혼들에게 복음을 증거하는 자리, 이 모든 아름다운 이야기가 샘솟는 복음의 샘터가 바로 비전캠퍼스의 현장이다.

비전공동체 비카의 창조적 변화

비전캠퍼스의 비카가 젊다 보니 날이 갈수록 창조적으로 변화 발전하고 있다. 원래는 사업장을 거점으로 삼는 것이 일반적이었다. 그러나 비전공동체의 경우는 꼭 사업장이 아니더라도 특정 지역에서 일하거나 학교를 다니는 공동체의 지체들이 그 지역을 구심점으로 연합하여 비카를 세우는 경우들이 생겨나고 있다.

2018년에 개척예배를 드린 '강남비카'는 서울 강남 지역에서 일하는 청년들이 모인 공동체다. 개인적으로 거룩한 삶의 예배를 드려 오다가 일과 사역 속에서 선교적 역할을 공동체가 함께 감당해 보자는 뜻이 하나둘 모여 비카로 이어진 경우다. '홍대비카'의 경우도 캠퍼스 비카가 아니라 서울 강서구와 마포구에서 일하거나 학교를 다니는 청년들이 중심이 되어 모임이 이루어지고 있다. 그들도 마찬가지로 개인적인 삶과 직장 내에서 선교적 삶을 살아가는 것을 목표로 한다. 비카에서 서로 간증과 선교 노하우를 공유하면서 선교적 삶을 살아가는 데 힘을 얻는 통로로 삼고 있다.

'에듀비카'가 특별한 이유는 같은 은사로 모인 비전캠퍼스라는 데 있다. 초·중·고등학교 교원들로 이루어져 있는 에듀비카는 2020년 9월, 8개의 초·중·고등학교에 근무 중인 교사들과 국제학교 교사가 '줌'으로 온라인 개척예배를 드린 이래, 지금까지도 각자 근무하는 환경이 다르다 보니 줌으로 예배를 드리고 있다. 동료 교사들과 학생들에게 일반적인 삶을 통해서 복음을 전할 뿐만 아니라, 학교라는 장소의 특수성 혹은 특별한 상황 가운데 복음을 전하는 사례를 서로 공유하고 있다.

'맘스비카'도 있다. 신혼부부교구 자매들의 예배 모임이다. 예배 후에는 가정에서 여성의 역할에 대해 나누기도 하고, 남편 및 자녀와 지혜로운 관계를 만들어 가는 노하우와 사례를 공유하기도 한다. 무엇보다 하나님과 자신과의 관계를 바로 세우는 것이 우선임을 늘 고백하며 선교적 공동체를 기도로 섬기고 있다.

비전공동체 비전캠퍼스 개척 일지

2015. 1. 8. 캠퍼스 개척 비전 선포

2015. 6. 17. 비전공동체 비카 1호 '안양대비카' 개척예배

2015. 8. 23. 숭실대 캠퍼스 개척 인원 구축

2015. 9. 7. 숭실대 학생회관 다락방에서 기도 모임 시작

2015. 9. 24. 비전공동체 비카 2호 '숭실대비카' 개척예배

다음세대를 복음으로 세우는 길
드림공동체 비전캠퍼스 이야기

역사상 가장 빠른 변화의 시대에 영원히 변하지 않는 진리를 붙들고 사는 일은 여간 어려운 게 아니다. 성장기에 있는 다음세대들에게는 특히나 그러하다. 이런 시대 속에서도 흔들리지 않고 학교 안에 작은 교회를 세워 나가는 다음세대가 있으니, 중·고등부 비전캠퍼스 유스비카^{Youth} Vision Campus 다.

유스비카는 학교 안에서 학생들 스스로 그리스도인의 정체성을 드러내며 행동하는 기도 모임이자 예배 모임이다. 과거에는 교회학교 중·고등부 담당 목사와 전도사, 교사들이 학기 중에 매주 학교를 순회하며 학생

1 평촌공고유스비카 2 헤이븐기독학교유스비카

들을 만나거나 학교 앞에서 전도하는 데 힘을 쏟았다. '학교 심방사역'이라는 이름으로 학교 근처의 카페, 분식점, 중국집 등에서 학생들을 만나 기도하고 교제하곤 했다. 변화의 기점은 2016년 4월, 백영고등학교 부활절 집회였다. '달콤한 화요일'이라는 뜻의 '달화점심예배'를 시작으로 학교 내에서 학생들 스스로 기도 모임과 예배 모임을 갖도록 도전하게 하였다. 각 학교의 기도 운동에 통일성을 부여하고자 교회의 비전에 맞추어 이 예배 모임을 '유스비카'라는 하나의 이름으로 명명하게 되었다.

2017년 1월, 중·고등부 연합 동계 수련회에서 8개 중학교 리더십이 세워지면서 기도 모임이 시작되었다. 이후 점차 늘어나 2023년 5월 기준으로 총 47개 학교 안에 기도 모임이 자리잡았다. 귀인중, 범계중, 평촌중, 부안중, 대안여중, 부림중, 원곡중, 비산중, 과천외고, 문일고, 백영고, 백운고, 부흥고, 서울여상고, 신성고, 성문고 등등이 그 주인공들이다.

2012년 발표된 청소년 복음화율은 3.8%, 현재는 심지어 2%라고 이야기하는 이들도 있다. 그만큼 학생들이 자발적으로는 교회에 찾아오지 않는 시대라는 뜻이다. 유스비카는 교회로 찾아오기를 기다리던 기존

드림공동체 김신유 목사

"제가 하면 '목사님이니까!', 하겠지만, 자신과 비슷한 또래들이 하니 '나도 해볼까?'하는 더 강력한 효과가 있어요. 저야 아이들을 학교로 파송하는 역할이지만 심한 조롱까지 받는 영적 전쟁터에서 직접 싸우는 것은 아이들이죠. 힘든 점도 많지만 그만큼 말도 안 되는 은혜를 부어 주셨어요. 어머니들의 기도와 지원이 가장 든든한 힘이고요."

3 안산동산고유스비카 4 평촌중유스비카

방식에서 벗어나, 이제는 학생들이 주체가 되어 학교 안에서 믿음의 지체끼리 모여 선한 영향력을 미치고, 직접 전도 대상 학우들과 복음의 접촉점을 만들어 가는 방식으로 전환을 모색한 운동이다.

유스비카의 선두 주자, '대안여자중학교유스비카'

대안여자중학교는 유스비카를 처음 결단한 8개 학교 중 하나다. 3월 개학 후 기도 모임 장소를 구하고자 기도 모임 리더가 교사들을 여러 번 찾았지만 번번이 거절당했다. 게다가 기도 모임을 같이 하려던 친구들 대부분이 소극적인데다 서로 시간 맞추기도 힘든 형편이었다. 낙심과 실의에 빠진 것도 잠시, 하나님께서 지혜를 주셨다.

"그렇지! 학교 운동장이 있잖아!"

그렇게 수업 시작 30분 전에 몇 명의 친구들이 운동장에 모여 함께 기도하기 시작했다. 계절이 바뀌어 찬바람이 불기 시작한 10월 어느 날, 역사가 일어났다. 크리스천도 아닌 어느 선생님이 아이들의 기도 모임을 오랫동안 지켜 본 모양이다. 학교나 교사에게 특별한 요구 사항도 없이 학기초부터 10월이 되기까지 지속적으로 운동장에 모여 무언가를 하는 모습을 기특하게 보았는지, 그 선생님이 직접 교장실을 찾았다. 곧 추워질 날씨에 아이들이 운동장에서 계속 모이는 모습을 안타깝게 여긴 것

문일고유스비카 개척예배

이다. 교사가 직접, 아이들에게 따뜻하고 안전한 장소를 마련해 주는 안건으로 학교에 허락을 구했고, 이후부터 빈 교실에서 따뜻하고 안전하게 기도 모임을 갖게 되었다. 기도회에 참여해 온 아이들은 운동장 한가운데에 역사하신 하나님을 선명하고 생생하게 체험한 것이다.

제자 삼고 세례 베푸는 '문일고유스비카'

2022년 5월 27일에는 서울 금천구에 위치한 문일고등학교에서 유스비카 개척예배가 열렸다. '문일고유스비카'로 거듭난 그곳의 하루는 특별하다. 매일 아침 요일별 담당 교사가 말씀 묵상을 방송으로 송출하고, 그 말씀 큐티로 학생들이 하루를 시작한다. 1학년 인성 수업 시간에는 성경 말씀이 적용된 인성 교육으로 복음을 전하며, 채플 시간에는 새중앙교회 드림공동체 교역자가 직접 방문해 예배를 인도한다. 총 25명의 교사로 구성된 신우회 모임은 코로나19로 잠시 멈췄다가 재개되었다. 무엇보다 놀라운 것은 1996년부터 26년 동안 2년에 한 번, 총 13회의 문일 중·고등학교 연합 세례식을 통해 9,285명의 학생들이 세례를 받았다는 점이다. 코로나19가 여전히 창궐하던 때에도 학생 187명이 세례를 받았으니, '할렐루야!' 그야말로 기적이다.

유스비카의 숨은 공로, 어머니기도회

늘 그렇듯이 자녀 세대의 귀한 열매 뒤에는 어머니들의 눈물의 기도가 있다. 평촌중학교 아이들의 기도 모임을 지켜 보던 어머니들이 가만히 있을 수 없다는 각오로 2020년부터 '평촌중어머니기도회'를 만들어 유스비카를 위한 중보기도를 시작했다. 소식이 퍼지면서 '귀인중유스비카기도회', '직장반유스비카기도회' 등의 탄생으로 이어졌다. 이외에도 여러 현직 교사들과 어머니들이 중보기도는 물론 유스비카를 위한 간식도 제공하며 지원을 아끼지 않는다.

학교에서도 하나님의 예배자, 교복데이
새 학년 새 학기를 맞이하는 3월 어느 주일예배, 아이들의 복장이 사뭇
다를 때가 있다. 각자 다니는 학교의 교복을 입고 와서 학교별로 앉아 예배를
드리는 날, 바로 '교복데이' 행사가 있는 날이다. 2017년 열린 교복데이는
더욱 특별했다. 그해부터 시작된 유스비카 비전 선포 및 발대식이
열리는 날이어서다. 청소년 시기에 가장 많은 시간을 보내는 학교에서도
하나님의 자녀이자 예배자임을 기억하고 지내자는 의지와 의미를 담았다.
그래서인지 교복을 갖춰 입은 중·고등부 친구들이 더욱 단단하게
여겨지는 날이었다.

유스비카 부흥집회

예수의 이름으로 사랑하다

TARGET 2030 가서 제자 삼으라_ 국내 전도

단풍보다 아름다운 영혼 구원
새생명축제

하나님이 가장 기뻐하시는 일이 영혼 구원이라는 것은 교회가 이어져 온 40년 동안 한 번도 흔들려 본 적 없는 생각이다. 예수님이 공생애 동안 가르치고, 치료하고, 전파하는 사역을 하신 것도 결국 영혼 구원을 위함이었다. 그동안 교회에서 이루어지는 모든 예배와 행사와 만남은 물론, 출간되는 각종 간행물까지, 그 종착지는 전도와 선교였다. 영혼 구원을 위한 전도와 선교는 어느 한 부서의 일도 아니고 특정한 기관이나 교구에서만 이루어지는 것도 아니다. 전 성도가 함께 이루어가야 할 교회의 본질이기에 주목할 수밖에 없다. 전도라는 그 특별한 일상이 더욱 특별해지는 때가 있다. 매년 가을바람과 가을볕에 알록달록 단풍이 물들어 갈 무렵이면 교회 전체가 설레고 두근거린다. 교회 설립 이후 매년 이어져 오면서 교회의 가장 큰 행사로 자리매김한 '새생명축제'의 때가 된 것이다.

그 시작을 찾으려면 1996년에 열린 '이웃사랑큰잔치'로 거슬러 올라가야 한다. 이후 2003년에 이르러 '이웃사랑초청잔치'와 '새생명축제'로 역할이 나누어진 후 지금까지 매년 각각 1회씩 독립적으로 진행되고 있다. 초청된 새로운 이웃들에게 박중식 원로목사^{당시 담임목사}가 구원의 말씀을 선포하는 방식에서 점차 변화를 겪으면서, 2002년부터는 교회의 문턱을 낮추어 보다 많은 이웃들을 편안하게 초청하기 위해 유명 연예인들의 간증 집회와 찬양 집회 형식으로 열려 왔다.

태신자 품기와 FIVE운동의 합심
오랜 시간 축제를 이어 오면서 전도의 과정 또한 세련되게 다듬어져 왔

다. 초기에는 1단계 태신자 카드 작성하기, 2단계 태신자 품고 기도하기, 3단계 태신자와 관계 맺기, 4단계 태신자 초청하기의 과정을 거쳤다. 이웃을 초청한 성도 개인이 먼저 태신자를 품고, 다음으로 구역과 교구가 그 태신자를 함께 품고 기도하는 과정마다 교회의 아낌없는 지원이 있었다.

2016년부터는 'FIVE운동'으로 변화되어 지금까지 이어져 오고 있다. 주님을 알지 못하는 태신자를 대상으로, 다섯 번 이상의 접촉을 통해 그들을 품고, 기도하고, 섬기고, 교제하며 복음을 전하는 운동이다. 교구마다 다양하고 실용적인 선물을 준비하여 태신자를 찾아가 축제 참여를 독려한다. 하나님이 준비시키신 영혼을 섬기고 회복시키기 위해 지역과 소통하고 관계 맺으며 나아가는 운동이다.

새생명축제는 매년 10월에 열리지만, 본격적인 축제 준비는 9월 둘째 주 대예배 시간에 '태신자 작정하기'를 통해 시작된다. 작정한 태신자를 품고 각 교구가 FIVE운동 매뉴얼에 따라 9월 둘째 주부터 기도하기 시작한다. 태신자를 품은 성도는 교구에서 태신자를 위해 준비한 선물, 예를 들어 매트, 고무장갑, 미역, 김치, 종이 포일 등과 새생명축제 전도지를 건네며 태신자에게 축제를 알린다. 이후에도 지속적으로 태신자를 품은 성도, 구역, 교구에 이르기까지 한 영혼을 놓고 매주 태신자의 마음이 열리도록 합심하여 기도한다. 동시에 교구에서는 매주 1~2회, 교구의 가장 중심이 되는 지역에서 노방 전도를 실시하며 영혼 구원에 힘쓴다.

새생명축제에 참석한 새 가족들

전 세대가 바라보는 한 방향

새생명축제는 전 세대가 함께 준비하는 것으로 이미 체질화되어 있다. 장년교구와 비전공동체, 드림공동체, 외국인선교회를 아우르며 전 세대가 같은 날, 같은 마음으로 기도하며 새 가족을 맞을 준비를 한다. 향하는 마음과 방향은 같지만 저마다의 독특한 전도 노하우는 각 세대마다 다르다. 다양한 전도 방법과 체계적인 준비 과정이 해를 거듭할수록 탄탄히 축적되어 세대별 전통이 된 것이다.

장년교구의 경우에는 팀별, 구역별, 교구별 팀워크가 뛰어나다. 무엇보다 전도 현장에서 탁월한 위력을 드러내곤 한다. 관계 전도, 노방 전도, 축호 전도, 붕어빵 전도 등 다양한 전도 방법들을 구비하고 지역에 따라 맞춤형으로 진행한다. 특히 새생명축제 5주 전부터 진행되는 FIVE운동을 위해 교구 전체에서 다양한 선물을 준비하여 매주 태신자를 찾아가 축제 참여를 독려한다.

새생명축제를 위해 전도 용품을 만들어 복음을 전하는 성도들

많은 교회에서 다음세대가 현저히 줄어들고 있는 현실을 생각할 때, 다음세대를 대표하는 비전공동체와 드림공동체의 전도 축제는 교회 전체가 기도하며 박수를 보내게 된다. 톡톡 튀는 젊은 아이디어로 차별화된 전도를 선보이는 다음세대의 전도 축제는 다음세대의 부흥을 위한 발판으로, 교회 전체가 큰 관심을 쏟고 있다.

해를 거듭할수록 외국인선교회도 점점 교구화 되고 있다. 7개 외국인 선교회 성도들은 그리스도 안에서 교제하며 새중앙 공동체의 일원으로 신앙생활을 하기 때문이다. 더 이상 교회 안에서 다문화의 벽이 느껴지지 않는다. 한국에서 함께 생활하는 성도들의 친구와 동료는 물론, 본국에 있는 믿음 없는 가족과 이웃까지 태신자로 작정하여 기도한다. 앞으로 공예배의 예배 통역도 계획하고 있는 만큼 외국인 성도들과 한자리에서 예배드릴 날이 곧 오리라 본다.

새생명축제 기간에 거리에서 복음을 전하는 성도들

"새가족반에 잘 오셨어요."

태신자가 초대되어 교회에 등록하고 나면 '새가족반' 교육을 받게 된다. 새 신자들 대부분은, 세상의 자유분방한 삶 속에서 겪게 되는 희로애락을 인간의 힘으로는 어찌할 수 없음을 깨닫고 나서야 교회를 찾는 이들이다. 가정과 인간관계, 사회적 갈등, 건강 문제 등과 부딪치면서 나이의 많고 적음에 상관없이 어린아이와 같은 심정으로 교회에 첫발을 내딛는 경우가 많다.

새가족반 교육은 유일한 우리의 구원자 예수 그리스도를 알고 믿도록 인도하는 교육이기에 언제나 떨리는 마음으로 이러한 새 가족들을 맞이하게 된다. 그들이 예수님을 영접하는 과정을 지켜보며 그들에게서 오히려 더 큰 은혜와 감동을 받기도 한다.

5주 과정의 훈련인 새가족반 교육은 1989년 교회 설립 이후 컨테이너에서 시작되었다. 예수 그리스도는 누구인가, 유일한 구원자 예수 그리스도, 그리스도 안에 있는 영생, 교회, 예배 그리고 새중앙교회를 소개하는 과정으로 구성되고, 모두 수료한 후에는 성장반 교육을 이어서 받게 된다. 훈련생 중에는 교회라는 장소를 처음 찾은 이들도 있지만, 새중앙교회 근처로 이사 와서 교회를 옮긴 성도들도 있다. 각 교회마다 문화가 다르기 때문에 새중앙교회에 오는 새 가족들은 누구나 새가족반 교육을 통해 건강한 신앙인으로 정착하도록 훈련받고 새중앙교회의 비전을 공유하게 된다.

5주 과정을 마치고 나면 어색한 표정과 서먹하던 관계들이 은혜와 성령 충만한 모습으로 변한다. 믿음 안에서 하나되며 그리스도의 참사랑 안에서 따뜻한 한 가족이라는 울타리를 인식하는 것이다. 예수님에 대한 믿음의 확신이 없던 사람들이 구원의 확신, 기쁨, 성령 충만, 은혜 등으로 감격하고 눈시울을 적시며 '할렐루야', '아멘'을 외치는 성도가 된다. 새가족반 교육은 성경적 교회관을 갖게 한다. 건강한 교회 공동체를 통해 소속감도 갖게 한다. 좀더 빠르고 정확하게 '예수 믿고 구원받는 길'을 제시하며 교회에 정착하게 한다. 새가족반 교육은 매주일 오전 9시 40분, 12시 10분, 오후 2시 40분에 진행되고 있다.

비대면 시기 부흥의 돌파구
전 교인 111 살리기 운동

교회 설립 이후 상황이 어려울 때나 부흥할 때나 영혼을 구원하는 사역은 한 번도 거르지 않고 변함없이 지켜져 왔다. 그러나 2020년 10월은 달랐다. 코로나19 상황으로 예배는 물론이고 대면 집회와 모임이 전면 제한되었기 때문이다. 고민이 클 수밖에 없었다. 그러나 답은 분명했다. 사도행전 말씀을 통해 황덕영 담임목사는 코로나19 상황이라 하더라도 이 복음 전도의 대강령을 막을 수 없음을 선포했다.

"새생명축제를 위해 부교역자들에게 오래 전부터 기도도 부탁하고, 좋은 아이디어도 같이 고민하자고 했습니다. 몇 주 전부터 기도하는 가운데 성령님께서 '전 교인 111 살리기 운동'의 마음을 강하게 주시는 거예요. 초대교회 성도들은 고난을 없애 달라고 기도하지 않았거든요. 고난과 역경 속에서도 예수님의 대강령인 복음 전도를 쉬지 않았습니다. 코로나19 상황이라고 해서 어떻게 하나님께서 우리에게 주신 사명을 모른 척할 수 있겠어요? 한 손에는 복음 들고, 다른 한 손에는 그리스도의 사랑을 들어야 합니다."

코로나19로 인하여 생활의 많은 부분이 위축되고 방어적으로 바뀐 것이 사실이다. 그러나 신앙과 선교는 그렇게 내버려둘 수 없었다. 그렇게 '전 교인 111 살리기 운동'은 2020년 새생명축제의 새 이름으로 탄생되어 이듬해까지 이어졌다.

2020년에 참여를 신청한 성도들이 받은 '복음박스'에는 발사랑마사지 영상, 가정예배 순서지, 새중앙신문, 시계, 복음 엽서, 달력 등과 더불어 가이드북이 들어 있었다. 이 가이드북을 따라 성도들은 전 교인 111 살리기 운동에 적극적으로 동참했다.

'111'에는 세 가지 의미가 담겨 있다. 첫 번째 1은 한 가정, 두 번째 1은 한 지역, 세 번째 1은 한 나라를 살리는 일이다. 우리 가정과 지역, 더 나아가 열방까지 함께 품기를 원한 것이다.

첫 번째 1, 한 가정 살리기 운동

"아침 시간은 늘 분주하지만 그 시간에 가정예배를 드려요. 가족이 차분히 앉아서 하기보다 출근 준비를 하면서 같이 기도하는 거죠. 제가 하면 애들이 따라하는 식으로요. 아침 식사나 매일의 출근처럼 빼놓을 수 없는 삶의 일부가 되었어요."
화평2교구 이효빈 성도

'예루살렘에서 시작되어 땅 끝까지'라는 말씀은 자기 삶의 자리를 근본으로 복음의 역사가 확장되어 간다는 의미다. 그래서 가정의 역할이 중요하다. 특히, 사회적으로는 '비대면'의 상황이지만 가족들끼리는 '대면'이라는 점에 주목했다. 가족들만의 시간이 더 많아진 만큼 더 화목하고 더 사랑하기에 좋은 기회, 가정이 예배를 회복하기에 좋은 기회, 믿지 않는 가족원의 복음화를 이루기에 좋은 기회라고 해석한 것이다. 운동에 참여한 가정은 비전캠퍼스 가정예배 개척 인증 마크를 교패 옆에 붙여 선교의 거점 가정임을 공식적으로 알렸다.

'전 교인 111 살리기 운동'을 알리는 성도들

꿈마을교구의 유범준 집사는 초등학교 2학년 자녀와 함께 가정예배
를 드린다. 어린이 큐티 책《키투》를 가지고 아이의 눈높이에 맞추어 예
배를 준비한다. 자녀가 이해하기 쉬운 단어를 고르며 자녀를 이해하려
고 노력하면서 아이도 부모와 자연스레 소통하게 된다. 가정예배는 각
기 다른 세대가 동일한 하나님을 바라봄으로써 세대 간의 간격을 줄여
주었다.

향촌교구의 김진희, 오승희 집사 부부는 급작스러운 사고가 나도 자녀
들의 영혼이 천국에 갈 수 있는지 점검하라는 메시지를 받은 적이 있다.
이후, 소중한 자녀들의 구원 문제를 교회에만 맡길 것이 아니라, 부모가
신앙의 본을 보이며 직접 신앙을 전수해 주는 가정을 세우고자 가정예
배를 시작했다. 더불어 큐티 책으로 날마다 말씀 묵상도 하고 있다.

'전 교인 111 살리기 운동'을 실천하는 성도들

"큐티를 하면, 갑자기 분을 돋우는 일들이 생기더라도 잠깐 멈추고 '오늘 아침 말씀이 뭐였지?'하며 돌아보게 되더라고요. '아! 주님이 이래서 오늘 아침에 이 말씀을 주셨나 보다' 생각하며 그 말씀을 다시 묵상하면서 승리하는 거죠."

가정 내 불신자를 생각하면 흔히 믿지 않는 부모님을 떠올리게 되지만, 한 통계에 따르면 부모 세대의 복음화율은 21%인 반면 청소년의 복음화율은 3.8%에 못 미친다. 부모 세대가 풀어야 할 숙제다. 그런 면에서 전도 대상자 우선순위는 우리 자녀들일 것이다. 가정에서 예배를 드린다는 것이 주어진 환경과 조건에서 어려울 수도 있다. 하지만 먼저 하나님의 이름으로 담대히 선포할 때 자신의 계산과 환경을 뛰어넘는 주님의 역사와 은혜가 가정에 반드시 임한다.

가족 모두가 신앙이 있다면, 자신의 가정이 예배와 선교의 거점이 되어야 한다고 생각할 일이다. 선교적 거점이라는 단어를 너무 거창하게 볼 필요는 없다. 가족과 함께 하나님의 사랑을 나누는 일이 선교다. 코로나19와 같은 비대면의 시대, 하나님은 먼저 가정을 돌보라고 말씀하신다.

두 번째 1, 한 지역 살리기 운동

교회가 속한 지역을 사랑으로 섬긴다는 의미로, 지역 사회의 회복에 동참하고 믿지 않는 이웃에게 복음을 전하는 것이다. '이웃사랑나눔잔치'와 '사랑나눔7운동'의 연장선이라고도 볼 수 있는데, 교구별로 지역의 특성에 따라 맞춤형 사랑 운동을 전개하는 사역이다.

여느 해 가을처럼 2020년의 가을 거리도 화려한 단풍으로 축제 분위기가 물씬 고조되어 있었다. 하지만 코로나19의 1단계 거리두기가 실시되는 상황이라 사람들과의 직접 대면이 어려운 상황이었다. 이웃사랑나눔잔치를 대신하는 만큼 첫 주간은 대상자의 마음을 여는 주간으로, 두 번째 주간은 대상자에게 적극적으로 다가가서 복음을 전하는 주간으로 진행되었다. 교구별로 10월 18일~11월 1일까지 지역 경제를 살리기 위해

'전 교인 111 살리기 운동'을 실천하는 성도들

'전 교인 111 살리기 운동'을 실천하는 성도들

'전 교인 111 살리기 운동'을 실천하는 성도들

교회에서 준비한 프로그램에 따라 움직였다. '카카오 커피 쿠폰 보내기'로 시작해서 11월 1일 '교회 초청하기'까지, 2주간 지속적인 기도와 친밀한 관계를 유지하며 이웃의 전도 대상자와 지역에 복음을 전했다.

전 교인 111 살리기 운동을 안내하고자, 탁상용 달력 형태의 매뉴얼 북이 만들어져 전 성도에게 배포되었다. 책에 소개된 다양한 프로그램마다 QR코드를 넣어서 스마트폰에서 영상을 보며 따라할 수 있도록 안내했다. 황덕영 담임목사가 전하는 구원의 말씀이 흘러나오기도 하고, 발사랑선교회에서 진행하는 발 마사지 영상을 따라 가족끼리 마사지를 해줄 수도 있다. 매뉴얼 북은 전 성도가 이 운동에 참여할 수 있도록 안내하는 데 큰 역할을 했다. 계절이 바뀌어 겨울의 찬바람을 실감할 때는 각 교구 목사들의 재치 있고 위트 넘치는 '유튜브' 동영상에 웃음꽃이 만발했다. 커피 쿠폰 보내는 방법, 찬양 영상 보내는 방법 등 태신자들을 섬기는 방법에 대해 상세히 소개한 영상 매체를 보며 매일 단계적으로 태신자를 섬겼다. 영상 속 내용들이 실천으로 활발하게 이어지자 코로나19로 우울해 하던 지역의 이곳저곳이 점차 활기를 되찾았다.

세 번째 1, 한 나라 살리기 운동

세 번째 1은 대한민국, 나아가 세계 열방을 살려 보자는 의미가 담겨 있다. 장년교구, 비전공동체, 드림공동체, 외국인선교회에 이르기까지 온 교회가 6개월 동안 기도로 준비하고, 담당 나라가 정해지면 기도와 선교에 필요한 요소들로 후원하게 된다. 비대면 시대에는 해외로 아웃리치를 떠날 상황이 아니었지만, 어떤 환경에서도 역사하시는 주님의 마음으로 복음을 전했다. 세상이 요동치는 상황에도 여전히 땅끝에서 선교하는 선교사를 위해 기도하고 후원했다.

후원이라고 해서 거창한 무엇이 아니라 일상 속에서 지속적인 관심을 가질 수 있는 소소한 실천 사항들이었다. 한가람, 공작, 더샵, 에코, 관악, 은하수, 샛별교구에서는 동아프리카에 부흥의 물결이 일어나길 기도했다. 커피가 많이 생산되는 지역이라는 특성에 주목하여 각자가 정한 날에 커피를 금하고 그렇게 모아진 금액을 선교 헌금으로 드렸다. 선봉현 집사는 아들 예성이와 함께 인공기와 케냐 국기를 그려 보며 북한의 양 강도와 동아프리카를 품고 기도했다. 이재영 집사는 딸 수연이와 함께

우간다를 품었다. 모두들 각자 기도하는 국가의 배경, 종교, 기도 제목들을 보면서 그 나라에 대해 자연스럽게 이해하게 되고 구체적으로 기도하게 되었다고 고백한다. 또한 자신들을 위한 기도에서 벗어나 다른 나라와 민족을 향해 기도의 지경이 넓어진 것도 감사한 시간이었다.

비전공동체의 지역 경제 및 환경 살리기

청년들 역시 주 1회 이상 가정예배 드리기, 지역 환경 및 상권을 살리기 위한 운동에 적극 참여하였다. 비전공동체 교구와 구역 단위에서 적극적으로 실천된 운동은 특히 지역 환경 및 상권 살리기 운동이다.

1청년에서는 모든 구역모임이 교회 밖에서 이루어졌다. 안양 지역이나 삶의 거점 지역에서 구역모임과 식탁 교제를 진행하고 더불어 모임 중에 환경 미화를 실천하였다. 태신자에게 밥을 사 주고 복음 전하기, 택시 승차 시 복음 전하기, 동네 주민에게 밝게 인사하기, 동네에 버려진 쓰레기 줍기 등 각 구역마다 결단한 한 주간의 미션들을 가지고 구역 식구들이 함께 지역을 섬겼다.

2청년은 태신자들에게 손 편지를 전달하고, 10월 25일 주일에는 비전예배 후 평촌중앙공원과 범계역 일대에서 지역 환경 및 상권 살리기 운동을 전개하였다. 구역별로 해당 구역의 환경 미화를 진행한 후, 범계역 일대 상권을 찾아 식탁 교제 및 구역모임을 진행했다.

3청년은 지체들의 사업장에서 예배를 드린 후, 지역 상품권을 활용하여 식탁 교제를 나누었다. 자신의 일터에 모여 예배하는 것 자체만으로 큰 위로와 힘이 되었다는 간증을 나누었으며, 다른 영혼과 지역과 열방을 살리는 원동력으로 삼겠다는 결단도 있었다.

"당신과 당신 가정을 위해 매일 기도하고 있습니다."

신혼부부교구는 진심 어린 손 편지 안에 작은 선물을 동봉하여 가정과 지역에 복음을 전했으며, 매일 밤 '11시 1분'에 가정과 지역과 나라를

'전 교인 111 살리기 운동'의 일환으로 지역 거리 사랑나눔을 실천하고 있는 교구

위해 함께 기도했다.

예배교구에서는 지역의 미자립교회들을 위한 찬양과 예배의 영상을 제작하여 제공했다. 또한 유튜브를 통하여 믿지 않는 영혼들에게 복음을 전하는 미디어 전도 방법과 관련한 콘텐츠 개발에도 힘썼다.

드림공동체 온라인 드림전도축제

언제나 밝고 환한 드림공동체 친구들도 2020년 코로나19로 지치기는 마찬가지였다. 10월 18일~11월 1일까지 가족과 함께 예배를 드리고, 선교사님을 위해 기도하며, 가족끼리 발 마사지로 섬기면서 회복의 시간을 가졌다. 믿지 않는 친구들에게는 복음 엽서와 선물 꾸러미를 전달하며 복음의 씨앗을 심었다. 이름하여 '온라인 드림전도축제'로 전 교인 111 살리기 운동의 다음세대를 위한 온라인 버전이다.

복음을 전하기 어려운 상황에도 온라인이라는 새로운 매개체를 통해 678명의 태신자를 작정하고 부서마다 릴레이 금식기도를 했다. 드디

창조적 복음 전달 이야기
이기자부대를 응원한 300통의 손 편지

호계교구 손석호 목사가 '전 교인 111 살리기 운동'의 열방 사역 중
주목한 지역은 북한이다. 이를 위해 향한 곳은 군부대로,
이 땅의 군인들이 기드온의 300 용사와 같이 하나님의 강한 용사로
세워질 수 있도록 기도하며 300통의 손 편지를 작성해 이기자부대 제27보병사단
소속 군인들에게 전달했다. 현재 새중앙교회 군부대 파송 선교사로 있는
한아람 목사 후원을 계획하고, 그 뜻에 마음을 합한 호계교구 식구들과 함께
군인들에게 보낼 기도 편지를 작성한 것이다.
또한 호계교구 성도들은 북한 선교를 위하여 평안도를 품었다.
평안도 신의주에 하나님의 복음이 선교사들을 통해 흘러가 도시를 변화시키고
하나님의 나라가 이루어지도록, 과거에 50여 개의 교회들이 존재해서
평안도 신앙의 중심지로 불리던 선천군이 그 영광을 회복하여
주민들에게 복음이 선포되는 날이 속히 오도록 기도해 오고 있다.
장병들을 대상으로 군선교 사역을 하고 있는 한아람 목사는
현재 제27보병사단 이기자부대의 은혜교회와
제15보병사단 승리부대 진중제일교회를 섬기고 있다.

지역 사회에 활기를 불어 넣은
2020년 교구별 지역 살리기 운동

과천교구 서울대공원 가는 길에서 선물 나눔과 복음 전달.
서울교구 노방 전도 중 어느 행인이 동참을 원하며 헌금하고 교구 목사의 기도를
받았고, 한 택시 기사는 차를 세우고 본인도 선물을 받고 싶다고 직접 찾아오기도 함.
초원1, 2, 향촌교구 담임목사의 3분 복음 메시지 QR코드를 이용해 메시지 전달.
무인 테이블 전도로 생수, 비타500, 캔커피, 마스크, 항균 물티슈, 소책자
<영생 얻는 길> 비치하여 복음 전도. 거리 휴지 줍기와 청소로
지역 환경 사랑나눔 실천.
한가람, 공작, 더샵, 에코, 관악, 은하수, 샛별교구 남자 성도들은 노방 전도와 함께
아파트 주변의 소공원 청소와 휴식 공간 벤치 소독. 여자 성도들은 아파트 경비원,
태신자, 전도 대상자, 독거노인을 찾아 복음 선물 전달.

목련, 청계 백운밸리교구 거리 청소 및 거리에서 마스크 나눔. 딸과 함께 운동 나온
어느 시민은 다시 집으로 돌아갈 필요 없도록 마스크를 챙겨 준 것에 감사를 표하며
교구 목사를 통해 복음을 전해 듣고 기도를 받기도 함. 청계교구 교구장은 자신이
운영하는 제과 제빵 학원의 이름으로 쿠키 200개를 후원하여 취약계층
독거노인과 백운 경비실에 나눔.
꿈마을, 무궁화, 귀인교구 손 소독제, 물티슈, 수제 보리빵 등을 에코백에 담아
예수님의 사랑을 전함. 교구별로 거리 청소 및 노방 전도 실시.
화평, 인덕원대우, 포일교구 총각김치를 직접 담가 취약계층에 나눔. 하트미역과
마스크 줄, 항균 티슈, 건빵 등을 에코백에 담아 지역 및 태신자들에게 전달.
남녀 교구 연합으로 거리 청소와 노방 전도 실시.
비산, 관양교구 김치, 밑반찬 등을 직접 준비해 취약계층에 전달.
거리 청소 및 소독을 실천하면서 노방 전도.
안양, 덕천마을, 동편마을교구 마스크, 항균 물티슈, 건빵, 전도지 등을 비대면으로
전달하려고 계획하였다가 현장 분위기가 예상보다 부드러워 마스크만 착용한 채
노방 전도로 진행. 행인 한 분이 오랜만에 교회에서 나왔다고 무척 반가워하고
시민들 대체로 긍정적인 반응으로 다가옴.
갈미, 군포·안산, 송정지구교구 한 가마 반 분량의 떡국 떡을 해서 교회 신문, 덧신,
물티슈, 마스크 등과 함께 98명의 아파트 관리 직원들을 섬김. 혼자 식사하던
어느 경비원은 따뜻한 손길에 어찌할 바를 모르겠다며 감사의 인사를 전해 옴.
호계교구 코로나19로 어려움을 겪던 가정들을 심방하여 마스크를 전달하며
기도하고 사랑을 나눔. 범계사거리와 호계3동 거리에서 초코파이, 물티슈,
<영생 얻는 길>을 전달하며 전도.
고천교구 양말, 즉석요리, 마스크 등을 선물로 포장하여 태신자와 취약계층에
비대면으로 나눔. 고천 사거리 청소 및 노방 전도.
산본교구 취약계층에 반찬으로 사랑과 복음 전달. 교구 목사가 직접 셰프가 되어
만든 '소불고기 사랑 한 다라이'를 성도들과 태신자에게 배달.
샘마을, 수원, 분당교구 비전캠퍼스에 속하는 '미담누룽지'가 후원한
누룽지, 건빵, 떡, 생수, '복음의전함' 엽서, <영생 얻는 길>, 교구장들의 손 편지 등을
담아 일명 '응원상자'를 만들어서 태신자와 취약계층에 전달. 교구별로 거리 청소
및 노방 전도를 진행하였고, 물티슈, 건빵, 복음의전함 엽서,
<영생 얻는 길> 소책자 등을 비대면으로 가져가도록 무인 무료 가판대 설치.

어 11월 1일, 지난 2주 동안 복음을 전한 친구들에게 드림전도축제 실시간 영상예배의 링크를 전송해 비대면으로 함께 초청예배를 드릴 수 있었다.

담당 교역자들이 준비한 특별 찬양과, 복화술로 복음을 전하는 안재우 소장의 공연 '하나님의 손'이 펼쳐졌다. 연이어 복음 메시지와 영접기도 시간을 통해 귀한 결실을 맺기도 했다. 새 가족을 맞이하는 기쁨과 더불어 드림공동체의 모든 가정, 교사, 자녀들 또한 은혜를 누린 아름다운 전도 축제를 하나님에게 올려 드리는 시간이었다. 전대미문의 어려운 시기를 겪은 새중앙드림공동체 친구들이 가정예배와 온라인예배를 통해 절망 중에 소망을 꿈꾸게 된 것은 전적으로 하나님의 은혜다.

2021년 보다 발전한 전 교인 111 살리기 운동

2021년에 진행된 두 번째 '전 교인 111 살리기 운동'은 보다 창조적으로 발전했다. 다채로운 사회 운동과 접목하여 복음의 메시지를 담은 것이다. ECO, 즉 환경 및 생태 보호를 지향하는 시대적 요구에 동참한 것이 대표적이다. 일회용품 사용을 절제하고, 환경 살리기 운동에 적극 참여하기 위해 '복음백'이 제작되었다. 대형 마트의 장바구니 형태로 제작된 가방으로 비닐 대신 장바구니 사용을 권장하는 의미에서 환경 운동의 의미에 부합하고 일상생활에 유용했다. 복음백을 들고 만나는 사람들에게, 그들이 직간접적으로 복음을 접하도록 접촉점을 만드는 데도 효과적이었다.

"당신이 더 행복했으면 좋겠습니다 WITH JESUS."

5천5백 개의 민트색 복음백에 새겨진 문구가 성도 및 태신자들에게 한 영혼을 천하보다 귀하게 여기시는 예수님의 마음을 자연스럽고도 은은하게 전했다고 믿는다.

봄바람 타고 열리는 믿음의 관문
이웃사랑나눔잔치

봄바람이 따스한 봄볕을 몰고 올 즈음이면 이미 교구마다 동네 전체가 설레곤 했다. 행사가 열리기 전부터 아파트 전도, 주일 전도대, 교구 전도 등 다양한 통로를 통해 새 신자들을 만나고 섬기고 교제하며 교회로의 인도를 준비하면서다. 그 시절 조용하던 동네를 왁자지껄하게 만든 주인공은 바로 '이웃사랑큰잔치', 1996년에 처음 등장한 전도 축제다. 행사를 통해 교회에 등록한 이후에는 새 신자들 대부분이 제자훈련까지 곧장 연결되곤 한다. 매년 이런 과정으로 진행해 오다가 2003년에 이르러, '새 중앙교회의 4월' 하면 떠올리게 되는 대표적인 전도 행사 '이웃사랑초청잔치'로 자리매김하게 되었다.

2015년 이웃사랑초청잔치를 홍보하는 교구

이웃사랑초청잔치를 준비하는 교구별 부스

이웃사랑초청잔치를 위해 홍보물로
단장한 교회 전경

2014년 4월은 생명의 달

4월 20일, 부활주일인 동시에 잔치의 시작일이었다. 그보다 앞서 3월 16일에 태신자 카드를 작성하고, 품은 태신자에 대해 자신의 힘이 아닌 주님께 기도로 도움을 청하면서 주님의 마음이 되어 그들에게 베풀기를 원했다. 20일 2~4부에서는 '할렐루야'로 유명한 CCM 가수 지미선이, 5부에서는 그룹 '노을'의 가수 강균성이 찬양과 간증으로 자신들이 만난 예수님을 증거했다. 23일에는 SBS 스타킹에서 유명해진 안재우 복화술사가 즐겁고 알기 쉽게 예수님을 전했다. 27일 주일에는 '주여 이 죄인이'를 부른 가수로 수많은 복음 성가 앨범을 낸 전용대 목사의 감동적인 이야기와 찬양이 있었으며, 5부에는 예수님의 사랑을 알리는 비전공동체 드라마팀의 공연이 이어졌다. 이웃사랑초청잔치 기간 동안 세 차례의 간증 집회를 통해 420여 명의 새 가족이 등록하였다.

2015년 사랑하는 이들을 찾아서

4월 19일, 22일, 26일 세 차례에 걸쳐 '사랑하는 사람들을 그 자리에 앉게 하자'는 주제로 복음의 꽃을 피웠다. 대부분의 성도들에게는 오랫동

이웃사랑초청잔치 때의 대예배 모습

안 녹지 않는, 복음에 있어서는 동토 같은 존재들이 있다. 바로 믿음 없이 가장 가까이에서 평생 함께 살고 있는 가족들이다. 또한 같은 지역의 울타리 안에서 어우러져 정을 나누며 사는 이웃사촌들도 그러하다. 그들을 태신자로 품고 기도하는 시간이었다. 복음을 전하기에 앞서 기도의 시간은 정말 중요하다. 기도하는 시간만큼 영적으로 깊어지며, 물리적으로 어찌할 수 없는 상황에 관해 하나님이 개입하시기 때문일 것이다. 그렇게 가장 사랑하는 사람들을 그 자리에 앉히고자 뜨겁게 기도하며 섬겼다. 사도 바울이 사도행전에서 말한 진정한 마지막 땅끝의 존재들이 바로 그들이라고 여겼기 때문이다. 22일에는 영화감독 겸 배우인 추상미 집사가 간증 집회를 통해 자신에게 있었던 연단의 시간을 고백했다.

2016년 'FIVE운동'과 함께

4월 24일 주일예배와 함께 행사가 시작되면서 플루티스트 송솔나무와 방송인 표인봉 집사를 만나 볼 수 있었다. 잔치의 첫 번째 준비는 태신자 카드를 작성하는 것에서 시작되는데, 당시에 교회에서 일어난 'FIVE운동'을 통로 삼아 태신자들을 방문하고 초대의 문을 열었다. 태신자에게 예수님의 사랑을 전하기 위해 장바구니, 방석 등 사소하지만 실용적인 선물을 준비하고, 각 교구마다 지역민들이 많이 왕래하는 장소를 찾아 노방 전도를 실시하기도 했다. 안양 교구의 경우, 매주 토요일 10개 지역에서 전도 행사를 계획하고 안양시민공원에서 노방 전도를 실시했다. 축제가 열리는 4월 말까지 계속해서 모든 교구가 구역 및 교구별로 다양한 형태의 전도 행사를 열었다. 교구에서 1천 명의 전도 대상자를 미리 정해 놓고, 이 목표를 향해 성도 모두가 기도로 뭉쳤다. 천하보다 귀한 한 생명을 구원하기 위해 각 교구마다 구역을 토대로 태신자를 품고 뜨거운 기도로 준비한 것이다.

2017년 연합 구역예배로부터 시작

3월 19일 주일을 '태신자 작정 주일'로 삼아 본격적인 준비에 돌입했다. 4월 23일 주일을 시작으로 26일과 30일, 세 차례 간증 집회가 열렸다. 23일 주일 2~4부에는 플루트 연주가 송솔나무가 초청되었다. 세계적인 플루티스트임에도 불구하고 가장 낮은 곳을 찾아다니며 영혼을 울리는 연주로 복음을 전하는 연주가다. 5부에는 비전워십팀이 젊음이 넘치는 노래와 몸짓으로 하나님을 찬양하였으며, 26일 수요일에는 탤런트 하희라 집사가 자녀들을 위해 에베소서 6장 4절 말씀을 바탕으로 쓴 '이런 부모가 되게 해 주소서'라는 9가지 기도 제목을 낭독해 많은 공감을 자아냈다. 30일 주일 2~4부 예배에는 JTBC '팬텀싱어'에서 우승하며 크로스오버 열풍을 이끈 '포르테 디 콰트로'의 멤버인 테너 김현수가 초대되었고, 5부에는 가수 '스윗소로우'의 김영우가 또 다른 감동의 찬양과 간증을 들려주었다.

여느 해와 달리 특별했던 것은 산본교구의 연합 구역예배와 이후 이어진 노방 전도를 꼽을 수 있다. 황덕영 담임목사와 함께하는 새중앙교회 2기 사역의 첫걸음이 모든 교인을 돌아보는 연합 구역예배로부터 시작되었기 때문이다. 연합 구역예배는 성도들과 담임목사와의 거리를 좁히며 소통하는 통로인 동시에 지역 교구의 특색을 살펴보는 계기가 되

"아파트 축호 전도 때 못 들어가게 야단치던 경비 아저씨가 계셨어요. 작은 선물을 전해 드리자 왜 자기에게는 전도를 안 하냐며 스스로 교회를 찾아오셨던 기억이 납니다. 지금은 멀리 이사 가셨지만, 그분 성함이 구원이라서 구원 받으러 스스로 나온 것이라는 말에 같이 웃던 게 기억나요. 그처럼 초청 잔치 때마다 새롭게 보내 주시는 분들이 있어요. 매년 기대되는 이유입니다."
산본교구 임귀용 전도사

이웃사랑초청잔치를 준비하는 각 교구들

었다. 산본교구의 연합 구역예배는 4월 7일 금요일에 열렸다. 교회에서 예배를 드린 여느 교구들과 달리, 산본교구는 천혜의 자연 환경인 수리산에서 산상 구역모임을 갖는 것으로 예배를 드렸다. 아름다운 찬양이 온 산을 감싸고 담임목사를 위한 '항아리기도'와 말씀이 이어졌다. 연합 구역예배의 백미인 노방 전도에서 황덕영 담임목사는 교구 목사와 교구 장로, 전도 용사들과 함께 등산로를 중심으로 전도하면서 준비된 영혼들을 만날 수 있었다. 이날을 계기로 산본교구 내에 교회와 담임목사를 위해 더욱 기도해야겠다는 영적 책임감이 커졌고, 교회의 비전에 관한 사명감도 크게 고취되었다.

2018년 1,700여 명 넘는 새 가족이 등록

각 교구에서 품고 기도한 태신자의 수가 8,935명, 등록한 새 가족은 720명이다. 3월 18일 '태신자 작정 주일'을 포함해서 드림공동체, 비전공동체, 외국인선교회, 장년교구에 이르는 전 성도들이 이웃사랑초청잔치를

이웃사랑나눔잔치에 초청되어 간증하고 있는 개그우먼 조혜련 집사(좌), 평촌 학원가에서 찬양하며 전도하는 성도들(우)

위해 작성한 태신자는 거의 9천 명이나 되었다. 영생을 주시는 하나님의 사랑을 전하는 일에 모든 성도의 마음이 어느 해보다 뜨거웠던 결과다. 전도하기 힘든 시대라고 입을 모으지만 새중앙교회는 예외였다. 황덕영 담임목사는 이날 대예배를 통해 '주님 앞에 눈먼 인도자라는 책망을 받지 않게 해달라'고 기도하며 말씀을 선포했다.

드림공동체는 4월 15일 주일을 '프렌즈데이'로 정하고 믿음 없는 어린이들을 초청하였고, 비전공동체는 4월 22일과 29일 두 차례, 장년 교구는 4월 22일, 25일, 29일 세 차례에 걸쳐 행사를 진행하였다. 개그맨 오지헌 집사는 22일 주일 5부 비전예배에서, 개그우먼 조혜련 집사는 25일 수요예배에서 간증하였다. 주일예배에서는 1부 성가대원으로 구성된 샬롬여성중창단과 샬롬남성중창단, 정광지 권사와 곽은주 교수, 비전콰이어가 각각 예배 때마다 새 가족의 구원을 감사하며 찬양했다. '가서 제자 삼으라'는 표어대로 성도들은 말씀에 순종하여 믿음이 없는 가족과 이웃이 복음을 듣도록 기도하며 교회로 초청하였다

2019년 1만 태신자와 전도 특공대의 활약

영혼을 구원하는 일에는 '때'가 따로 없다. 언제나 바로 '지금'이 추수의 때이다. 4월에 있을 이웃사랑초청잔치를 준비하며 황덕영 담임목사

는 교역자 회의를 통해 요한복음 4장 35절 말씀을 강조하였다. 제자들은 아직도 넉 달이 지나야 추수할 때라고 알고 있었지만 예수님은 지금이 바로 추수의 때라고 말씀하신다. 그 뜻이 바로 전달된 것인지, 3월 17일과 24일 두 차례에 걸쳐 드림공동체, 비전공동체, 장년교구와 외국인선교회가 대대적으로 태신자를 작정했다. 이때 태신자 작정에 참여한 성도가 모두 4천 명, 이들이 품은 영혼은 1만 명이 훨씬 넘었다. 교회 설립 이후 매년 이어진 이웃사랑초청잔치와 새생명축제를 통틀어 가장 많은 태신자를 품은, 뜻 깊은 숫자였다.

초청 게스트들도 다채로웠다. 4월 21일에는 1부 샬롬남성중창단, 2~4부 블레싱워십, 5부 비전콰이어의 찬양이 울려 퍼졌고, 1~5부 전체 예배에 비전공동체 드라마팀의 특별 공연 '퍼펙트 러브Perfect Love'를 통해 복음의 메시지가 전파되었다. 4월 24일 수요예배에는 전 KBS 개그맨이자 독서 및 소통 전도사로 잘 알려진 최형만 전도사가 초대되었다. 4월 28일에는 1부 샬롬여성중창단, 2~4부 소프라노 최윤희의 찬양이 올려졌으며, 5부 비전예배에는 김정화, 유은성 부부가 초대되었다. 한편, 비전공동체에서도 1청년은 '여호와나 항공', 2청년은 '예수 인 어스 커피', 3청년은 '고고 페스티벌', 신혼부부교구는 '투썸 플레이스'라는 톡톡 튀는 제목으로 새 가족을 향해 복음의 손짓을 보냈다. 드림공동체도 '드리밍 축제'를 통해 어린 영혼들을 위한 드라마 공연으로 복음의 메시지를 전했고, 7개의 외국인선교회도 찬양 및 간증 집회로 하나님의 사랑을 흘려보냈다.

이 즈음, 교회 인근의 입주를 시작한 아파트 단지에서 유난히 눈길을 끌던 차량이 있었으니, 바로 '붕어빵 전도 봉고차'다. 의왕 백운밸리 2,480세대, 의왕·장안지구 1,078세대, 안양역 수자인아파트 419세대, 평촌 에코힐스테이트 944세대, 안양 더샵아파트 1,459세대 등 신축 아파트 입주자가 7천 세대에 육박하던 시기다. 시설물 사전 점검이나 본격적인 입주 시기에는 어김없이 입주 전도팀과 붕어빵 차량이 동행했다. 입주 지역이 많다 보니 붕어빵 전도 차량을 한 대 더 장만해 전도 구동력을 높이기도 했다. 아파트 전도는 새중앙교회 고유의 역사성 있는 저력

'태신자' 품기 4단계

1 전도 대상자를 정해 태신자 카드 작성하기

2 태신자를 품고 지속적으로 기도하기

3 태신자를 위해 간단한 음식이나 선물을 준비하고 선한 교제로 관계 맺기

4 이웃사랑초청잔치에 특별 손님으로 초대하기

사랑나눔7운동

대면 불가로 인한 지역 경기 및 재정 악화와 정서적 위축 등을 위로하고 극복하고자 한 일종의
사랑 나누기 실천 강령

1 지역 상권 사랑나눔 교구 내 비전캠퍼스 중심의 상점을 집중적으로 이용하면서
　전도 용품과 하나님 사랑을 전하는 운동

2 지역 환경 사랑나눔 산책로, 가로 등 해당 교구의 지역 곳곳을 청소하며 전도하는 운동

3 지역 거리 사랑나눔 교구의 거리나 지하철역에서 붕어빵전도 등으로 전도 행사를 열면
　교구 성도들이 4인 1조로 거리두기 형식으로 참여하는 전도 운동

4 취약 계층 사랑나눔 지역 경비원, 환경미화원, 택배 기사나 경제적으로 어려운 성도를 심방하는 운동

5 공공 기관 사랑나눔 주민센터, 경찰서, 소방서, 코로나19 임시 선별 검사소 등 공공 기관 종사자들을
　대상으로 사랑을 나누고 복음을 전하는 운동

6 미자립교회 사랑나눔 과거 아웃리치로 방문한 바 있는 미자립교회들이나 파송 선교사의 사역을 돕는 운동

7 재능 기부 사랑나눔 상담실 운영, 문화 강좌 개설, 영어 교실 운영 등 교구 성도들이 가진 재능을 무료로
　나누며 전도하는 운동

FIVE운동

새생명축제와 이웃사랑초청잔치를 앞두고 전 교구에서 태신자를 섬기는 운동으로,
간단한 선물을 준비하여 태신자들에게 한 주 단위로 다섯 차례 이상 만나 교제하며 전도하는 방법이다.
대상자가 마음의 문을 열고 교제를 이어가도록 매주 따뜻한 마음과 준비한 선물로 섬긴다.
축제 당일 초청에 응하면 교회 생활을 안정적으로 이어갈 수 있도록 새가족반으로 안내한다.

으로, 입주 시기에 맞추어 전도 특공대, 붕어빵 전도팀, 교구 사역자들과 구역 등 성도들이 힘을 합하여 대대적으로 전도를 펼친 해였다.

2021년 사랑나눔7운동

코로나19로 인해 대면이 어렵던 2020년에도 주눅들지 않고 전도를 향한 행진을 이어갔다. 전 교인 111 살리기 운동을 통해서였다. 이듬해인 2021년에는 6월 호국 보훈의 달에 주목했다. 동시에 6월은 교회 설립 38주년을 맞는 달이기도 했다. 그 의미에 맞추어 순국선열들을 기억하며 나라 사랑을 실천하고, 38년 동안 선교적 교회의 전통을 세워 온 믿음의 선배들을 기억하며 교회 사랑을 실천하고자 했다. 그 구체적인 행동 강령으로 6월 20일 주일부터 7월 3일 토요일까지 이웃사랑나눔잔치의 일환인 '사랑나눔7운동'이 실시되었다.

첫째가 지역 상권 사랑나눔으로, 코로나19로 큰 어려움을 겪고 있는 지역 상권에 그리스도의 사랑을 전했다. 교구 내 비전캠퍼스를 중심으로 상권 지도를 작성한 후, '비카데이Vision Campus Day'를 정해 교구 성도들이 지역 내의 상점을 집중적으로 이용하면서 전도 용품을 전하며 복음을 증거하였다. 둘째는 지역 환경 사랑나눔으로, 해당 교구 곳곳을 청소하며 사랑을 나누었다. 안양교구의 경우 수암천 산책로를 따라 구석구석 청소하면서 산책하러 나온 사람들에게 전도하는 식이었다.

셋째가 지역 거리 사랑나눔으로, 교구가 속한 지역의 거리에서 사랑나눔 행사를 열면 교구에 속한 전 세대가 거리두기를 지키며 4인 1조로 참여하는 방식이다. 교구1팀은 '1만 명 영혼 전도 운동'을 교구 거리에서 실시하였고, 관양교구와 비산교구는 붕어빵 전도팀과 협력하여 전도 행사를 열었으며, 비전공동체는 범계역과 평촌역 주변에서 사랑나눔을 진행했다. 넷째가 취약 계층 사랑나눔으로, 지역 사회에서 늘 섬기는 자리에 있는 경비원, 환경미화원, 택배 기사 등에게 사랑을 전했다. 특히 경제적으로 어려운 처지에 있는 교구 또는 외국인선교회 성도들을 우선적으로 심방하여 말씀으로 위로하였다. 안양시, 의왕시, 군포시 등 관공서와 협력하여 각 지자체의 요양 시설 및 취약 계층을 지원하기도 했다. 다섯째는 공공 기관 사랑나눔으로, 주민센터, 경찰서, 소방서, 코로나19 임시 선별 검사소 등 공공 기관 종사자들을 대상으로 사랑을 나누고 복음을 전했다. 여섯째가 미자립교회 사랑나눔으로, 과거 아웃리치로 방문한 바 있는 미자립교회들을 도왔다. 화평교구, 인덕원대우교구, 포일교구의 경우 이경화 파송 선교사의 사역지인 에스와티니의 교회 건축을 돕기도 했다. 마지막인 일곱째가 재능 기부 사랑나눔으로, 교구에 속한 성도들이 재능을 나누는 행사다. 교구1팀은 새중앙상담센터와 연합하여 상담실을 열고 9개 이상의 문화 강좌를 개설해, 코로나19로 지친 지역 주민들을 위로하고 배움의 기쁨을 선사하였다.

2022년 다시 시작

드디어 코로나 엔데믹을 맞이하여 태신자를 품고 기도하며 전도하는 원래의 과정을 회복하여 복음 전파에 박차를 가했다. 행사 일주일여를 앞둔 5월 29일 주일 기준으로, 3,877명의 성도들이 한 영혼 한 영혼을 놓고 기도로 준비한 결과 9,375명의 태신자들을 품었다.

'다시 시작, 예수님의 사랑을 나누다'라는 주제를 가지고 6월 12일 주일부터 6월 25일 토요일까지 2주간의 복음 잔치가 다시 열린 것이다. 태신자를 품는 것에만 그치지 않고, 지난해에 이어 더해진 사랑나눔7운동이 여전히 돋보인 해이기도 하다.

지역 상권 사랑나눔의 일환으로, 교회 올 때 택시 타기, 지역 카페에서 구역모임 갖기, 사업장 쿠폰 발행 및 태신자 사업장 방문, 전도 물품 지원 등을 실천했다. 지역 환경 사랑나눔으로는 생분해성 봉투 사용, 생태 공원 및 등산로 쓰레기 줍기 등을 실천했으며, 지역 거리 사랑나눔은 교구별 및 교구 연합 노방 전도, 유스비카Youth Vision Campus와 연계한 전도 및 간식 지원, 등산로와 산책로를 함께 걸으며 청소하기, 학교 앞 아이스크림 전도 등을 통해 복음을 전했다. 취약 계층 사랑나눔으로는 교구 및 지역 어르신들 손 잡아 드리기, 독거 어르신 및 지역 노인정 식사와 반찬 섬김, 탈북민 가정 섬김, 불신 남편 섬김, 장애인 돕기, 환우 돕기 등을 실천했으며, 공공 기관 사랑나눔으로는 응원의 엽서 및 선물 전달, 복지관의 복지사들을 위로하고 섬기기 등 다양한 모습으로 사랑을 나누었다. 미자립교회를 위해서는 주일예배 지원, 목사님 가정 섬김과 헌금 및 중보기도, 무료 급식 봉사 섬김 및 전도 지원을 해 오고 있다. 재능 기부를 통해서는 말벗해 드리기, 성경 읽어 드리기, 1인 가정 및 취약 계층을 위한 LED 전구 교체, 캘리그래피 전도, 영어 교실 등으로 이웃사랑을 나누었다. 이웃사랑 나눔의 실천은 코로나19로 인해 교제와 연합에 메말라 있던 성도들의 마음을 촉촉하게 적시며 하나로 엮어 주었다.

2023년 '기대, 봄'으로 채워진 교회 앞마당

3년간 막혀 있던 복음의 물결이 차오르는 축제이자 연합의 장이었다. 이웃사랑나눔잔치 행사를 하루 앞둔 5월 13일 토요일의 교회 앞마당은 '기

교회 앞마당에서 '기대, 봄' 축제를 열고 있다.

대, 봄'을 주제로 오랜만에 잔치 마당으로 변했다. 에어바운스와 게임존에서 아이들이 뛰어노는 소리가 오케스트라의 합주만큼이나 아름답게 들렸다. 잔치집의 백미는 단연 먹거리로, '민이네 핫도그', '기백 쌀국수', '태용오빠 부침개', '곤다방', 등 각 교구 목사의 이름을 패러디하여 만든 일명 '먹방 코너들'이 줄을 지었다. 특별히 마련된 '복음존'에서 축제에 초청된 새 가족들이 반드시 복음을 들어야 축제에 참가할 수 있도록 유도한 구성이 참신했다. 2주 동안 참가자 모두 따뜻한 섬김에 웃다가도 은혜의 간증 앞에서는 또 눈물짓기도 했다. 무엇보다 담임목사가 전하는 복음에 많은 새 가족들이 예수님을 영접한 시간이었다.

푸드존에서 봉사하는 산본교구(위), 복음존에서 복음을 듣는 다음세대(아래)

'사랑나눔7운동'의 따뜻해도 너무 따뜻한 뒤풀이를 찾아서

셔츠형 코트 400벌에 사랑을 싣고

2022년 교회 내 로뎀나무카페 앞, 시원한 바람이 살랑거리며 드나들듯
여기저기에서 여러 걸음들이 분주하게 오갔다. 주일예배를 마치고
나오는 성도들의 눈과 발을 사로잡은 주인공은 다름 아닌 바자회.
미자립교회와 어려운 이웃을 돕기 위해 안양, 덕천, 동편마을 교구가 연합하였다.
판매 중인 물품은 셔츠형 코트 400벌! 협찬 물품의 바자회를 통한 수익금은
인천 행복한교회에 물티슈와 전도지로, 교구 내 갑자기 어려움에 처한 가정과
복지 사각지대에 놓인 이웃들에게 위로의 선물 상자로, 만안종합사회복지관에
수박으로 각각 지원되었다.

뻥튀기 소리와 찬양의 콜라보레이션

"평소 조용하던 우리 교회 앞 사거리가 장터가 된 것 같았어요. '펑! 펑!' 어릴 적 듣던 뻥튀기 소리와
찬양이 그렇게 아름답게 어우러질 줄은 몰랐네요. 연신 구워도 공급이 달리는 붕어빵 전사들의 땀도
모두가 아름다웠습니다. 그날 흘린 땀과 눈물의 복음은 민들레 홀씨 되어 기쁨의 단을 가지고
돌아오리라 믿습니다. 새중앙교회 여러분, 사랑합니다."
서울교구의 이용수 교구장은 주님이 주신 감동에 따라 2022년 교구 아웃리치로 안양우리교회를
지원하기로 하고 서울교구, 과천교구, 내손교구의 헌신을 모았다. 안양우리교회는 병목안에 위치한
작은 교회로, 코로나19 직전인 개척 시기만 해도 성도가 제법 있었다. 그러나 코로나19 이후에는 교역자를
제외하면 서너 명의 성도만이 예배를 드리는 실정이었다. 교구 성도들 80여 명과 함께 노방 전도를 계획하고,
새중앙전도학교에서 배운 노하우 그대로 전도용 책자를 만들어 안양우리교회 교역자들을 교육하는 일부터
진행했다. 안양우리교회 스티커를 전도 책자 <영생 얻는 길>에 붙인 후 전도 용품을 가지고 축호 전도와
노방 전도를 병행했다. "교회가 어디 있어요?" 전도하는 중 가장 많이 받은 질문에, 위치상 교회를
찾기 어려울 뿐만 아니라 간판이 없음을 인지하고, 교회 지원금과 교구 후원금을 모아 안양우리교회에
간판을 설치하고 입구에 배너도 세웠다. 이후에도 교구 안수집사회는 안양우리교회에
노방 전도와 붕어빵전도 등 체계적인 전도 방법이 정착되도록 계속 지원했다.
미자립교회를 돕는 손길은 다른 교구에서도 이어졌다. 화평, 인덕원대우 교구는 박달동 지하에 있는
예명교회를 위해 온라인예배용 방송 장비를 마련해 섬겼고, 호계, 고천 교구는 성도들이 직접 만든 전도용 손뜨
개 수세미를 비롯한 다양한 물품과 후원금으로 꾸린 가방 10개를 만들어 10곳의 미자립교회에
전달하였다. 그 외에도 각 교구에서는 안산 행복한교회, 광교 하나님이보시기에좋은교회, 다산 신도시의
주봉교회, 신길동의 하나로교회, 두나미스교회 등 총 24곳의 미자립교회를 성도들의 헌금과 사랑으로 섬겼다.

'큰손' 권사님들의 190단 열무김치와 180리터 오이김치

취약 계층과 태신자들에게 예수님의 사랑을 전할 때 김치는 언제나 '옳다'. 새중앙교회는 유달리 맛있고 다양한 김치를 만들어 나누기로 유명하다. 그중에서도 '이웃사랑나눔잔치' 때 갈미, 군포, 안산교구와 군포, 송정 교구가 연합하여 담근 190단의 열무김치 250봉지가 유난히 기억에 남는다.

상품권 약 150만 원과 김치가 함께 전달되었는데, 교회의 섬김과 헌신에 코로나19로 그동안 예배에 나오지 않던 네 가정이 다시 현장예배에 출석했다는 소식도 들렸다.

지역 내에서 소외되고 도움이 필요한 60가정을 선정해서 오이김치를 만들어 보낸 적도 있다. 작은 통에 한 번 맛볼 정도의 양이 아니다. 그야말로 '큰손 권사님들'의 푸짐한 섬김 덕분에, 한 가정마다 3리터의 김치통이 가득가득 채워졌다. 모두 다 합하면 180리터의 오이김치가 버무려진 것이다. 코로나19로 인해 5인 이상 모일 수 없는 상황에 지혜롭게 대응해, 임귀용 전도사는 성도들을 릴레이 형식으로 불러서 김치를 담갔다.

"열무김치 140단을 담그는 것은 보통 일이 아니더라고요. 정말 힘들었어요. 새벽 5시 반부터 비전센터 3층에 모여 만들기 시작했는데, 코로나19 때문에 많은 인원이 한꺼번에 들어가지 못하니까 소규모로만 작업해야 하는 거예요. 인원을 조절하면서 두 시간씩 교대로 하니 시간이 오래 걸렸지만, 그래도 그 많은 것들을 다 해낼 수 있었어요."

갈미, 군포, 안산교구 김순녀 교구장의 목소리에는 오직 하나, 예배를 멈춘 이들을 다시 성전으로 인도하시고 예배자로 세우실 하나님의 은혜를 기대하는 설렘으로 가득했다.

섬기는 이들에게 섬김을 선물하다

공공 기관 사랑나눔을 실천한 것은 지역을 대표하는 관공서인 안양시청과 의왕시청, 군포시청을 통해서 처음 이루어졌다. 코로나19로 더욱 외로웠을 소외된 이웃들에게 필요한 물품 구입 후원금을 전달하고, 코로나19로 과중된 업무와 위험에 노출된 보건소, 소방서, 경찰서 등의 관계자들에게도 감사의 마음과 위로를 전했다.

석수, 박달, 안양1교구는 취약 계층을 위해 다누리사회적협동조합에 수박 및 다과와 함께 후원금을 전달했다. 새중앙장애어린이집의 첫 졸업생 어머니를 비롯한 4명의 어머니들이 힘을 합해 2014년에 세운 법인으로, 지역의 20~40세 성인 발달 장애인들이 재활 프로그램을 통해 지역 사회 안에서 일상적으로 살아가도록 돕는다. 안양2교구는 코로나19 선별 진료소를 방문하여 피로가 누적되었을 관계자들에게 감사와 함께 위로금을 전했다. 초원, 향촌교구에서는 단지 내의 경비원, 청소 도우미, 환경미화원에게 복음 메시지와 함께 양말이 담긴 간식 꾸러미 280개를 관리 사무실에 전달하였다. 또한 지역 공원에 파라솔을 펼쳐 자리를 마련해 놓고는, 차갑게 얼린 생수, 빵, 초콜릿 등이 담긴 간식 봉지 50여 개를 준비해 단지 내에서 배송 중인 택배 기사들에게 사랑을 나누었다. 화평교구는 열악한 환경의 주민들과 청소원들에게 전할 떡, 마스크, 소독제 등을 준비하여 주민센터를 방문해 관계자들을 감동시켰다. 호계교구 역시 4인 1조로 안양행복지역아동센터에 두 차례에 걸쳐 간식을 전달했다.

"장애아동들에게 먹고 싶은 것을 마음껏 사 주기에는 예산이 부족했는데 새중앙교회에서 아이들이 먹고 싶어 하던 치킨과 피자를 후원해 주셔서 아이들이 얼마나 좋아하고 기뻐했는지 몰라요."

샘마을, 수원교구 역시 각 아파트 단지의 노인정과 경비실을 과일과 간식 등으로 섬겼으며, 행정복지센터와 경찰서 지구대를 찾아가 사랑나눔을 실천했다.

가난한 자, 소외된 자와 함께하는 잔치

영등포역 노숙인 사역의 경험이 있는 이영식 안수집사는 2017년 겨울을 잊을 수 없다.
추운 겨울날 술에 취해 콘크리트 바닥에서 잠든 사람들을 보고 교회와 상의하여
침낭 100개를 지원받아 영등포구청과 협력하여 기증하였다.
그날 새벽, 하나님께서 주신 마음 그대로 향한 수원역에서 50여 명의
노숙인들을 만나 사역의 부르심에 순종했다.
사역 초기에는 매주 던킨도너츠 공장에서 2~3천 개의 빵을 기증받아 노숙인들,
개척교회, 소년원 등에 후원하고, 매주 목요일 밤에는 긍휼사역팀과 함께
수원역 노숙인들을 찾아가 도왔다. 코로나19 기간에는 빵을 지원받지 못해
컵라면과 음료를 준비했고, 새중앙교회의 NGO '돕는사람들'을 통해
후원금과 물품을 기증받아 노숙인들의 의식주를 지원하고 있다.
사랑나눔7운동을 통해 군 청소년 쉼터에서 만난 청소년 8명과의 인연 또한 특별하다.
매달 하루를 '자장면 데이'로 정해 긍휼사역팀 홍창수 집사가 운영하는 식당에서
아이들의 식사를 섬기고 전도해 오고 있다.
앞으로 아이들이 사회에 잘 정착할 때까지 지원을 결단한 모습이 감동적이다.
"이웃사랑나눔잔치가 거의 끝날 무렵, 선한 사마리아인의 마음으로 정말로 어렵고
힘든 곳을 찾아 돌아봤으면 좋겠다 생각했어요. 그 취지로 복지 시설을 알아봤어요."
박현옥 전도사가 펼쳐 놓은 긍휼사역도 아름답다. 성경은 '잔치는 가난한 자들과
소외된 자들과 함께해야 한다'고 말씀하신다. 누가복음 14장 13절 말씀 따라
갈미, 군포교구는 미혼모 보호 시설인 '새싹들의집'을 찾아 재정적으로 지원하였고,
군포와 호계동 인근의 청소년 쉼터에 라면과 간식과 후원금 등을 전달하였다.
코로나19 4단계 재확산 시기에 섬길 방법은 재정이나 물질 지원밖에 없었다.
재정 지원에 그친 당시의 사역의 의미는 씨앗을 심는 것이었다.
이후에 새 일을 행하시는 주님을 기대하는 것이었다.
교구 상권 내 성도가 운영하는 치킨 가게에서 치킨 30마리 분량의 상품권을 구입하여
취약 계층 성도와 어려운 이웃에게 전달한 교구도 있다. 무기한 이용 가능한 무료
치킨 상품권을 전달하면서 우리를 위해 대가 없이 돌아가신 예수님의 사랑의 의미를
전했다. 또 어느 교구에서는 열무김치, 메추리알꽈리고추장조림 등 밑반찬을 만들어
교구 내 노인 가정, 장애인 가정, 외국인 가정, 다자녀 가정, 중증 환우 가정 등
88개 가정을 위로하고 섬겼다. 경제적으로 어려운 가정과 독거 노인에게 삼계탕을
보내며 기도해 준 교구도 있었다.

나를 초대하는 주님의 음성
새 가족 특별한 초대

새중앙교회 하면 바로 떠올려지는 수식어가 많다. 늘 열려 있는 교회, 사랑이 많은 교회, 전도하는 교회, 섬기는 교회, 제자 삼는 교회, 선교적 교회 등등이다. 수많은 표현들 중에서도 전교와 선도를 단연 으뜸으로 삼는 것은 예수님의 지상명령에 철저히 순종하겠다는 자세다. 이웃사랑초청잔치와 새생명축제는 그에 대한 구체적인 실천이다. 일 년에 두 번 열리는 이 행사들을 치르고 나면 교회에 새롭게 등록한 신자들을 위해 각 교구가 '새 가족 특별한 초대' 행사를 열어 환영한다. 새 신자들이 소속감을 가지고 교회 안으로, 또 교구 안으로 들어와 믿음의 뿌리를 잘 내리도록 모든 과정을 공동체가 함께 이루어가는 것이다.

2017년 특별한 자녀로 환영받는 날

비전센터 5층 비전홀이 잔칫집 분위기로 열기가 대단했다. 연주, 댄스, 노래, 영상 등 모든 프로그램들이 특별했다. 하나님의 자녀가 되겠다고 다짐하고 영접한 이들을 섬기는 시간다웠다. 교구 식구들이 만든 화관을 새 신자들에게 씌우며 하나님의 아주 특별한 자녀가 된 것을 축하했다. 모든 교구를 아우르는 큰 행사인 만큼 오후 3시, 5시, 7시의 각 시간대마다 성도들의 발걸음이 끊임없이 이어졌다.

앞서 4월에 진행된 이웃사랑초청잔치를 통해 등록한 새 신자들을 각 교구별로 초대해 그들을 격려하고 서로 알아가기 위해 마련한 자리다. 새 신자들에게는 교회가 낯설고 어색해 불편할 수도 있다. 그래서 교구 식구들의 관심과 배려가 더더욱 필요하다. 새 신자의 입장에서는 낯선 사람이 웃으며 인사만 건네도 반가울 것이기 때문이다.

새 가족 환영회에서 초청자들을 섬기는 황덕영 담임목사와 사역자들

"천국은 멀리 있는 것이 아닙니다. 주님을 영접하고 믿음으로 살아가기를 작정하는 그 순간부터 천국은 우리의 소유가 되는 것입니다."

새 신자들을 향해, 이 땅에 사는 동안 천국을 누리며 살아가기를 원한다는 황덕영 담임목사의 권면을, 사람의 말이 아닌 천국으로 초대하시는 하나님의 음성으로 듣는 날이다.

2018년 산본교구의 새 가족 환영회

새생명축제를 통해 산본교구에는 40여 명의 새 신자가 등록했다. 그중 몇몇 성도는 이미 '새가족반'에서 훈련을 받고 있다는 반가운 소식이 들렸다. '새 가족 특별한 초대' 환영 행사에는 20명 정도의 새 신자가 참여했는데, 시간이 흐르고 분위기가 무르익자 오래 전부터 알고 지내 온 이웃처럼 마음을 열고 이야기를 나누게 되었다.

새 가족으로 등록한 민경아 집사는 다른 교회에서 신앙생활을 하다가

새 가족 환영회에서 즐거운 시간을 보내고 있는 새 가족들

새롭게 등록한 경우다. 주일예배와 말씀을 통해 많은 변화가 생겼고, 특히 남편이 예배의 자리를 사모하게 되어 가정에 변화의 물결이 일기 시작했다고 간증을 나누었다. 자연스럽게 자녀들도 예배를 잘 드리며 날마다 큐티를 통해 가정예배까지 드리고 있으니, 매 예배의 순간마다 은혜와 감격이 넘칠 수밖에 없다는 소식을 전하며 참석자들에게 감동을 선사했다.

잔치의 모든 준비는 박재관 교구 목사와 임귀용 전도사를 비롯해 몇몇 여자 성도들의 손끝에서 시작되고 완성되었다. 음식을 장만하기 위해 전날부터 장을 보고 손질하고 밤늦게까지 요리로 헌신하고, 당일에는 이른 아침부터 서둘렀다. 박 목사는 앞치마까지 두르고 마치 고급 레스토랑의 셰프처럼 좁은 주방을 종횡무진하며 요리를 장만했다는 후문이다. 산본교구 소속의 청년 셰프가 새 가족 환영회를 위해 가장 바쁜 토요일에 휴가를 내서 행사를 도왔다는 감동적인 소식도 들렸다. 새 가족 모두가 하나님의 뜻에 합한 자가 되고, 또한 그들을 통해 가정과 지역이 변화되리라는 믿음과 기대를 갖고 기쁘고 감사한 마음으로 교구 식구들이 헌신한 것이다.

2019년 교구 1·2·3팀의 새 가족 환영회

평범한 선교관 303호가 몰라보게 달라졌다. 귀한 은사를 가진 어느 성도의 몇 시간에 걸친 수고의 손길 덕분에 사랑스럽고 아름다운 장소로 변모했다. 남대문시장에서 날아온 생화는 작고 예쁜 꽃병에 꽂혀 새 가족들이 앉게 될 자리에서 온몸으로 환영하고 있었다. 새 가족들을 만나기 3시간 전부터는 권사와 집사들의 손길이 더욱 분주해졌다. 식사를 준비하기 위해서다. 제과점을 운영하는 한 성도의 일사불란한 지도하에 만들어진 샌드위치와 샐러드가 예쁜 그릇에 보기 좋게 담겨 테이블에 놓였다. 이렇게 새 가족들의 식사를 준비하고 남은 빵과 채소 부스러기는 섬김이들의 식사가 된다. 남은 음식이지만 이 또한 훌륭한 식사라며 즐거워하는 교구 식구들의 얼굴에는 미소와 웃음소리가 끊이지 않았다. 오히려 새 가족을 섬기는 일을 감사하고 기뻐했다. 화평, 인덕원대우교구가 11월 16일에 마련한 새 가족 특별한 만남의 장면들이다. 1년에 두 번 이웃사랑초청잔치와 새생명축제를 하고 나서 2019년에도 어김없이 새 가족을 위한 특별한 초대의 시간이 마련된 것이다.

포일교구도 11월 17일 주일 오후 5시에 환영회를 진행하였다. 많은 비가 쏟아지는 가운데에도 새 가족 특별한 초대에 새 신자와 인도자들이 시간에 맞추어 속속 도착하여 은혜와 감사의 자리를 빛냈다. 아름답게 꾸며진 포토 존에서 기념사진을 촬영하면서 서로를 축복하는 모습은 아름다움 그 자체였다.

교구1팀 연합에서는 이효준 목사가 '줄임말 퀴즈'를 내며 새 가족들의 어색함과 긴장을 풀었다. 이어서 교구 UCC 영상, 담당 장로와 교역자 소개가 이어진 후 함께 특별 찬양을 드렸다. 서울교구 곽미경 성도의 간증, 이근중 목사의 설교가 뒤를 이었고, 참석한 새 가족들에게 포인세티아

새 가족으로 초청받은 성도들

화분이 선물로 증정되었다. 호계교구에서는 11월 17일 저녁, 호계 신바람 비전캠퍼스에서 새 가족 초대 행사가 열렸다. 3년 동안 이루어진 사역들이 영상으로 소개되고, 새 가족들이 교회에 출석하게 된 계기와 숨은 이야기들을 나누며 신앙 안에서 교제한다는 것의 의미를 새겼다.

안양, 덕천마을, 동편마을교구에서는 10월 31일과 11월 1일 오전반과 저녁반으로 나누어 교구 연합예배를 진행하는 자리에 새 가족들을 초대해 교구로 자연스럽게 연결되도록 했다. 11월 16일 '새 신자 초청의 밤'이라는 이름으로 환영회를 진행한 산본교구에서는 저녁 식사를 함께 나누며 교제의 시간을 가졌다. 갈미교구는 11월 8일 '수예몽'에서 새 가족 환영예배를 드렸다. 김순녀 집사의 사회로 리더들과 함께 모여 예배를 드린 후 2부 순서에서 다채로운 행사가 진행되었다. 환영회, 새 가족들 소감 듣기, 선물 증정, 이어진 3부에서는 식사를 통해 교제하는 시간을 가졌다.

귀인3교구는 11월 19일 새 가족을 초청하여 교구가 함께 예배를 드렸다. 점심 식사를 하면서 구역장들이 각자의 구역과 구역원을 직접 소개하며 교제하는 시간을 마련하고, 임원들이 준비한 예쁜 화분을 선물하며 새 가족을 환영하였다. 꿈마을교구는 11월 24일 주일에 아트로뎀 갤

새 가족 환영회에서 찬양하는 교역자들(좌), 새 가족들에게 인사하는 담당 장로와 교구 리더들(우)

러리 2관으로 새 가족을 초대하여 특별한 환영 행사를 가졌다.

새 가족의 인도자, 교구장과 구역장

교구장과 구역장은 교구 안에서 가장 큰 리더들이다. 특히 새 가족들에게 그들은 눈이자 손이자 발이 되는 존재들이다. 새 가족들과 끊임없이 소통하고 교제하면서 교구 식구로, 또 구역 식구로 정착하도록 뒤에서 밀고 앞에서 끄는 역할을 한다. 그들의 수고와 노고를 잘 알고 있기에 매해 연말이나 새학기가 시작될 무렵이면 섬김이 일상이 되어 있는 그들에게 섬김 받는 기쁨을 선사한다. '교구장, 구역장 위로회', '구역장 워크숍', '교구장, 구역장 감사의 밤' 등이 그런 장이다. 교구와 구역을 위해 헌신하는 교구장과 구역장들을 위로하는 동시에 새 학기를 맞이하며 각오를 다지기 위한 자리다.

2017년 11월 12일 주일 저녁 5시, 대예배당에 전 지역의 교구장과 구역장들이 모여 있던 자리, 대예배당의 대형 화면에 등장한 교구 목사들과 전도사들이 준비한 3분 영상을 보며 웃음꽃이 만발했다. 교구 목사가 슈퍼맨 복장으로 등장하기도 하고, 전도사들과 함께 가슴 속에서 빼든 손가락 하트를 '치명적인' 표정으로 날리기도 했다. 짧은 영상이었지만 마음이 활짝 열리고 웃음으로 얼굴이 만개했다. 구역예배가 은혜 충만하기를 바라며 설교 말씀을 한 자도 놓치지 않고 빼곡히 받아 적던 열정, 때로는 혼자 구역예배를 지키며 외로웠던 시간, 어려운 구역원의 형편을 보살피며 부모의 심정으로 안쓰러워하던 시간들, 자신의 간구는 뒷전이고 구역원들의 소망이 이루어지기를 바라던 기도, 한 해 동안 구역원을 섬기며 힘겨웠던 일들이 주마등처럼 지나가면서 '그러고 보니 모두 은혜였노라', 어느새 가슴으로 고백하고 있었다.

담임목사의 지휘로 교역자 전체가 '우리는 하나되어'를 특송으로 부른 것도 구역장들에게 큰 감동이었다. 저녁 식사 시간에는 담임목사를 비롯한 각 교구 목사와 전도사들이 앞치마를 두르고 구역장들을 직접 대접했다. 밥 한 그릇, 국 한 그릇에 가득 담긴 사랑에 위로를 느꼈다. 행운권 추첨 행사에서는 각 기관에서 후원한 각종 선물들이 주어졌다. 아름다운예의원에서 후원한 보톡스 사용권은 주름 하나 없는 젊고 예쁜 구역장에게 돌아가 웃음을 주기도 했고, 스케일링 쿠폰, 커피 쿠폰, 케이크 교환권 등 다양한 행운권들이 주인을 찾아갔다. 돌아가는 길에는 교역자들이 정성스레 포장한 쿠키 상자가 손에 들렸다. 교구장과 구역장의 자리가 감동과 감사와 은혜의 자리임을 새삼 깨닫고 더욱 열정적으로 섬기겠다는 각오를 다진 시간이었다.

교역자들의 섬김으로 이루어진 구역장 워크숍

2018년 3월 1일에는 대부도 수양관에서 구역장 워크숍이 열렸다. 720여 명의 남녀 구역장들 중 5백여 명 구역장들이 참여해 대형 버스 12대가 움직였다. '구역장님들, 환영해요!', 담임목사와 교구 목사들이 미리 도착해 사랑의 피켓을 들고 구역장들을 반갑게 맞이하면서 워크숍이 시작되었다. 전체 교역자들이 '나는 가리라 주의 길을 가리라' 찬양으로 고백하자 구역장들도 하나둘 주의 길을 따르겠다고 고백했다.

점심 식사 때는 교역자들의 섬김으로 신선한 상추에 돼지고기와 오리고기 바비큐가 푸짐하게 차려졌다. 한 상 차림을 앞에 놓고 한 해 동안 구역장으로서의 무거웠던 짐과 즐거웠던 기억들을 풀어 놓으며 서로를 위로하자 분위기가 훈훈하게 무르익었다.

무엇보다 열렬한 환호를 받은 프로그램이 있으니 이름하여 '추억의 새 중앙 라디오 스타!'. 50년대 컬러풀한 복고풍 복장에 장발을 한 손석호, 박재관 목사가 사회자로 등장하는 순간, 곳곳에서 웃음이 빵빵 터지고 우레와 같은 박수가 대강당을 가득 채웠다. 교역자들의 코믹 입담 공연 '삼일절', 교구 전도사들의 콩트 '구역원들이 아주 조~금 미웠던 순간', 교역자 및 장로의 엉덩이춤이 빛난 댄스 경연 대회 등등 행복한 장면들이 연이어 연출되었다. 오늘은 무슨 일이 있어도 마음껏 웃어 보리라는 분위기로 함께한 이들 모두 웃고 또 웃었다.

1등 1백만 원, 2등 60만 원, 3등 30만 원의 아웃리치 지원금이 걸린 '박 터트리기' 게임은 단연 워크숍의 꽃이었다. 서로 다른 세 교구가 연합한 세 개의 팀이 경기를 치르면서, 행운의 박을 터트리기 위해 세 교구가 하나로 힘을 모으는 흐뭇한 풍경이 펼쳐지기도 했다.

워크숍을 통해 새 학기를 준비하는 힘을 넉넉하게 얻은 후에 한 해 동안 구역장의 사명을 자랑스럽고도 감사한 마음으로 감당했을 것이다. 그해 연말인 11월 25일 주일 저녁 6시에는 대예배당에서 한 해 동안의 노고에 대한 '구역장과 교구장 감사의 밤' 행사로 이어졌다.

주일예배는 사역자가 인도한다면, 평일 일상의 예배는 구역장이 인도한다. 그런 의미에서 구역장은 평신도 사역자로 불리기에 충분하다. 교회와 구역 식구들을 잇는 매개의 자리에서 선순환을 만들어가는 사명자들을 위해 담임목사를 비롯한 교구 목사들과 전도사들이 저녁 식사를 섬겼다. 자신을 낮추고 서로를 높이는 귀한 모습에서 교회의 더 아름다운 미래를 기대할 수 있었으며, 섬김의 예수를 닮아가는 모습을 확인할 수 있었다.

봄날에 씨 뿌리는 농부의 마음으로
전도학교, 발사랑선교회,
교구 전도대, 붕어빵전도대,
이미용선교회, 빵사랑선교회,
밥퍼사역

40년 동안 전도하는 교회가 되고자 달려온 새중앙교회에는 전도에 대한 많은 노하우가 있다. 전도학교는 평신도가 중심이 되어 아래로부터의 전도 사역을 이루어 가기 위해 한 해도 빠지지 않고 성도들에게 전도 교육을 해 왔다. 전도 콘텐츠의 종류는 상상을 초월한다. 아파트 전도는 물론 물통, 부침개, 붕어빵, 팝콘, 파마, 도배 등 실로 다채롭고 적극적인 방법으로 복음을 전해 왔다. 그중에서 이미용선교회, 붕어빵전도대, 밥퍼사역, 발사랑선교회, 빵사랑선교회 등은 특화된 선교를 표방하는 단체들이다. 40년 동안 이어져 온 그들의 활약상은 한 편의 드라마보다 더 극적이다.

하나님의 군대, 전도학교

1991년 당시의 박중식 담임목사^{현 원로목사}가 몇몇 집사들에게 건넨 말에 성도들의 순종이 이어졌다.

"매주일 전도해 보면 어떻겠습니까?"

매주일 점심 식사 후 기도로 준비하고 교회 주변 지역을 돌며 전도하던 것으로 '주일전도대'가 시작된 것이다. 주일전도대를 전신으로 한 전

도학교는 1998년에 제1기가 출범해 현재까지 이르렀다.

지난 25년 동안 매년 두 기수씩 현재까지 약 2천8백여 명의 수료생을 배출했다. '비전 백천만'을 향해 최전방에서 행동하는, 그야말로 '하나님의 군대'라는 이름이 딱 어울리는 곳, 바로 전도학교다. 한 기수에 직간접적으로 움직이는 스태프가 80~90여 명이고 임원이 18명이다. 위원장, 부장, 총무, 서기 등 집행부와 훈련팀, 교육팀, 찬양팀, 관리팀, 비전기획팀 등으로 나뉘어 체계적으로 운영되고 있다. 매 10주 과정에서 이루어지는 훈련은 나누어진 팀만큼 다양하다. 전도지 전도, 어린이 전도, 전도책자 <영생 얻는 길 1, 2>를 통한 기본적인 전도 방법, 반대 질문 대처법, 관계 전도, 천주교도와 불교도 전도, 이교도 전도, 병원 전도, 외침 전도 등 어떠한 환경에 처하더라도 복음을 당당하게 전하는 방법을 배우게 된다.

그렇다고 단순히 전도의 방법만 배우는 학교로 끝나는 게 아니다. 전도학교의 초석으로 삼는 것은 하나님과의 관계를 올바로 세우는 것이다. 그러다 보니 그 어떤 전도 훈련보다 중요하게 다루는 것이 스태프들

거리에서 전도하는 전도학교 훈련생들

과 훈련생들의 진심 어린 회개다. 전도학교 10주 과정 중 3주 차 토요일에 참석하게 되는 수련회 행사가 전도학교 프로그램 중 백미인 이유다. '죄 태우기' 예식과 '항아리기도' 등으로 자신의 죄를 진솔하게 고백하고 모두 함께 중보기도를 하는 과정을 통해 거듭남을 경험하기 때문이다. 전도 현장에서의 부끄러웠던 모습과 갈급함을 내려놓고 회개와 영적 부흥으로 채우는 것이다. 내적 부흥을 거쳐 외적 전도에 담대해지는 과정이다.

전도학교의 또 하나의 힘은 기도다. 연중무휴의 월요중보기도회에서 전 스태프들이 훈련생들을 위해 기도한다. 실제로 부딪치며 몸으로 보여줘야 하는 전도 현장에서 두렵고 떨리는 것은 스태프들도 마찬가지다. 붙잡을 것은 오직 기도밖에 없다. 이 모든 과정을 거친 후 훈련생들은 언제, 어떤 환경에 처해 있을지라도 입을 열어 복음을 전하는 전도자로 거듭나게 된다. 이 같은 전도학교의 힘이 입소문을 타면서 타 교회의 성도들도 훈련에 참여할 정도다. 복음 전파에 대한 사명과 성령 충만을 경험한 수료생들은 자신의 경험을 증거 삼아 주변 성도들을 전도 훈련의 자리로 인도하게 된다. 전도학교에서 받은 은혜의 강물이 흘러넘쳐 주변 영혼들까지 적시는 선순환이 이루어지는 것이다.

전도학교 위원장 김정열 안수집사
"언제, 어떤 환경에 처해 있을지라도 입을 열어 복음과 하나님 나라를 전하고,
또 그들을 위해 기도하는 것, 그렇게 저와 스태프들, 훈련생 모두가
하나님의 제자가 되는 것이 바람입니다."

세월의 고단함까지 어루만지는 발사랑선교회

그들의 손길과 섬김은 자녀들보다 더 다정스럽다. 게다가 전문적이기까지 하다. 매월 한 번씩 찾아오는 그들을 애타게 기다리시는 어르신들이 반갑고 고마운 그들에게 제일 먼저 내미는 건 발이다. 살아온 세월만큼이나 고단하고 거친 어르신들의 발이 발사랑선교회를 만나는 날만큼은 공주와 왕자 부럽지 않은 발이 된다.

"엄지발가락이 약한데 소화는 잘 되세요?"
"발을 만져 보니 어깨가 많이 뭉쳤겠는데요."

발사랑선교회가 마사지하는 것은 비단 발뿐만이 아니다. 발이 시원하게 주물러지는 동안 어르신들은 누워 있는 편안한 자세만큼이나 마음도 무장 해제가 된다. 나이가 들면서 자녀들과의 대화가 쉽지 않은 터라 가족 이야기며 살아온 이야기며 아프거나 자랑하고 싶은 속내를 내어 놓곤 한다. 손은 발에 가 있으면서 귀로는 외롭고 고단한, 혹은 자랑스러

발 마사지로 전도하는 발사랑선교회

1,2 발사랑선교회의 노인정 봉사 모습 3 붕어빵전도대의 노방전도 모습

운 어르신들의 인생을 귀담아듣는다. 그 이야기에 공감하며 위로를 건네고, 그렇게 편안하게 다가오는 어르신들에게 복음과 예수님의 사랑을 속삭이는 일을 잊지 않는다.

제자들의 발을 씻기던 예수님의 사랑으로 봉사한다는 발사랑선교회는 주로 연합 사역으로 섬긴다. 특히 이웃사랑초청잔치와 새생명축제가 열리는 무렵이면 발사랑선교회와 교구가 연합하여 어르신들을 섬기며 전도한다. 실제로 한양샛별노인정 섬김을 통해 8명의 어르신들을 교회로 전도했으며, 초원교구 럭키노인정을 3년간 섬기면서 6명의 어르신들을 전도해 세례의 자리까지 인도했다. 교회 주변의 인덕원, 화평, 호계, 고천, 샘마을 등의 노인정 약 15곳을 1~3년 정도의 기간을 두고 매월 1회씩 섬겨 왔으며, 요양원 6곳과 안양수리장애인종합복지관, 만안종합사회복지관에서도 무료로 봉사해 오고 있다.

"아이구, 시원해라!"
"아고아고, 살 것 같네!"

봉사가 끝나면 매번 온몸이 땀에 젖을 정도로 힘들지만, 여기저기에서 터져 나오는 어르신들의 행복한 탄성과 어르신들이 내미는 시원한 식혜 한 잔에 뿌듯한 마음으로 보상받는다.

관계 전도의 구심점, 교구 전도대

교회의 소속원들을 지역에 따라 체계적으로 나눈 단위가 교구다. 한 교구를 목양하는 담당 목사, 전도사, 교구장, 구역장으로 이어지는 전달 체계를 통해 모임, 전도, 중보기도 등 예배와 사역과 관련된 일들이 일사불란하게 이루어진다. 특히, 이웃사랑초청잔치나 새생명축제 등 교회 전체가 복음을 전할 때면 오랜 시간 축적된 다양한 전도 노하우를 장착한 채 교구 전체가 발벗고 나선다. 평소에 소속 지역과 이웃들을 '주무르는' 교구 식구들의 선한 관계성의 진면모를 보게 되는 것이다. 길거리에서, 혹은 이웃으로 새로 입주한 주거지를 찾아서, 동네에서 펼쳐진 일일 시장터에서, 그들의 활약이 실로 크다.

어디선가 아스라이 들리는 찬양 소리가 귓가와 심령을 위로한다면 교구의 노방 전도가 있구나 생각하면 된다. 각 교구마다 매주 1~2회 지정된 장소에서 찬양과 함께 준비한 물티슈, 수요 자녀를 위한 기도회 전단지, 전도 책자 <영생 얻는 길> 등의 전도 물품을 들고 행인들에게 복음

초원교구 지역 전도대

167

을 전하고 있어서다. 열린 마음으로 받아 주는 사람도 있지만, 외면하거나 심지어는 심한 말을 하는 사람들도 많다. 그러나 전도에 임하는 교구원들은 견고하게 그 자리를 지킨다. 끝까지 어깨에 분홍색 띠를 두르고 초청장을 든 채 한 영혼을 만나 복음의 씨를 심기 위해 전력을 다한다. 노방 전도는 이웃사랑초청잔치의 시작을 알리는 상징성이 있다. 지역마다 하나님의 나라를 확장하는 일에 동역하는 기쁨이 있다.

2021년 3월, 교회 인근 일대가 오랜만에 새로운 입주민들을 맞이했다. 과천·호계·안양교구에 신축 아파트가 들어서면서 해당 교구가 입주 시기에 맞추어 입주 전도에 나섰다.

과천교구에서는 전도사를 비롯해 교구장과 교구원들이 함께 매일 4시간씩 입주 전도를 실천했다. 입주 가정마다 찾아가서 관심을 갖는 중에, 새중앙교회의 예배에 오랜 시간 참석하면서도 등록하지 않은 성도들을 발굴하게 되어 등록까지 인도한 사례가 있었다. 이후 그 성도들이 적극적으로 헌신하는 모습을 보면서 하나님의 역사하심을 새삼 깨닫게 되었다.

호계교구에서는 교구장, 교구원, 교역자 등이 매일 순서에 따라 교대로 입주 전도가 이루어졌다. 전도 물품, 영상, 교회가 준비한 입주 선물 등을 가지고 유연하고 창의적으로 전도를 펼쳤다. 막 입주해서 교회를 찾던 어느 입주민이 교구 전도를 받고 교회에 등록했는데, 그 성도가 입주 전도에 바로 동참하여 입주민들에게 간증하며 전도하기도 했다.

우리는 예수님의 붕어빵, 붕어빵전도대

'찬바람이 싸늘하게 옷깃을 스칠 때~', 바로 그때가 된 것이다. '우리는 예수님의 붕어빵', 큼지막하게 쓰인 간판을 내건 작은 트럭 안에서 '차르륵 차르륵' 붕어빵을 찍어내는 회전판이 돌아간다.

아침 일찍 나서기까지 이른 새벽부터 밀가루 반죽을 준비하고 팥을 삶아 소를 만드느라 분주한 손길이 오간다. 18년째 한결같이 자리를 지켜 온 평촌 학원가에서 오늘은 어떤 친구들이 붕어빵을 찾아 소소한 위

로와 기쁨을 받을까 생각하며 봉사자들 모두 힘든 줄 모른다. 전해지는 것은 따뜻한 붕어빵 몇 개가 아니라 예수님의 온기 어린 사랑이 되리라 기대하니 더욱 힘이 난다.

즉석에서 붕어빵을 구워 전도하는 사역은 18년 전에 시작되었다. 2005년 전도학교를 거친 몇몇이 모여 기도하면서 범계역 앞에서 현장 전도에 나선 것이 시발점이 되었다. 처음에는 교회에서 미리 튀긴 팝콘을 봉지에 담아 현장에서 나눠주며 복음을 전했다. 그 경험이 누적되면서 보다 적극적이고 친근한 전도 방식을 모색하게 되었고, 아련한 추억의 소재인 붕어빵을 떠올리게 된 것이다. 붕어빵 틀을 준비해 평촌역, 학원가, 안양역 등을 순회하며 복음을 전하자 사람들의 관심이 점점 커졌다. 때로는 일부러 찾아와 붕어빵을 맛보겠다고 기다리는 사람들까지 생겨났다. 이런 기회를 결코 놓치지 않고 복음을 전했으니 기도한 대로 붕어빵이 전도의 접촉점이 된 것이다.

'출출할 때 그곳에 가면 항상 붕어빵이 있었지!'

어느 순간 그곳이 평촌 학원가가 되었다. 매주 토요일과 주일에 학원으로 달려오는 학생들에게 위로와 반가움의 대상이 되었으니, 그야말로 평촌 학원가의 '인싸'가 아닐 수 없다. 장년은 물론 중고등학생 봉사자들도 있다 보니, 찾아오는 학생들이 차츰 마음을 열고 고민도 털어놓으며 어느새 친구가 되기도 한다. 시간이 지나면서 전도 대상이 청소년에서 거리를 지나는 어른들, 어린 자녀의 손을 잡고 나들이 나온 젊은 부부 등 그 지경이 점점 넓어졌다.

"두 가지는 확실해져요. 믿음이 한층 성숙해지는 것을 보게 되고, 세상 일로 염려할 것이 전혀 없어진다는 것!"

처음부터 지금까지 한결같이 붕어빵전도대를 지키고 있는 이창규 집사의 살아 있는 간증이다.

교육관 512호 미용실, 이미용선교회

날이면 날마다 서는 장이 아니다. 한 달에 딱 두 번, 첫째와 셋째 월요일이라야 만날 수 있다. 오전 10시가 되어야 문이 열리지만, '그날'이면 교육관 512호 앞으로 새벽부터 줄이 선다. 고객 선별에 대한 기준도 까다롭다. 70세 이상 어르신만 입장이 허가되는 특별한 방! 바로 이미용선교회가 파마와 커트 봉사를 하는 곳이다. 이미용 선교의 첫걸음은 1993년 포일 성전의 '마당'이었다. 머리 잘하는 '금손' 집사님 서너 명이 지역 어르신들을 위해 받은 은사를 사용해 보기로 결심한 것이 그 시작이었다. 그로부터 2년 후인 1995년, 이미용선교회가 공식적으로 설립되었다.

"에고, 어르신~ 왜 이렇게 일찍 오셨어요?"
"파마도 하고 파마 동무도 만나고! 마음이 설레고 급해져서 서둘렀지."

새벽부터 줄을 서는 어르신들의 안전을 위해 설득 끝에 9시 반부터

"집 근처 노인정을 드나들며 어르신들 머리를 매만지기 시작했어요.
처음에는 닫힌 마음이 1년, 2년 지나자 차츰 하나님께로 향하더라고요.
나중에는 제가 노인정을 가는 날이면 박중식 당시 담임목사님께서 교회 차량도 보내 주시고, 노인정 신축 공사 끝나자 교회에서 텔레비전도 기증해 주셨어요.
제게 이미용을 가르쳐 주신 선생님도 예수 믿는 사람을 구박하시더니 이제는 퇴임목사님들과 원로목사님들 모시고 미용 봉사를 하고 계세요."
이미용선교회 이금례 권사

선착순으로 번호표를 나눠주는 현재의 방법이 정착되었다. 512호의 문이 열리면, 20명 정도의 봉사자들이 부지런히 파마를 말고, 옆방 513호에서는 어르신들을 위한 간식이 준비된다. 일명 '간식방'에서는 순서를 기다리거나 중화를 기다리는 단골 어르신들이 '파마 친구'들과 서로 담소를 나누곤 한다. 11시 반이 되면 파마 수건을 둘러쓴 채 어르신들이 교회 내 로뎀식당으로 점심 식사를 하러 건너가면서 교회 앞마당에는 진풍경이 연출되기도 한다.

교육관 512호 미용실은 오후 4시까지 운영되기 때문에 파마 고객은 12시 이전, 커트 고객은 2시까지 입장 가능하다. 하루에 30~40명, 한 달에 60~80명 정도의 어르신들이 이미용 봉사를 받으신다. 그중에는 믿지 않는 어르신들이 많아 봉사자들은 파마, 간식, 점심 식사로 섬기는 가운데 예수님의 사랑을 흘려 보낸다는 자부심이 크다. 도중에 떠난 이들도 많지만 봉사자 중에는 28년을 한결같이 섬기는 이들도 있고, 80세가 넘어서도 봉사와 기도로 힘을 보태곤 하던 성도들도 있었기에 그 동력이 여전하다. 이들은 교회 안에서는 물론, 밖에서도 도움을 요청하면 지체없이 짐을 꾸린다. 아웃리치를 떠나는 여러 팀들과 연합하는 것은 물론, 다사랑중앙병원, 서울구치소, 계요병원, 의왕시봉사단 등에서도 새중앙교회 이미용선교회의 이름으로 주님의 사랑을 전하고 있다.

고넬료의 구제를 닮은 빵사랑선교회

매주 목요일 밤 12시가 되면 빵사랑선교회가 수원역을 환하게 밝힌다. 빵, 음료수, 컵라면, 짜장밥, 침낭 등 후원받은 식료품과 물품들로 노숙인들을 지원하기 위해서다. 환상 중에 천사가 고넬료에게 전한 하나님의 뜻에 순종하여 어려운 처지의 사람들을 돕는 이 시대의 고넬료를 만나는 순간이다.

"네 기도와 구제가 하나님 앞에 상달되어 기억하신 바가 되었으니"
사도행전 10:4

수원역 사역뿐만이 아니다. 후원받은 1천5백 개의 빵을 교회로 가져와 포장해서 소년원, 미자립교회 등에 전달하는 일도 한다. 소년원에 빵과 복음이 함께 전해지고, 빵을 지원받은 미자립교회에서도 교회의 전도용으로 사용하게 된다. 코로나19로 후원받기 어렵던 시기에는 교회 NGO^{Non-Governmental Organization 비정부기구}인 '돕는사람들'의 후원을 받아 미자립교회 은퇴 목사들을 위해 담요 40개를 지원한 바 있으며, 형편이 어려운 이들에게 점퍼를 지원한 적도 있다.

수원역에서 노숙자를 위해 사역하는 빵사랑선교회

추위도 이불 한 장 없이 종이 상자 하나 깔고 자는 데 만족해야 하는 노숙인들에게, 많은 것들이 부족하고 모자라는 미자립교회에, 빵은 그저 빵의 의미가 아니다. 허기를 달래는 빵이 아니라, 사랑과 관심과 위로에 갈급한 이들의 영혼을 채우는 상징적인 매개체가 된다. 실제로 노숙인들 중 몇 명이 교회에 나가겠다 관심을 보이기도 하고, 미자립교회는 혼자가 아니라 돕는 손길을 보내시는구나 힘을 얻게 된다.

코로나19 이후로 후원이 멈추기도 하고 수원역의 제재로 인해 노숙인들에게 음식을 제공하기도 어려운 상황이다. 하지만 빵사랑선교회의 긍휼한 마음과 빵이 복음의 통로라는 생각에는 변함없다. 코로나19 엔데믹이 선언된 요즘 들어 다시 풍성한 후원을 놓고 기도하며 이리저리 동분서주하느라 새중앙교회의 고넬료들이 더욱 분주하다. 그들이 바쁜 만큼 긍휼 사역의 열매가 크리라 기대하게 된다.

평촌역에 차려지는 밥상, 밥퍼사역

매주 목요일 오전 10시 30분 교회 내 로뎀카페, 그곳에서 봉사자들의 정기 모임이 이루어진다. 담당 장로의 말씀과 기도로 영적 무장이 끝나면 평촌역 지하도로 향한다. 노숙자들을 위한 '일용할 한끼'를 실은 밥차를 대동하고서다.

"아버지, 오늘 만나는 그들이 얌전하게 식사하고, 지나가는 행인들에게 피해 주지 않으며, 봉사하는 손길이 부족하지 않도록 도와주세요."

평촌역 지하도는 사방으로 열려 있어서 추위와 더위가 민감하게 느껴지는 곳이다. 11시 10분쯤 한끼 식사를 바라는 이들이 모여들기 시작하면 순식간에 의자들이 펼쳐지고 도착한 노숙인들이 질서 있게 자리를 잡도록 돕느라 봉사자들의 손길이 바빠진다. 배식 준비가 완료되면 먼저 영적 양식을 먹인다. 말씀을 전하고 기도를 마치고 나면, 배식판에 그날 교회 식당의 식단과 동일한 3찬과 밥과 국이 담긴다.

173

한끼 식사로 그냥 끝나면 섭섭할 일, 식사 후에는 잠시 보관했다가 먹을 수 있는 빵이 제공된다. 던킨도너츠 의왕점과 농수산물센터 내 이드프랑베이커리에서 후원하는 빵이다. 명절이면 목도리, 장갑, 양말 등을 후원받아 선물하기도 한다. 매월 셋째 주에는 한웅종합건설 임직원들이 후원과 봉사에 함께하고, 마지막 주에는 ㈜부경글로벌에서 봉사와 더불어 교통비 1천 원을 후원한다.

밥퍼사역은 NGO '돕는사람들' 소속으로 있었으나 2019년부터 교회 소속으로 옮겨졌다. 교회의 후원만으로 이루어지다가 더 많은 봉사와 후원을 모으기 위해 시청의 허가를 받아 평촌역 지하도로 옮겨 사역한 지 약 14년째다. 교회에서 교구 여전도회별로 봉사하던 시절부터 지금까지 오랜 기간 봉사를 이어오고 있는 밥퍼사역 위원장 권선희 권사와 빵과 위로 메시지를 담당하는 권미숙 권사, 두 성도가 전하는 일용할 한 끼 양식에 영적 양식을 보태는 밥퍼사역 식구들의 기도는 단 하나다.

"노숙인들이 신앙을 갖고 자립의 꿈을 실현해서 다시는 밥퍼사역의 단골이 되지 않게 하소서."

권사님, 집사님들 살림살이가 총 출동하는 날
교구 바자회

나누면 나눌수록 점점 커지는 것은? 바로 사랑이다. 이러한 나눔의 원리로 사랑의 릴레이가 펼쳐져 전도로 이어지는 장이 있으니, 교구 바자회다. 여자 교구장 및 구역장들의 주도로 여자 성도들이 가장 익숙한 분야인 살림살이들이 총 출동하는 날이기도 하다. 오래도록 소유만 하고 있을 뿐 쓰지 않는 물건, 이제는 필요 없어진 물건 등을 모아서 아주 저렴한 가격으로 판매하거나 물물교환하며 복음을 전하는 일일 장터다. 계절, 유행, 연령대를 묻지 않는 옷가지들과 신발, 직접 만든 반찬류, 부엌 집기들, 집안을 단장할 소품, 미니 화분 등등 없는 게 없을 정도다. 저렴한 가격으로 재활용품들을 장만해 볼까 이것저것 고르다 보면 부침개,

어묵, 매실차, 커피 등은 덤으로 주어진다. 발생하는 수입 대부분이 전도비로 쓰이고, 판매하고 남는 물품들은 정리되어 관공서를 통해 불우 이웃돕기로 이어지기도 한다. 장날 태어나는 태신자들은 교구의 인도로 교회로 초대되고 인도되어 더 깊은 교제와 사랑을 체험하며 교회에 정착하게 된다.

호계교구 송현주 전도사
"교구장 중의 한 분은 수술한 지 얼마 안 된 상태에서 친정어머니도 골절상을 입어 댁에서 부양하는 중이었는데 전도의 끈을 놓지 않으셨어요. 지금까지 걸어온 길이 막히고 다른 길을 모색해야 할 때 좌절하지 않고 하나님을 기대하며 전도에 열정을 품는 모습이 큰 도전이 되었습니다."

지역에서 바자회를 열어 전도하는 내손교구 성도들

1,004개 상자에 담긴 긍휼
사랑의천사박스

이 땅의 약자들을 돌보시던 예수님의 이름으로, 교회 주변 지역에 살고 있는 불우한 이웃들에게 조금이나마 따뜻한 겨울을 선사하고자 나섰다. 각 교구 및 구역에서 3만 원 상당의 물품을 상자에 담아 전달하는 사랑의천사박스^{이하 천사박스} 운동이다. 이 또한 교회가 선포한 창조사역과 연합사역의 열매로, 매해 성탄절을 앞두고 예수님 탄생의 기쁨과 감격을 함께 담아 이웃을 찾아갔다. 세 팀으로 나누어진 모든 교역자들과 성도들이 12월 24일 크리스마스 이브에 안양시청, 의왕시청, 군포시청에서 대기 중이다가 천사박스 차량이 도착하면 1,004의 글자에 맞추어 상자를 세팅해 놓는다.

2019년 지역 상권과 이웃을 살린 1,800개 천사박스

첫해 2019년에는 1,004개의 천사박스 모집을 목표로 했으나 훨씬 많은 1,800개 이상이 모아졌다. 상자 안에는 설탕, 고추장, 김, 카레, 햄, 고등어 통조림, 식용유, 인스턴트 커피 등이 빼곡하게 담겼다.

수많은 성도들이 사랑 나눔에 동참한 덕분에 동네 마트에서는 천사박스 구성 물품이 동이 날 정도였다. 깔끔하게 포장된 천사박스는 3개 팀의 교구 중심으로 전달되었다. 교구 1팀은 의왕시청에, 교구 2팀은 안양시청에, 교구 3팀은 군포시청에 각 400개씩 천사박스를 전달했다. 3개의 시청에 전달한 천사박스만 해도 약 4천5백만 원 상당이다.

이날 황덕영 담임목사는 지역 시장에서 구입해 구성한 천사박스를 불우한 이웃에게 전달하며 예수님의 사랑도 함께 전했다. 더불어 교회로 인하여 지역이 발전하고 이를 통해 주민들이 복음을 알기 원한다며 축복 기도를 드렸다. 세 개의 시청에 전하고 남은 천사박스는 비전공동체

와 교회 각 교구를 통해 어려운 이웃에게 전달되었다.

2020년 천사박스 2,400개 전달

천사박스 두 번째 해인 2020년에는 첫해보다 많은 2,400개의 상자가 모였다. 개인이 물품을 기증하여 만들기도 하고 교구 자체적으로 구입하기도 하고 천사박스를 만들지 못한 성도의 경우는 3만 원의 헌금을 보내오기도 했다. 각 가정에서는 자녀들과 함께 천사박스를 포장하며 이웃사랑을 손수 가르칠 수 있었고, 한 성도는 천사박스 40개 분량의 후원금을 내놓기도 했다. 2020년에는 성탄절 카드까지 함께 포장해서 그리스도의 사랑을 적극적으로 표현했다.

12월 24일에 몇몇 교구들로 연합된 세 개의 팀이 의왕시청, 안양시청, 군포시청에 천사박스 400개씩을 전달했다. 손이 시릴 만큼 쌀쌀한 날씨 속에서도 교구 목사, 장로, 교구장과 구역장들이 수고를 아끼지 않았다.

1, 2, 3 군포시·안양시·의왕시를 위한 사랑의천사박스 전달식

세 곳의 시청 외에 외국인선교회 쉼터, 복지 기관 등을 통해 어려운 이웃들에게도 천사박스가 전달되었다.

2021년 천사박스 3,500개 전달

천사박스 운동이 펼쳐진 지 3년째를 맞이하는 해이자 코로나19로 비대면 환경을 보낸 첫 해이기도 하다. 여러 가지로 어려운 시기였지만 성도들은 이전보다 더욱 적극적으로 참여하여 그리스도의 사랑을 전했다. 모아진 3,500개의 천사박스는 세 곳의 시청 외에도 이주민 쉼터, 장애인복지관, 지역의 소외계층 등에 전달되었다. 2021년에 이루어진 주일 설교 말씀인 사도행전을 통해 성도들이 물품을 나누고 한 형제로 살았던 초대교회의 마음에 도전받으며 동참하려는 열기가 더욱 커졌다고 해석된다. 성경책 속에 활자로 기록된 기적이 아니라, 말씀에 순종하고 실천하는 교회를 통해 이 시대에 이 땅에도 여전히 살아 역사하시는 하나님의 기적을 성도와 교회가 힘을 합해 보여 주었다.

2022년 5,000개 이상의 천사박스 전달

기존보다 훨씬 많이 준비된 천사박스의 수만큼 전달되는 곳도 더욱 다채로워졌다. 해마다 그래왔듯이 안양시청, 의왕시청, 군포시청에 각각 1,004개씩의 천사박스가 전달되었고, 꿈마을교구 경비실, 대림아파트

4 사랑의천사박스를 포장하는 사역자들   5,6 사랑의천사박스를 기부한 성도들

경로당, 외국인선교회 쉼터, 새중앙선교센터, 안양수리장애인종합복지
관, 만안종합사회복지관, 중앙요양원, 수원역 노숙자들에게 전해졌다. 그
뿐만이 아니다. 당시 도시환경연구소로 현재 새한반도센터 NCOK^{New}
^{Center for One Korea}가 사역하고 있던 DMZ 안의 통일촌, 해마루촌, 대성동마
을 등에도 각각 56개의 천사박스가 찾아갔다.

　세 곳의 시청에 천사박스를 전달하기 위해 교역자들과 장로 및 성도
들이 한 시간 전부터 각 시청에 도착하여 1,004개의 천사박스를 쌓아
1004의 숫자를 쓰며 그 상징적 의미를 그려 보였다. 이후 각 시청이 관
할하고 있는 지역아동센터, 복지관 등에서 수령해 갔다. 의왕시의 경우
6개의 관할 주민센터와 3개의 노인 복지 시설에 모두 1,004개의 상자
가 크리스마스 선물처럼 전해졌다. 멀리 파주 BOQ^{Bachelor Officers' Quartars 독}
^{신 장교 숙사} 비전캠퍼스에도 천사박스가 전달되었는데, 25사단 내 GP^{Guard}

DMZ 내 통일촌마을에 사랑의천사박스를 전달하는 박세영 선교사

1 사회복지법인 좋은집에 사랑의천사박스를 전달하는 비전공동체 2 구호단체인 사마리아펄스(Samaritan's Purse)에 사랑의천사박스를 전달하는 황덕영 담임목사 3 군부대에 사랑의천사박스를 전달하는 비전공동체

Post, 감시초소 대대, 수색 대대, GOP^{General Outpost, 일반전초} 대대 용사들에게 성 탄 선물로 전해졌다.

2023년 4,800여 개의 천사박스 전달

성탄이 다가오자 어김없이 의왕, 안양, 군포 세 곳의 시청 앞마당에는 천 사박스로 1004의 숫자가 선명하게 그려졌다. 3년 이상 코로나19가 지속 된 이후의 12월 23일로 한파가 절정이던 날이었다. 여느 해와 동일하게 1,004개의 천사박스가 전달된 것이다.

군포시의 경우 12개 동 중위 소득 120% 이하의 노인, 장애인, 한 부모 가정에게 전달되었고, 안양시의 경우에는 31개 동 저소득층, 기초 수급 자, 차상위 계층, 복지 사각지대에 놓인 주민들에게 전해졌다. 의왕에서 는 22개 기관과 6개의 주민센터, 2개의 노인 복지관, 다문화 가정 지원 센터, 장애인 복지관, 정신건강 복지센터, 아동 청소년 상담 복지센터 등 에 전달되었다. 그 외에 외국인선교회 쉼터와 다문화 가정, 탈북민, 안양 수리장애인종합복지관과 만안종합사회복지관, NGO 돕는사람들 등에 도 전달되었으며, DMZ 내 통일촌을 비롯한 2개의 마을에도 전해져 따 뜻한 주님의 사랑을 알렸다.

고천교구 유세미 권찰

"우리 가정은 사랑의천사박스 운동에 3년 연이어 참여하고 있어요.
아이들과 천사박스를 만들며 이웃을 함께 섬기는 것 자체가 은혜에요.
세상에 어려운 이웃들이 있음을 알려 주고 왜 우리가 나누어야 하는지 이유도
설명하는 계기가 되었고요. 작은 선물이지만 어려운 분들에게
잠시나마 따뜻한 시간이 되었으면 좋겠어요."

호계교구 이지혜 집사

"2년 전에 새중앙교회에 왔을 때 담임목사님으로부터 교회가
1,004개의 천사박스를 만들어 어려운 이웃에게 전달한다는 이야기를 들었어요.
순간 벅찬 감동과 울림이 오더라고요. 추운 겨울 어려운 이웃은
어떻게 보낼까를 생각하니 갑자기 너무 부끄러웠어요.
그때를 시작으로 매년 이 운동에 참여하고 있어요."

도시환경연구소 박세영 교수

"통일촌에 300개의 천사박스가 오자 이장님을 비롯하여 통일촌 주민들이
너무 기뻐하고 좋아하셨어요. 통일촌 이장님이 해마루촌에 60개, 대성동마을에
56개를 보내면서 이웃 마을로까지 전해져 모두의 잔치가 되었습니다.
새해 1월 5일, 통일촌 안에 통일촌 커뮤니티 센터가 열리는데,
이번 천사박스를 통해 주민들의 마음도 열려 센터 운영에 많은 도움이
될 것 같습니다. 특히 할머니들이 너무 좋아하셨어요.
사랑을 보내 주신 교회 성도님께 정말 감사드립니다."

의왕시 사랑채노인복지관 박천일 사회복지사

"의왕시청에서 어르신들을 돌보는 저희 복지관으로 100개의 천사박스를
보내 주셨어요. 거동이 불편한 어르신 18분, 요양 서비스를 받으시는 어르신 41분,
중증 어르신 22분 등 형편이 어려운 분들을 중심으로 천사박스를
나누어 드렸습니다. 상자 안 물품이 생필품이라 어르신들 모두 너무
좋아하셨어요. 연말에 어르신들을 찾아뵐 때 빈손으로 가지 않고
성탄 선물 한 꾸러미를 들고 안부 인사를 드릴 수 있어 사회복지사분들도
정말 기뻐했고요. 귀한 사랑을 실천해 주신 새중앙교회에 감사드립니다."

LIGHT

주의 말씀은 내 발에 등이요
내 길에 빛이니이다

시 119:105

5

'새중앙DNA'를 심다

TARGET 2030 가서 제자 삼으라_ 국내외 아웃리치

매년 새해 첫 주에 올려 드리는 결단
선교 주일

교회의 최우선 순위, 선교

새중앙교회에는 선교 주일이 따로 정해져 있다. 매년 새해 첫 달 첫 주가 그날이다. 연초에 올려 드리는 일종의 선포 의식으로서 선교 주일을 지키기 시작한 것은 2018년부터로, 선교를 그 어떤 사역보다 최우선 순위에 둔다는 의미다. 하나님이 선교사로 예수 그리스도를 이 땅에 보내신 것도 선교를 위함이었고, 예수님이 그 사역을 마치고 승천하시면서 선포하신 지상명령도 바로 선교이기 때문이다.

선교는 구호에 그치는 개념이 아니다. 주님이 선포하신 지상명령을 삶 가운데 실천하기 위해 순종으로 이어가는 것이 중요하다. 그런 의미에서 선교 주일에 하나님 앞에 작정하는 것이 있다. 먼저 한 해의 비전을 담은 교회의 표어를 선포하는 일이다. 2018년 이후의 표어는 줄곧 '가서 제자 삼으라'는 비전을 선포해 오고 있다. 예수님의 지상명령에 순종하는 선교의 해가 되어야 한다는 것을 회중에 알리고, 하나님 앞에 예배하며 결단하는 시간이다. 선교 주일에는 교회 선교부와 7개 외국인선교회의 모든 사역자와 봉사자가 1~4부 예배까지 만국기를 흔들며 특송으로 하나님에게 영광을 올린다. 예배에 참석한 성도들도 한 해 동안 일상 가운데 선교적 삶으로 살기를 다짐하게 된다.

성도들의 작정, 헌금 · 훈련 · 봉사

선교 주일에 성도들은 선교와 관련하여 세 가지의 헌신을 작정한다. 첫째가 선교 헌금에 관한 작정이다. 선교에는 마음을 담은 물질이 절대적으로 필요하기 때문이다. 하나님이 우리에게 맡기신 물질로 선교를 후원하는 방법으로 영혼 구원이 이루어지는 현장에 함께 동참하는 헌신이

라고 볼 수 있다. 선교적 삶을 사는 성도라면 1년 동안 선교 사역에 대한 계획을 가지고 있다. 특별히 이 시간에 그 계획을 재정을 통하여 하나님에게 드리는 것이다.

둘째는 선교 훈련에 관한 작정이다. 교회 내에는 단기선교학교, 새중앙전문인선교훈련SMTC, 통일선교아카데미 등 선교에 관한 다양한 배움의 장이 마련되어 있다. 열정과 재정 만큼이나 중요한 선교의 요소로 선교에 관한 지식을 꼽을 수 있다. 선교에 관한 바른 지식을 갖추고 있어야 효과적인 사역을 감당할 수 있으며 하나님의 뜻을 명확하게 지킬 수 있다.

셋째는 선교 봉사에 관한 작정이다. 선교는 삶 그 자체이기 때문에 단순히 복음을 전달하는 것만으로 끝나는 개념이 아니다. 선교적 삶을 살기 원하는 성도라면 선교를 위해 봉사하며 살아가는 태도가 필요하다. 우선 새중앙선교센터에서 선교를 위한 봉사에 참여할 수 있다. 선교센터가 원활하게 운영되기 위해서는 수많은 봉사의 손길이 필요하다. 객실을 청소하고, 세탁물을 정리하며, 선교사들을 위한 조식을 준비하는 등등 수많은 분야에서 봉사자의 손길을 기다리고 있다.

또한 여러 외국인선교회의 스태프로 봉사할 기회도 있다. 다문화 가정을 섬길 수도

선교 주일 예배

있고, 한국어를 가르치거나 한국 문화를 소개할 수도 있으며, 외국인 성
도가 병원에 갈 일이 있을 때 도움을 줄 수도 있다. 외국인선교회 예배
를 위해 주보를 만들고 예배를 안내하며 예배를 드릴 때 어린 자녀들을
돌보는 사역으로 섬기는 방법도 있다. 특히, 외국인 사역자들이 성도들
을 심방할 때 함께 동행하는 봉사자들을 보고 외국인 성도들이 큰 위로
를 받곤 한다. 여성 성도들의 경우에는 더욱 그러하다. 인종 및 성 차별
을 비롯해 여러 가지 사회적 차별에 노출되어 있거나 고국과 고향에 대
한 향수로 힘겨워하는 이들이 많은데, 심방 오는 한국인 봉사자들을 통
해 하나님의 사랑을 실제로 경험하며 자연스레 복음이 심겨진다. 외국
인선교회 예배에서 악기 연주로 봉사할 수 있고, 먼 거리에 있는 외국인
성도들을 교회까지 차량으로 섬길 수도 있다.

　선교적 교회를 만들어 간다는 것은 선교사를 열방에 파송하여 복음
을 전하도록 하는 것에 국한되지 않는다. 그 지경을 훨씬 넓혀 성도 모두
선교적 삶을 살아가도록 이끈다는 의미이다. 선교지를 향해 중보기도의
화살을 쏘는 것에서부터 교회와 선교 단체에서 이루어지는 선교 사역
을 물심양면으로 후원하고 세심하게 보살피는 것 모두 선교에 동참하는
일이다.

　한 해의 시작을 선교 주일로 하나님께 헌신한다는 것은 이렇듯 우리
의 일상을 선교적 삶으로 주님께 올려 드린다는 결단이다.

나그네가 만나는 가장 아름다운 쉼터
새중앙선교센터

3층 카페에서 선교사님들이 아침 식사를 시작하기도 전인 이른 시간, 양 손에 짐을 든 성도 한 분이 엘리베이터를 기다리고 있다.

"선교사님들 아침 식사 때 드시라고 오이소박이 조금 싸 왔어요."

날마다 꾸준히 기쁨으로 채워 주는 손길들 덕분에 냉장고가 항상 '빵 빵'하다. 선교사님들도 덩달아 배가 부르다. 기름 부어 세운 주의 종들을 편히 재우고, 그리던 한국 음식 배부르게 먹이며, 세상 어느 곳보다 편안 하게 안위해 주는 곳, 서울대보다 들어가기 어렵다고들 하는 새중앙선교 센터Kingdom Mission Center 이하 선교센터다.

새중앙선교센터 기공 감사예배

새중앙선교센터 개관을 앞두고 성도들이 손에
손을 잡고 중보기도를 드리는 모습

64개의 객실을 갖춘 고품격 안식처

교회의 역사인 40년은 선교 실천의 역사이기도 하다. 20년 전인 2003년에 만들어진 구 선교관은 그 상징적 공간이다. 선교 최전방에서 영적 전쟁 중인 선교사들을 위해 방 한 칸 마련하자는 작은 생각에서 출발하여서 대예배당 3, 4층에 28실의 선교관을 만들어 선교사들을 섬기기 시작했다. 이후 증개축을 거쳐 2015년 7월 1일, 드디어 64개의 객실을 갖춘 선교센터로 재개관하게 되었다. 처음 28개의 소박한 방이, 새롭게 들어선 새중앙선교센터의 전신이 되어준 것이다. 당시에는 황덕영 담임목사가 선교 총괄 담당으로 사역하던 시기로, 박중식 원로목사와 더불어 선교사들만을 위해 구별된 공간을 마련해 섬기고자 한 소망이 현실로 이루어지는 순간이었다. 그 결단에 모든 성도들이 순종으로 동참하여 열매 맺은 감동의 현장이었다.

선교센터는 개관 이래로 단 한 번도 홍보한 적이 없다. 교회가 파송된 선교사들을 섬기는 것은 당연한 일인데, 자칫 홍보가 세상적인 자랑으로 비치지 않을까 염려되었기 때문이다.

"우리는 무익한 종이라 우리가 하여야 할 일을 한 것뿐이라 할지니라"
누가복음 17:10

말씀을 통해 보여 주신 예수님의 마음을 지키기로 한 것이다. 그럼에도 불구하고 선교센터는 많은 선교사들 사이에 입소문으로 알려져 제법 인기가 높다. 개관 이래 이미 1만2천여 명의 선교사들이 다녀갔으며, 여전히 입실을 희망하는 대기자들이 줄을 서는 중이다. 객실 예약의 공정성을 지키기 위해 고유의 전산 시스템을 개발하여 입실 리스트를 관리해 오고 있다.

선교회와 성도들의 재능 기부

선교센터는 선교사와 그 가족들을 위해 숙박과 식사를 포함한 모든 것을 무료로 섬기고 있다. 조식은 선교센터 3층에서 제공되고, 점심과 저녁은 교회 식당인 '로뎀나무'에서 지원된다. 조식으로는 다양한 빵과 함께 일주일에 하루 정도 누룽지가 제공되는데, 각 교구마다 직접 만든 반찬으로 선교센터 냉장고를 채우곤 해서 다채로운 조식을 나눌 수도 있다. 반찬 섬김은 선교사들이 국내에 들어와 진정으로 재충전되기를 바라는 어머니의 심정으로 성도들이 자발적으로 참여하면서 시작되었다.

선교센터의 봉사 부서는 다섯 팀으로 나뉜다. 객실 청소 및 입실 준비를 위한 예손팀, 조식과 헌물을 준비하는 조식팀, 꽃꽂이 등 전반적인 데코레이션을 담당하는 데코팀, 선교사들을 위한 의류와 물품을 지원받아 정리하는 부티크팀, 선교사 자녀들인 MK^Missionary Kids를 돌보는 팀이 그들이다. 봉사자들이 가장 열심히 하는 것은 일이 아니라 기도다. 섬김에 있어서 주님을 향한 열정이 식지 않도록 기도를 놓치지 않는다. 청소하기 전에도 기도하고, 청소하고 나서도 기도한다는 예손팀의 이야기를 들어보면, 선교센터에서의 청소는 그저 청소가 아니라 하나님의 사역의 일부임을 새삼 깨닫는다.

입실 선교사들은 프로그램의 다양성에 놀라고, 모든 프로그램이 새중앙교회 성도들의 헌신으로 이루어진다는 점에 더 큰 감동을 받는다. 선교사를 위한 토탈 케어 서비스인 '멤버 케어 프로그램'에는 식사, 건강, 미용 등의 기본적인 섬김은 물론 교회 내의 다양한 기도 사역과 새중앙상담센터를 통한 상담, 선교사부부행복학교 등이 구성되어 있다. 선교사부부행복학교가 진행되는 1박 2일 동안에는 MK팀이 선교사 자녀들을 책임지고 MK학교를 진행하면서 또래 친구들과의 교제와 다양한 학습을 체험할 수 있도록 지원한다.

주일 낮이면 새중앙선교센터 3층에 일반 병원에서 흔히 볼 수 있는 풍경이 펼쳐진다. 의료선교회가 치과 진료실, 한방 치료실, 약제실, 내과 등을 운영하는 모습이다. 화요일에는 이미용선교회가 그 자리를 대신하며 선교사들을 위해 이미용 재능으로 섬긴다. 선교사들에게 유난히 인기 있는 발사랑선교회는 3층 힐링 센터를 지키고 있다. 전문 사역자와 평신도 봉사자가 팀을 이루어 입실 선교사들을 발 마사지로 섬기기도 하고

"제자반 수료식을 마치고
받은 은혜를 어떻게
나눠야 할까 고민했어요.
그러던 중에 새중앙선교센터가
개관되었는데,
사정이 여의치 않아
건축 헌금을 못 보태어
안타깝고 속상해 하다가
'보내는 선교'에 대한 말씀이
신선하게 다가왔어요.
청소라면 자신 있다는 생각에
객실을 청소하는
예손팀 봉사를 하게 되었어요.
섬기면서 주님을 위해 무언가
할 수 있는 것에 감사했습니다."
선교센터 예손팀 라인선 집사

새중앙선교센터를 이용하는 선교사들을 위해 봉사하는 의료선교회, 이미용선교회, IT교육, 사진선교회

현지에서 전도를 위해 활용하도록 발 마사지 비법을 전수하기도 한다. 이 외에도 3층에는 카페, 원적외선실, 휴게실, 어린이도서관 등이 자리해 선교사들과 가족들의 안식을 지원하고 있다. 새중앙신문사의 사진선교회에서는 선교사들의 여권 사진을 촬영해 주기도 하고 가족사진을 촬영해 액자에 담아 선물하기도 한다.

선교회를 통하지 않고 성도들이 개인적으로 섬기거나 재능 기부를 하는 경우도 많다. 세탁소를 운영하는 한 성도는 매주 두 번 선교관의 이불 빨래를 도맡아 하고, 개인택시를 운영하는 어느 성도는 선교사들이 귀국 및 출국할 때 공항 리무진 정류장까지 선교사들을 모셔다 드린다. 한때 IT 기업에 근무했던 한 성도는 선교지에서의 IT 활성화를 위해 강의를 열고 있고, 선교사 자녀들을 위해 클레이 미술로 재능 기부하는 성도, 선교사들의 안경을 맞춰 주는 안경원 사장님, 차량 점검으로 섬기는 카센터 사장님, 명절이나 공휴일마다 선교사를 위해 떡을 해 오는 성도, 운영하는 레스토랑의 식사 이용권을 제공하는 성도 등 일일이 열거하기 어려울 정도다. 이외에도 머리 염색, 신경 마사지, 쿠킹 클래스 등 정말 다채로운 손길들이 선교사들을 섬기고 있다. 해마다 선교 주일에 배부되는 작정서에 섬기기 원하는 내용을 적어 제출하거나 재능을 나누고 싶은 성도들이 직접 선교센터로 연락하면 선교센터 담당자들이 선교사들과 봉사자들을 연결해 준다.

교회 안의 열방, 또 하나의 아웃리치 현장

새중앙교회 성도는 새가족반 훈련으로 시작해서 제자훈련을 거쳐 SMTC에서 예비 선교사로 준비된다. 이러한 선교를 위한 교회 시스템은 훈련에서 끝나지 않는다. 선교적 교회의 진정성은 선교사 파송 이후에도 계속해서 돌봄 서비스가 이어진다는 점에 있다. 선교사 양성과 파송에 이어 돌봄까지, 단일 교회 안에서 일련의 순환이 이루어지는 경우는 찾아보기 힘들다. 그런 의미에서 선교센터는 교회 안에 열방을 품었다고 표현할 수 있다. 수많은 예비 선교사들이 재능 기부와 헌신으로 섬기기 위해 선교센터로 향하는 것을 보면, 이곳이 선교사들에게는 치열한 사역 중간의 쉼터인 동시에 성도들에게는 또 하나의 아웃리치 현장임을 알 수 있다.

이러한 섬김은 세대를 초월해 다음세대의 참여도 적극적이다. 추수감사주일에는 드림공동체에서 모은 과일들이 선교사를 섬기는 데 사용된다. 어린이날 즈음해서 용돈을 모은 교회학교의 어느 친구는 선교센터에 머물고 있는 MK들에게 선물하고자 후원하기도 했다. 성탄절에는 선교사 자녀들과 함께 나누고 싶다며 갖가지 초콜릿을 몇 자루씩 들고 온 아이도 있었다. 선교센터는 당시 기증받은 초콜릿과 성탄 축하 메시지가 담긴 엽서를 예쁘게 포장하여 선교센터의 각 객실 문고리에 걸어 주었다. 작지만 아름다운 손길로 인해 추수감사주일, 어린이주일, 성탄주일이 모두 선교 주일이 되는 것이다.

"천국에서 만일 단체상이 존재한다면, 새중앙교회가 받을 것입니다."

퇴실하던 어느 선교사의 한마디에 감동의 깊이가 고스란히 표현되어 있다. 새중앙교회 모든 성도들이 선교센터의 손과 발이 되어 선교사들을 온몸과 마음으로 섬겨 준 것에 대한 감사의 뜻일 것이다.

코로나19 기간 중 선교사들의 안전을 위해 선교센터의 운영이 중단된 적이 있다. 그 기간을 통해 보수, 정비와 함께 매일 소독과 방역에 집중하며 다시 선교사들을 섬길 수 있기를 교회가 함께 기도해 왔다. 2021년 말, 부분적인 운영을 재개하여 2022년 5월 초부터는 완전히 정상 운영이 이루어지고 있다. 가까운 곳에서부터 세계 열방까지 퍼져 있는 수많은 선교사들이 선교센터로 모여드는 소리가 들리는 듯하다. 여기에 발맞추어 성도들의 봉사와 섬김의 마음도 또 다시 하나로 집결되고 있다. 두 기세가 연합되어 선교 부흥의 불길이 다시 뜨겁게 타오르리라 믿는다.

새중앙선교센터 신영건 권사
"선교센터 객실의 이불 세탁을 위해 기도하던 중이었는데, 어느 날 교회 성도 한 분이 자신이 이불 세탁을 책임지겠다고 연락을 주셨어요. 크린토피아를 운영하는 성도였어요. 선교관을 이용하는 선교사들에게 헬스장 무료 이용권을 제공하고 싶다는 성도도 나타났고, 청소라면 자신이 도울 수 있다고 헌신하는 성도도 있었고요. '아무것도 염려하지 말라'는 말씀처럼 선교센터의 모든 일은 하나님 은혜로 하나하나 완성되어 가고 있습니다."

몽골 지역 오교수 선교사
"모든 스태프들과 봉사자들의 얼굴에서 피어나는 미소와 친절함을 잊을 수 없어요. 선교지에서 주기만 했지 받아 보지 못한 섬김을 이곳에서 누리면서 감사와 감동이 마음 깊은 곳에서 샘솟았어요. 온 교회가 오직 선교를 위하여 달려가는 모습은 이 땅의 모든 교회들에게 좋은 본이 되고 있습니다. 그 은혜에 보답하는 길은 선교지에서 생명 다하여 복음을 전하고 영혼들을 섬기는 것이니, 받은 힘과 위로를 가지고 최선을 다하겠습니다."

열방의 종들을 위로하신 세계선교영성축제

새중앙선교센터 개관을 기념하여 열린 선교 축제로, 2015년 6월 26일부터 7월 5일까지
10일간 다양한 프로그램이 진행되었다. 축제의 첫 테이프를 끊은 프로그램이 선교사
힐링 캠프로, 사명에 집중하느라 정작 자신들은 만신창이가 되어 있던 선교사 부부들을
위로하고 치료한 시간이었다. 미처 깨닫지 못한 배우자의 성향과 기질, 남성과 여성의
차이를 들여다 보면서 서로의 아픔을 돌아보고 이해하게 되었고,
화해와 회복을 이루는 기회가 되었다.
설립 32주년 기념 예배와 아웃리치 출범식 및 비전 선포도 이어졌다. 9개 장년교구,
비전공동체, 교회학교 등 온 성도가 세계 선교와 아웃리치를 결단한 시간으로,
대예배당에 32개 주요 국가의 깃발이 펄럭였다.
선교사 워크숍을 통해서는 선교사들 상호간에 선교지의 정보 공유를 통해 새로운
선교의 패러다임을 모색하기도 했다. 현지에서 직접 몸으로 부딪치고 땀과 눈물을 흘리며
느끼고 얻은 경험과 산 지식들을 나누고 선교의 현재와 미래에 대해 토론했다.
'한국인이면서 한국인 같지 않은 한국인인 너, 현지인이 아니면서 현지가 편한
현지인 같은 너', 선교사 자녀들을 표현한 모습에 모두가 공감하며 선교 사역뿐만 아니라,
선교사의 영성, 부부와 자녀를 포함한 가정의 문제까지 아우르는 주제들로 상처와
아픔까지를 포용하고 서로를 따뜻하게 보듬은 시간이었다. 이런 선교사들을 위해
조별로 교통비 5만 원이 지급되어 10여 군데의 카페가 표시된 지도를 들고
마음에 드는 곳을 골라 찾아가 조별 나눔을 가지기도 했다.
축제의 하이라이트는 새중앙선교센터 개관식으로, 2년 6개월 만에 성도들의 기도와
헌금으로 완공되었다. 새중앙교회 담임목사의 새중앙 비전 선포, <세계선교다이제스트>
편집장 데이비드 게리슨 박사의 기조연설이 있었고, 2백여 명의 국내외 선교 단체 인사들이
대거 참여하였으며, 국민일보와 CTS 등 국내 기독교 언론의 취재 경쟁도 뜨거웠다.
비즈니스선교 세미나를 통해 사상의 대립과 종교 분쟁, 다문화 세계 속에서 닫힌
선교의 문을 열 수 있는 길로서 비즈니스선교를 모색했다. 발사랑선교회는 발 마사지를
통한 선교 경험과 특강을, 카페 교실은 커피와 눈꽃빙수로 선교지에 복음을 전하는
방법과 실습을 공유했다.
7월 2일 저녁에는 각 교구의 대표들이 파송 선교사들을 맞으러 새중앙선교센터 301호에
모였다. 선교사와 교구의 만남을 주선해 함께 구역예배를 드리기 위해 모셔가기 위해서다.
14개 나라에서 사역 중인 선교사들과 14개 교구가 함께 어우러져 사역 보고를 직접 듣고
간증과 비전을 나누며 선교사를 위해 기도했다. "너는 네 떡을 물 위에 던져라 여러 날
후에 도로 찾으리라^{전 11:1}." 은퇴 후 71세에 일본으로 건너가 당시 81세의 나이로

축제에 참여한 김인현 선교사는, 대답 없는 전도에 마음이 지쳐갈 즈음 노방 전도 때 그가 건넨 전도지를 보고 교회로 찾아온 어느 여인에 대한 간증을 나눴다. 거두시는 일은 하나님께 맡기라는 말씀에 모두 뭉클한 마음으로 박수를 보냈다. 새중앙교회 평신도 시절, 구역장과 구역원이던 인연이 파송 선교사와 교회 사역자로 만나기도 했다. 필리핀 다민족 교회를 이끄는 배기창 선교사와 새중앙신문사와 큐티 사역을 이끄는 이상영 목사가 그 주인공. 평촌 어느 구역에서 열방과 세계를 향한 선교로 하나님이 지경을 훨씬 넓히신 것이다.

다문화 음식 축제도 빼놓을 수 없다. 교회 마당에 차양막이 펼쳐지고 교구별로 부스가 마련되었다. 비전센터 3층과 로뎀식당과 카페에도 다문화 음식과 차가 준비되었다. 각 교구의 여전도회와 권사회에서 월남쌈, 경장육사, 짜다, 오코노미야키 등 약 20여 가지의 음식들을 준비했다. 외국인선교회의 도움으로 최대한 각 나라 전통 음식의 맛을 내려고 비지땀을 흘렸다. 무더운 날씨에도 불구하고 뜨거운 불에 굽고 삶고 찌는 동안 모두 즐겁고 행복했다. 고소하고 달콤한 향이 교회를 넘어 온 동네로 번져 나가자 각 부스마다 줄지어 음식을 기다리는 손님들로 넘쳐났다. 맛으로 동남아를 순회 중인 듯한 표정으로 2천 원짜리 티켓 2~3장을 들고 교회 마당을 누비며 먹을거리에 행복했던 성도들의 표정이 아직도 생생하다.

교회학교의 선교사 초청 예배는 다음세대에게 또 하나의 도전이 되었다. 인도의 김요한 선교사와 캄보디아의 한천웅 선교사가 아이들에게 선교의 필요성과 중요성을 전하며, 언어와 선교 지역 문화를 이해하고 배우는 일이 선교의 첫걸음임을 강조했다. 선교지의 복음화를 위해, 사역에 열매가 있도록, 한국에 남겨진 가족들을 위해, 입국 비자를 위해, 함께 기도하며 아이들도 기도로 후원하는 선교에 동참하기도 했다. 오롯이 선교사 자녀들만을 위한 시간으로 마련된 새중앙선교사자녀학교도 정말 귀한 시간이었다. 6월 26일부터 7월 3일까지 약 일주일 동안 교회학교와 다음세대 훈련원에서 공동으로 진행한 프로그램으로 어린 영혼들이 선교지에서 받은 상처들을 치유받는 기회였다. 탄자니아, 미국, 필리핀, 인도, 알바니아, 보츠와나 등 각각 다른 나라에서 온 아이들이 한자리에 모여, FOC Focus Of Calling 진로코칭에서 진정한 성공이 무엇인지 이해하고, 올바른 목표의 중요성을 연령대별로 나눠 토의하며, 진지하게 자신을 돌아보는 시간을 가졌다.

큐티학교, 발 마사지, 샌드 아트, 내프킨 공예, 운동, 게임, 현장 학습 등으로 다채롭고 흥미진진한 경험을 나누며, 자신의 뜻과 상관없이 부모의 선교지를 따라서 살게 된 환경의 어려움에 대해 격려받았다. 세 살부터 스무 살에 이르기까지, 즐겁게 참여하여 하나되게 하시는 하나님의 섭리를 경험했고, 마지막날에는 각자의 달란트인 악기와 찬양이 어우러진 특송으로 모든 영광을 하나님께 돌렸다.

국내 외국인 디아스포라를 품다
외국인선교회

역파송 선교사를 세우는 최전선

아메리칸드림을 안고 미국으로 향한 한인 디아스포라처럼 코리안드림을 꿈꾸며 한국을 찾는 외국인 디아스포라가 있다. 새중앙교회에는 그들을 품고 있는 7개의 외국인선교회가 있다. 몽골선교회, 베트남선교회, 북한선교회, 인도네시아선교회, 중국선교회, 중국동포선교회, 2016년에 뒤늦게 합류한 일본선교회가 그들이다. 우리나라에 들어온 이주민들을 보살피고 교회로 인도하여 하나님 품에 정착시키는 것이 외국인선교회의 가장 큰일이다.

쉼터를 운영하고, 언어와 취업 등 현실적인 문제들을 이겨내도록 봉사자들과 더불어 사랑으로 인도한다. 이웃사랑초청잔치와 새새명축제에서도 외국인선교회 부스를 별도로 운영하고 있는데, 새 신자 등록에서

외국인선교회 교역자들과 선교부 담당 장로

이주민 등록자가 10% 정도를 차지할 정도다. 이주민선교학교와 통일선교아카데미^{구 북한선교학교}를 통한 선교 훈련 역시 이들의 정착을 돕는 데 기여하고 있다.

무엇보다 가장 큰 목표는 우리나라에 들어와 있는 각 선교회의 국민들을 전도하고 훈련시켜 역파송 선교사로 세우는 것이다. 훈련된 하나님의 인재들이 고국으로 돌아가 현지 선교를 감당할 때 선교 사역의 장점들이 훨씬 많아지기 때문이다. 교회에 소속된 외국인선교회는 역파송 선교사를 세워 가는 최전선 혹은 베이스캠프라 할 수 있다.

일곱 외국인선교회 연합의 힘

2016년 2월 27일, 외국인선교회를 이끄는 목사와 스태프들이 한자리에 모였다. 선교와 교회 선교 본부의 사역에 대해 나누고 기도하는 외국인선교회 전체 스태프를 대상으로 한 워크숍이었다. 첫째는 자신의 자리에서 묵묵히 헌신해 온 봉사자들을 위한 자리였고, 다음으로는 종교 및 정치적 상황으로 막혀 있는 세계 곳곳의 선교 현장으로 나아가기 위해, 외국인선교회를 선교 교두보로 키우기 위해 준비하는 자리였다.

"슬라맛 시앙."
"오하이오 고자이마스."
"니 하오마."

2018년 11월 18일 주일에는 외국인선교회 추수감사 연합예배가 있었다. 탁자를 사이에 두고 각국의 언어로 주고받는 인사 너머로 웃음 또한 흘러넘쳤다. 비전센터 5층을 가득 채운 370여 명이 자국의 전통 의상을 입고 한자리에 모여 드리는 찬양과 예배는 전 세계인의 축제 같았다.

2부에서는 새 가족들이 새중앙교회에서 주님의 멋진 일꾼으로 성장하기를 소망하며 축복하는 시간에 이어 단체 게임을 벌이기도 했다. 중국동포선교회는 '주님 다시 오실 때까지', 인도네시아선교회 청년들은 '생명 주께 있네'로 특송을 준비했으며, 유학생이 주축이 된 중국선교회는 개그콘서트의 한 코너를 패러디한 노래로 웃음을 선사했다. SMTC 15기 인도네시아팀은 스킷 드라마 '십자가의 길'을 통해 세상의 유혹 앞에 인내하는 신앙인들에게 예수님이 친히 다가와 도우신다는 메시지를 전했다. 국적, 언어, 문화가 달라도 하나님 안에서 모두 한 가족이라는 외침이 유쾌하게 선포되는 시간이었다.

2019년 새생명축제에 외국인선교회도 특별 기도회와 노방 전도로 동참했으며 각 선교회마다 태신자를 위한 특별 기도회를 진행했다. 매주 선교부가 진행하는 금요기도회에도 참여하여 함께 기도하며, 하나님의 때와 방법으로 태신자들에게 한걸음 더 나아가 예수 그리스도의 사랑을 전하기를 구했다. 외국인선교회 교역자들과 선교부 리더들이 노방 전도에 나선 안산역 다문화 거리에서는 선교회 소속국이 아닌 나라와 문화권 이주민들을 다양하게 만나곤 했다.

국경을 넘나드는 유목민을 향한 사랑, 몽골선교회

2003년, 한국에 일하러 온 몽골인 근로자들을 중심으로 세워졌다. 장요세 초대 선교사를 시작으로 2006년 김형동 선교사, 2007년 김석환 목사, 2010년 이광호 목사가 교역자로 섬겼고, 2014년부터는 몽골 현지인 교역자가 섬겨 오고 있다. 당시 에르카 목사에 이어 2017년에는 델게레흐 전도사가 바통을 이어받아 현재까지 담당하고 있다.

성도들은 다문화 가정, 근로자, 유학생 등으로 구성되어 있으며, 가끔 치료를 목적으로 잠시 방한하여 몽골 예배를 찾는 이들도 있다. 이들 가운데 주로 다문화 가정만 한국에 정착을 하고, 근로자나 유학생들은 정해진 기간이 끝나면 몽골로 돌아간다. 성도들 대부분은 한국에 와서 처음으로 신앙생활을 접한다. 낯선 땅, 낯선 문화에 적응하기 힘들어하고 경제적 문제로 어려움을 겪는 경우가 대다수다. 그런 이들에게 교회는 함께 모여 교제하며 위로를 주고받는 장소이자 배움을 통해 꿈을 키워가는 기회의 장소다. 그런 시간들이 누적되면서 하나님의 사랑에 젖어

"새중앙교회 설립 40주년을 맞이하는 2023년, 몽골선교회는 설립 20주년을 맞이합니다.
지난 20년 동안 오고가는 많은 몽골인들을 섬기고 기도해 주신 성도님들에게 진심으로 감사를 드립니다.
몽골선교회 가운데 예수 그리스도의 풍성한 은혜가 흘러넘쳐 앞으로 20년, 몽골선교회 설립 40주년을 향해 가는 동안 더 많은 섬김과 훈련을 통해 선교의 열매가 알알이 맺히기를 기도합니다."
몽골선교회 델게레흐 전도사

들어 예수 그리스도를 만나게 되는 곳이다.

몽골선교회의 사역의 방향은 복음을 전하고 말씀을 가르쳐 다시 몽골로 복음을 들고 돌아가 그 땅에 예수 그리스도를 심는 역파송에 초점을 두고 있다. 훈련을 위해 매주 수요일 기도 모임을 갖고 있고, 양육을 위해 델게레흐 전도사가 새가족반, 성장반, 제자반, 사역자반 제자훈련 교재를 몽골어로 직접 번역하여 가르치며 훈련하고 있다. 한국어 교실을 통해 한국어와 한국 문화를 가르쳐 성도들의 적응과 정착을 돕는 한편, 복음 전하는 일도 게을리하지 않고 있다. 덕분에 해마다 예수님을 영접하는 이들이 늘어나고 있으며, 훈련과 양육을 통하여 4명의 현지인 비전선교사를 세우기도 했다.

다문화 가정의 도우미, 베트남선교회

외국인 근로자 예배 안에서 베트남 공동체로 시작되어 1998년 베트남선교회로 공식 설립되었다. 2023년 현재 평균 예배 참여 인원은 현지인 30~40명에 한국인 스태프 10명으로, 총 40~50명이 매주일 예배를 드린다. 지난 3년간 코로나19로 인해 예배가 제한되기도 했지만, 주일마다 현장예배와 온라인예배를 병행하며 코로나19를 이겨 내고 꾸준히 예배를 이어 왔다.

주일 오전 10시 30분에 비전센터 402호에서 드려지는 예배는 베트남어로 진행된다. 하지만 사도신경, 성경 교독, 설교 내용, 주기도문 등 모든 순서마다 한국어로 번역 및 통역되고 있어서 다문화 가정의 한국인 남편과 한국인 성도들도 편안하게 예배에 동참할 수 있다. 교회 외에도 현재 관악구 봉천예배처소와 강동구 천호예배처소에서도 각각 12가정과 5가정이 거점 예배를 드리고 있다.

대부분 한국인 남편과 결혼한 경우이기 때문에 문화적 차이를 극복하고 다문화 가정으로 정착하도록 도울 일이 많다. 베트남선교회 역시 제자훈련을 통해 성도들을 양육하고 훈련시켜 역파송하는 데 초점을 두고 있다. 제자훈련에 그치지 않고, 성도들 각자의 삶의 터전에서 비전선교사로 사역할 수 있도록 양육을 이어 간다. 예배를 비롯한 다양한 섬김, 성경 공부, 상담 등을 통해 이국땅에서의 쉽지 않은 삶 속에서도 오직 예수 그리스도만을 굳게 붙잡도록 양육하고 있다.

새터민을 위한 '소울 빌더', 북한선교회

복음으로 통일되는 그날을 위해 하나님이 고아, 과부, 나그네로 먼저 보내 주신 새터민들을 품고 기도하며 예배드리는 공동체다. 특히, 인간의 특수성인 종교성을 훼손한 북한 체제에 대한 트라우마를 치료하여 종교성을 회복하는 동시에 기묘자이신 그리스도를 인격적으로 만나 하나

베트남선교회

님의 형상을 회복할 수 있도록 새터민을 대상으로 선교하고 있다. '북한 체제 트라우마 NKST$^{\text{North Korea System Trauma}}$' 치료 과정의 핵심은 '소울 빌더 $^{\text{Soul Builder}}$'로, 성도들 한 명 한 명을 하나님이 찾으시는 한 사람으로 양육하여 '복음 통일'의 마중물이 되는 비전선교사로 세워 나가는 양육 프로그램이다. 그리스도의 사랑을 통해 종교성, 영성, 하나님의 형상으로의 회복을 도와 새터민들에게 내재되어 있는 무신론과 반신론 사상으로부터 자유하게 하는 과정이다. 새터민을 '그리스도인의 한 사람'으로 세워서 인격적인 한 교회로 세워 가는 것이 목표다. 불화와 폭력이 만연한 새터민 가정 내에서 애착 외상을 경험한 새터민 자녀들에게 놀이치료와 예배를 통해 하나님을 내면화하도록 돕는 사역도 병행하고 있다.

중국 아웃리치, 한 부모·다문화 새터민 가정 회복 지원, 새터민 거주 지역 전도, 가정 및 병원 심방, 새터민 재소자 지원, '천국을 향한 여행- 하나님께서 이 가정을 구원하셨습니다' 프로젝트 등 다채로운 프로그램들을 통해 무너진 가정과 개인을 주님 안에서 세우고 있다.

실사례로, 북한선교회 성도들의 헌신과 기도에 힘입어 12년 형을 선고받고 삶을 포기한 어느 새터민 청년이 교도소에서 모범수로 복역하며 고등학교 검정고시에 합격한 데 이어 방송통신대학을 우수한 성적으로 졸업하였다. 조현병으로 자살 충동을 겪던 새터민 자매가 하나님을 영

북한선교회

접하며 삶이 반전된 역사도 있다. 어느 중국인 남편이 알코올 중독으로 말기 암 진단을 받고 삶의 끈을 놓았으나 북한선교회에서 제자훈련을 받던 새터민인 아내로 인해 하나님을 영접하게 된 사연도 있다.

북한선교회의 사역은 새터민 선교에만 한정되어 있지 않다. 'NKST 전문 상담사' 양성을 통해 새터민 선교 및 북한 전도를 위한 전문 인력을 배출하기도 한다. 새터민뿐만 아니라 한국인 성도들도 NKST 전문 상담사로 양성하여 복음 통일의 그날을 준비하고 있다.

말씀으로 훈련되는 인도네시아선교회

2006년 마르티 전도사가 부임하여 4년간 사역하면서 인도네시아선교회가 정착되었다. 이후 인도네시아 성도들이 급격히 줄어들면서 잠시 예배를 드리지 못하기도 했지만, 2010년 6월 요하네스 목사가 부임하면서 다시 부흥하기 시작했다. 요하네스 목사가 교회의 새가족반과 성장반 교재를 인도네시아어로 번역하여 선교회 회원들에게도 동일하게 훈련하고 가르친 것이 부흥을 이끈 요인이었다. 2018년 추석, 영성수련회에 초대받고 왔던 메리, 노휘타, 캔디, 휀티 네 자매가 이 교재로 훈련을 받고 성장하여 인도네시아 선교회의 핵심 리더십이 되었다. 또한 전도학교와 협력하여 전도 책자 <영생 얻는 길>을 인도네시아어로 번역하고 전도훈련 세미나를 열기도 했다. 제자훈련 교재도 번역하여 예수님의 제자들을 세워 나가는 것이 다음 목표다.

인도네시아선교회

2019년 10월 3~9일, 설립 13년 만에 첫 해외 아웃리치를 다녀왔다. 수라바야에서 처음으로 방문한 사역지는 양로원이다. 현지 양로원 원장이 크리스천이어서 현지 교회의 후원이 이어지고, 예배의 능력을 힘입어 자연스럽게 복음이 전해지고 있었다. 토사리마을의 '토사리 바이타니학교'에서는 요하네스 목사가 하나님의 말씀을

보니 자매의 아들 재형이를 향한 은혜

2023년에 인도네시아선교회에 등록한 보니 자매는 인도네시아에서 한국인 남편과 결혼한 지
얼마 안 되어 불의의 사고로 남편을 잃고 한국으로 오게 되었다.
그녀의 4살 된 아들 재형이에게 진주종이라는 병이 있다는 것을 한국에 와서야 알게 되었다.
진주종은 귓속에서 자라는 혹 때문에 뼈가 녹는 질병으로, 방치하면 청력을 잃게 된다.
수술이 시급한 상황이었지만 한국에서의 생활 기반이 변변하지 않아 막막한 형편이었다.
이 사실을 알게 된 인도네시아선교회 지체들과 모든 스태프들이 합심하여 기도하기 시작했고
새중앙교회 선교부에서도 마음을 모아 중보하였다.
분당 차병원에서 검사 결과, 수술이 시급하고 수술비는 150만 원 정도로 예상되었다. 그러나 보니
자매의 형편은 이를 감당하기가 어려웠다. 직장의 일이 줄어 수개월째 일을 하지 못하고 있었다.
딱한 사정에 한국 스태프들이 마음과 물질을 모으기 시작했고 교회 선교부에서도 발빠르게 교회 복지부와
협의하여 후원을 결정했다. 어느 집사님이 이 사실을 알고 수술비 전액을 후원하겠다고 연락해 왔다.
수술 시간에 맞추어 모두가 한마음으로 기도하던 3월 8일부터 그동안 예비하신 하나님의 놀라운 역사들이
순차적으로 일어나기 시작했다. 바로 일주일 전의 검사에서는 진주종으로 확인된 혹이
수술 당일 수술실에서는 염증으로 변해 있었다. 기도에 응답하신 것이다.
더 놀랍고 감사한 것은 병원에서 이미 암으로 진단해 놓았기 때문에 치료비가 5분의 1로 감면되었으며,
그마저도 주민센터의 도움을 받아 모두 환급받을 수 있었다.
하나님의 작품이고 하나님의 은혜! 모두가 한마음으로 기도하며 협력한 결과,
날마다 성실하시고 살아 역사하시는 하나님을 만난 것이다.

선포하고 하나님의 사람으로 거듭나게 된 간증을 나누었다. 한국에 머무르는 동안 인도네시아선교회 소속으로 지내다가 귀국한 10여 명의 지체를 현지에서 만난 것도 은혜였다. 아웃리치팀을 만나기 위해 3시간을 달려 온 말리 형제는 제2의 새중앙인도네시아선교회와 제2의 요하네스를 꿈꾸며 신학도가 되었다는 소식을 전했다.

요하네스 목사는 8년 전에 만난 루시아나 자매가 유난히 기억에 남는다고 한다. 찬양을 좋아해서 싱어로 섬기는 중에 인도네시아선교회의 한국 스태프 김은경 집사의 피아노 레슨을 받고 찬양 반주 등의 리더십으로 섬기다가, 언니의 암 투병 소식을 듣고 2021년 귀국하여 고향에서 가족 구원을 위해 선교사적 삶을 살고 있다. '가서 제자 삼으라'는 교회의 비전이 인도네시아선교회 안에서도 성령의 역사하심으로 이루어져

서 제2, 제3의 루시아나가 세워지도록 기도하고 있다.

루시아나처럼 본국으로 돌아가 선교사적 삶을 살고 있는 조마디 알링 가정도 귀한 본보기로 소개할 수 있다. 선교회를 열심히 섬기던 중에 만나 한 가정을 이루고 딸을 낳아 생활하다가 지난 2022년 본국으로 돌아간 경우다. 스태프들의 헌신적인 섬김도 빼놓을 수 없다. 인도네시아선교회 창립 이후 변함없이 섬기고 있는 김지영 권사와 전성철 집사를 비롯해 많은 스태프들은 지체들을 가족처럼 여긴다. 그중에서 홍갑섭 목사와 김선오 피택장로를 배출하기도 했다.

부임 후 10년간 사역해 온 요하네스 목사는 전라도 광주에 새로 개척된 교회로 파송되었고, 현재는 로빈슨 목사가 부임하여 매주 금요일 평택과 안산 지역에서 전도를 이어가고 있다. 또한 매주 토요일 성도들 개별 심방을 통해 제2의 부흥을 위해 노력하고 있다.

기도 응답으로 세워진 일본선교회

2016년 10월 첫 주일, 드디어 일본선교회 설립예배가 이루어졌다. 이미 몇 년 전부터 김인현 선교사를 비롯하여 몇몇 성도들이 기도로 준비해 오고 있었다. 그러던 중 제9기 SMTC가 처음으로 일본 고베로 현장 훈련을 다녀온 이후 13기에 이르기까지, SMTC 훈련생들이 일본을 품고 기도하며 일본 선교에 대한 관심과 열정에 불이 지펴졌다. 이 모든 것이 일본선교회를 위해 차츰차츰 일꾼들을 세워 가시는 과정이었음을 나중에야 알게 되었다.

2016년 4월부터 일본선교회 설립을 위한 준비 기도회가 두세 명의 모임으로 다시 시작되었다. 기도하는 날이 쌓일수록 일본 선교를 갈망하는 기도의 동역자들이 점차 늘어났고, 담당 교역자가 세워진 후에는 기도 모임이 더욱 뜨거워졌다. 이런 열정으로 정식 설립예배를 드리기 전부터 일본어로 예배를 드리다가 2016년 10월 정식으로 설립되었다. 15명의 한국인 성도들이 새중앙선교센터 303호에서 주일 오전 11시에 일본어로 예배를 드리기 시작해 현재까지 이르렀으며, 일본인 국제 결혼

가정들과 일본 유학생들을 섬기는 것을 목적으로 삼고 있다.

현재 남인 목사가 담당 교역자로, 일본인 두 명과 재일교포 한 명, 그리고 일본어가 가능한 한국인 스태프들, 일본을 사랑하는 20여 명의 성도들이 하나되어 일본어로 함께 예배드리고 있다. 주요 사역으로는 교회 내 제자훈련 교재를 일본어로 번역하여 새가족반 훈련부터 사역자반 훈련까지 일본어로 실시하고 있으며, 일본인 성도 2명이 사역자반 훈련까지 모두 마친 상태다.

설립 1주년이 되던 2017년에는 매주 월요일마다 일본어 성경 통독 모임을 통해 말씀을 묵상하고 나누기 시작했다. 당시 일본어가 능숙하지 않은 성도들을 위해서 매주 토요일, 일본어 수업 초급반을 운영하면서 교재《일본어로 복음 전하기》를 통해 언어 학습과 복음 전도의 사명을 모두 감당하고자 노력하기도 했다. 2018년에 와서는 매주 토요일 '어린이 일본어 교실'을 열어 5명의 초등학생들에게 일본어를 가르치기 시작했고, 월요일 오전에는 한국인과 일본인 성도들이 함께 모여 일본어 성경을 통독하고 묵상한 은혜를 나누었다. 7월부터는 자체적으로 하계 중보기도 사역을 시작하였으며, 설립 2주년 기념 감사 예배를 맞이해서는 남인 강도사의 목사 임직식도 진행되었다. 2019년에는 일본 동경과 사이타마에서 아웃리치를 실시하였는데, 김인현 선교사와 함께 일본의 선교 거점이 될 교회들을 발굴하여 더 효과적인 아웃리치가 이루어졌다.

2022년에는 코로나19 상황에도 '국내 순교 유적지 탐방'을 주제로 국내 아웃리치를 단행하여 일본인 성도들과 화성 제암교회와 수촌교회, 일본인이 한국에 최초로 세운 동신교회 등을 방문하였다. 과거의 아픈 흔적들을 예수님의 사랑으로 치유한 역사적 현장을 둘러보며 일본 선교를 위해 새로운 비전을 다짐하는 기회로 삼았다. 2023년에는 '복음을 들고 다시 일본으로 가서 제자 삼으라'는 슬로건 아래 아웃리치 재개를 준비 중이다. 그에 앞서 먼저 일본을 알기 위해 일본복음선교회와 공동으로 5월 27일 새중앙교회에서 '제8회 JEM 일본선교아카데미'를 개최한다. 그 여세를 몰아 5월 30일에서 6월 2일까지 '나가사키 순교 유적지 탐방'을 계획 중이다.

'비전 50-50-50'을 바라며, 중국선교회

1995년, 중국 한족과 중국 동포가 함께 중국어로 예배를 드리며 시작되었다. 1997년에 중국동포선교회가 따로 분리되면서 한족만으로 중국선교회가 꾸려지게 되었고, 2018년에 이르러서는 중국어린이예배가 별도로 드려질 정도로 부흥을 이루었다.

위다니엘 목사가 사역 중인 중국선교회의 장년예배에는 매주일 평균 60여 명의 성도들이 참석하고, 신자설 전도사가 담당하고 있는 중국어린이예배에는 매주일 30여 명의 어린이들이 함께 예배를 드리고 있다. 예배에 참석하는 중국인 성도들을 대상으로 교회에서 발행되는 훈련용 교재들로 신앙 훈련을 시작하여 지금까지 이어 오고 있다. 또한 2018년 새롭게 발행된 황덕영 담임목사의 제자반 및 사역자반 교재를 중국어로 번역하여 제자훈련을 시작한 이래, 현재까지 10명이 비전선교사로 임명받아 여전히 중국선교회를 섬기고 있다. 2016년부터 제자훈련을 훌륭히 받은 성도를 SMTC 선교 훈련에 추천해 오고 있는데, 그중 4명이 귀한 열매로 나타났다. 또, 그해부터 지금까지 미얀마의 고아원 선교, 대만 북부 및 남부 선교, 중국 연길의 중국인 성도 탐방 및 북한 선교를 위한

비전 트립을 3차례 진행했다.

중국선교회가 지향하는 사역의 방향성은 크게 셋으로 요약된다. 그 첫째가 '3분야의 사역'으로, 근로자·다문화 가정·유학생으로 구분되는 세 그룹을 대상으로 선교 사역을 전개한다는 것이다. 실제 예배 인원들도 대부분 이 세 그룹으로 나누어진다. 둘째가 '3세대에 대한 사역'으로, 성도들의 각 연령대에 대응하여 중장년층, 청년층, 유년층으로 나누어 사역을 진행하고 있다. 마지막이 '비전 50-50-50'이다. 50개 구역예배, 중국 내 50개 지교회, 50명의 선교사 역파송을 비전으로 세워 놓고 양육과 훈련과 역파송에 주력하고 있다.

'복음 통일'을 준비하는 중국동포선교회

1995년 2월 현재의 중국선교회의 이름으로 함께 설립예배를 드렸다가 1997년 9월 '중국동포선교회'로 독립되어 운영되고 있다. 한국에 흩어져 있는 중국 동포 디아스포라를 대상으로 선교에 힘쓰기 위함이었다. 이를 통해 역파송을 염두에 두고 중국과 북한에 관한 현장감 있는 선교 정책을 계획하고 실천해 오고 있다. 실제로 역파송 비전을 품은 성도들을 대상으로 기초 신앙과 교리, 실천적 전도 이론과 훈련을 실시하고 있다. 나아가 구체적으로 총회신학교 전도사와 훈련을 통한 역파송 선교사 양육 훈련을 목표로 세워 놓고 있다. 구체적으로 새중앙선교신학교에서 학부 과정에 해당하는 기초 신학, 전략적인 기도, 실제적 훈련 등을 배우게 된다. 동원, 현장 준비, 파송으로 연결되는 현지 적응 훈련에 참여한 한국계 중국인 디아스포라들을 북한의 복음 통일을 위한 전초 기지로 준비하는 것이다. 새 신자들을 위해서는 새

중국동포선교회가 군포에서 거리 전도를 하고 있다.

가족반, 성장반, 제자반 및 사역자반 훈련이 순차적으로 진행되고, 자연스럽게 한 명 한 명이 '비전선교사'로 세워지도록 인도한다.

코로나19로 인해 그동안 적극적으로 돌보기 어려웠던 각 가정을 신앙 안에 다시 세우기 위해 활발히 지원하고 있으며, 성도들 중 깨진 가정을 살펴 다시 일으켜 세우는 목양을 목표로 하나님의 사랑을 실천하고 있다. 북한 선교를 위해서는, 한국에서 익힌 기술, 면허, 자격증 등을 북한에서 특화된 사역으로 활용할 수 있는 헌신자들을 세우고자 함께 기도하고 있다.

성도들 모두 선교적 교회의 일원으로서, 일터에서 만나는 사람들에게 현장 전도자로서의 영향력을 갖추는 데 중점을 두고 있다. 이를 위해 전도 대상자들을 선교회로 인도하여 함께 나올 수 있도록 별도의 훈련의 기간이 계획되어 있다. 거점 가정에서 예배를 드리고, 성경 암송과 묵상, 감사 일기 쓰기, 큐티 나눔, 예배 찬양 연습 등 현장과 교회 공동체를 섬기기 위한 리더 훈련 또한 꾸준히 이루어지고 있다.

매주 예배 후에는 그냥 흩어지지 않는다. 성도들과 스태프들이 소그룹 구역모임을 통해 설교 내용을 큐티 형식으로 서로 나눈다. 출석 체크만 하는 형식적인 시간이 아니기 때문에 소그룹들이 나날이 영적 및 물적으로 부흥하고 성장하는 것을 참석자 모두 몸소 경험하고 있다.

장년교구 전 세대 아웃리치

새중앙교회 30년 역사를 기록한 책《30, 새중앙교회 이야기》에서 소개된 '여름 전도 여행'이 아웃리치Outreach로 그 명칭이 바뀌었다. 미자립교회의 안타까운 현실을 돌아보고 부흥을 도와 함께 성장하겠다는 기본 정신에는 전혀 변화가 없다. 오히려 그 활동 범위는 국내에 한정되지 않고 더 넓어졌다. '세상 끝까지 확장하라'는 예수님의 명령에 더욱 순종하겠다는 의지를 담은 결과물이다. 아웃리치는 동사로는 '~의 끝까지 달하다', '손을 뻗다'라는 의미로 해석되고, 명사로는 '보다 넓은 지역 사회에 대한 봉사 활동'의 뜻을 가진다. 전도하기 위한 전 단계, 즉 복음을 전하기 위해 준비된 사람들과의 접촉점을 만드는 통로이자 과정으로 이해할 수 있다.

발 마사지도 하고 부침개도 부치고

"한 성도님이 태어나서 처음 교회에 나왔는데 이렇게 큰 사랑을 받아본 것은 처음이라며 본당 의자에 앉아 감격과 기쁨에 한참 동안 눈물을 흘리셨어요. 또, 어느 형제는 대형 교회를 다니다가 실족해서 신앙생활을 쉬고 있는데, 여태껏 자신의 얘기에 이렇게 귀 기울여 준 사람이 없었다면서 자신의 백태병을 보여 주며 교회에 출석하겠다고 고백한 적도 있고요."
산본교구 유형순 권사

해마다 전 교인 및 전 교구의 여름 전도 행사를 통해서 미자립교회를 실질적으로 돕고 있다. 대체로 5월 말부터 6월까지 각 교구별로 연합하여 도움이 필요한 교회들을 선정한 후, 하루 일정으로 사전 답사를 다녀온다. 각 교구의 준비팀이 2~3차례의 사전 답사를 통해 현지 교회의 위치, 지역적 특성, 현황, 문제점 등을 파악한 후에는 기도로 먼저 준비하면서 동시에 전도 전략을 구상한다. 이 과정에 교회 내 여러 봉사팀들과 협력하는 방안을 세우게 된다. 현장에서는 현지 교회를 주변에 알리는 것을 시작으로 하여, 이웃들이 교회에 방문하고 등록하도록 전도 활동을 적극적으로 펼친다. 더불어 현지 교회가 안고 있는 현황과 문제를 극복하도록 동기 부여를 하고 전도 활동을 지속적으로 이어가도록 돕는다.

축호 전도팀과 노방 전도팀이 전도지를 돌리며 복음을 전하는 동안,

이미용선교회와 발사랑선교회의 아웃리치 현장

새중앙의료선교회는 수지침과 침술 봉사로 아픈 사람들을 돌본다. 새중앙사진선교회는 장수 사진, 가족 사진 등을 촬영하며 낯선 이들에게 복음을 전하는 접촉점을 마련하고, 이미용선교회와 발사랑선교회, 중보기도팀도 각기 영역에서 사역을 시작한다. 이미용 봉사와 침술 봉사는 장날이나 특별한 날 읍내까지 나가야만 가능한 곳에 사시는 이들과 거동이 불편한 어르신들에게 인기 만점이다. 발 마사지를 권하면 처음에는 대부분이 부끄럽고 계면쩍어 손사래를 친다. 하지만 일단 한 번 받아 보고 나면 반전이 일어난다. '여기가 바로 천국일세!', 감동하며 웃음꽃이 만발하곤 한다. 사진 촬영도 마찬가지다. 영정 사진이라는 생각에 꺼리던 분들도 가족 사진, 장수 사진이라는 표현에 멋지게 단장하고 앞다투어 카메라와 눈을 맞추려 한다.

그 즈음이면 교회 앞 도로는 한바탕 잔치가 펼쳐지는 안마당이 된다. 매콤한 떡볶이가 침샘을 자극하고 부침개, 팝콘이 고소한 냄새로 후각을 사로잡으며 오가는 발길을 끈다. 그렇게 모여든 이들이 시원한 슬러시로 목을 축일 때면 넉넉한 인심과 함께 음식이 한 상 차려진다. 지역 주민들은 간식 삼아 이것저것 맛보면서 섬기는 이들의 구슬땀에 감동과 감사를 표하기도 하고, 전하는 복음에 귀 기울기도 한다.

전도는 짧은 시간 동안 그저 한 사람을 만나는 것이 아니라 한 인생, 한 영혼, 한 인격체를 위해 지속적으로 기도하며 만나는 일이다. 따라서 진솔하고 꾸준한 섬김을 통해 하나님의 계획이 나타나고 성취되기를 소

"큰 교회라고 위세 부리는 성도도 없었고, 작은 교회라고 무시하는 일도 없었어요. 1차, 2차 답사 후에도 계속 소통하며 준비하는 과정이 정말 철저했고, 무엇보다 아웃리치 기간 동안 축호 전도와 노방 전도에 열정을 다하는 모습이 감동적이었습니다."
세종시 주님의교회 이형권 목사

아웃리치로 방문한 교회에서 즐거운 시간을 보내는 성도들과 복음을 전하는 전도팀

망하고 기대하는 것이다.

전 교구 전 세대의 아웃리치

2015년 들어, 교회가 '전 세대 아웃리치' 비전을 선포하였다. 지난 2015년 7월 세계선교영성축제를 통해 선포된 비전이다. 그 이래로 오늘에 이르기까지 교회 각 기관들이 보다 본격적이고 적극적으로 움직이고 있다. 전 세대란 취학 전 어린이를 비롯한 초·중·고등학생의 드림공동체, 대학·청년 공동체인 비전공동체, 장년교구 등을 말한다. 말하자면, 교회 전체를 가리킨다. 이 비전은 새로운 것이 아니다. 2012년부터 국내외에서 아웃리치를 해 오고 있는 비전공동체, 27년 전부터 국내 농어촌 미자립교회를 중심으로 여름 전도 여행을 실시해 온 장년교구, 해외 현장 훈련을 책임지는 SMTC, 매년 인도네시아에서 실시되는 현지 목회자 선교 훈련 등 교회에서 진행되는 모든 국내외 선교를 하나의 비전으로 묶은 전략적인 비전이다.

　세계선교영성축제에서 전 세대 아웃리치가 선포된 이후, 곧바로 고등부가 중심이 된 '러시아 청소년 아웃리치팀'이 러시아로 출발했다. 'MK 캠프, 비전트립, 성경학교'의 3가지 주제를 가지고 현지 선교사와 협력하며 7박 8일 동안 사역을 진행하였다. 새중앙신문사의 필리핀 아웃리치는 선교팀이 아닌 기관에서 이루어진 해외 선교라는 점에서 특히 주목할 만하다. 훗날 보편화되긴 했지만, 2015년 당시에는 장년교구에서 아웃리치 사역을 시행했던 점은 눈에 띄는 일이었다. 설립 33주년을 맞은 2016년 6월에는 발사랑선교회가 필리핀에서, 7월에는 새중앙의료선교회가 캄보디아에서, 8월에는 드림공동체 중고등부가 러시아에서, 새중앙신문사가 필리핀에서 각각 아웃리치의 횃불을 저마다 높이 들고 순례의 여정을 이루었다.

비전공동체의 경우, 200여 명의 청년들이 제주도 7개 교회를 거점으로 아웃리치를 단행했다. '한라에서 백두까지'를 주제로, 통일 한국을 향한 비전을 알렸다는 점에서 의미가 크다. 특히 2013년 비전공동체는 '비전100 아웃리치'를 선포한 바 있는데, 2년도 채 안 되어 달성되었다. 그에 힘입어 2014년에 다시 '비전300 아웃리치'를 선포하고, 남한과 북한을 각각 6개 권역으로 나누어 매월 한 교구가 한 권역씩 맡아서 기도했다. 2016년에 이르러서는 실제로 연길과 백두산 아웃리치를 다녀왔으며, 여름 연합 아웃리치를 통해 최전방 군부대 선교를 진행하였다.

"아웃리치를 거치면서 지역 주민들의 표정도, 교회를 대하는 모습도 달라졌어요. 초청 카드와 축호 전도 리스트를 보고 전화를 드리면 반갑게 받아 주시고 교회로 오시겠다고도 하셔서 기대가 커요. 노부부가 먼저 등록하자 이번 주에는 호수공원 앞에 사는 아들도 함께 등록해서 예배드리기로 했습니다."
일산 좋은교회 김희숙 전도사

2018~2019년 뙤약볕보다 뜨거웠던 아웃리치

교회 설립 35주년이던 2018년에도 아웃리치의 뜨거운 열기는 식을 줄 모르고, 국내 30개 지역과 해외 10개국으로 아웃리치가 이루어졌다. 그해 여름 역시 장마와 폭염과 열대야가 기승을 부렸지만, 교회는 국내외 아웃리치와 드림공동체 여름 캠프의 열정으로 활기가 넘쳤다. 복음을 전할 수만 있으면 시간과 공간을 초월하여 어느 곳이든 조건을 따지지 않고 '가서 제자 삼으라'는 교회의 비전을 실천한 것이다.

2018년 6월부터 시작된 아웃리치의 특징은 드림공동체로부터 비전공동체를 넘어 장년교구에 이르는 교회 내 모든 공동체가 참여했다는 점이다. 장년교구의 아웃리치에는 9개 지역 18개 교구에서 1천5백여 명의 성도가 참여해 그 열기가 해외와 각 기관의 아웃리치로 이어졌다. 은혜로운 사역 현장의 이야기가 참가자들의 입술과 글과 사진을 통해 간증으로 퍼져 나갔다.

아웃리치 현장에서 복음을 전하는 교구 전도대(위), 의료선교회의 베트남 아웃리치 현장(아래)

비전공동체 1청년이 필리핀으로, 예배팀은 일본으로 각각 아웃리치를 떠났고, 국내의 농어촌교회와 미자립교회에서도 아웃리치를 진행했다. 그동안 GOP 예배를 통해 군부대 복음화에 힘써 온 비전공동체가 2018년 여름에는 25사단 군부대 교회로 아웃리치를 다녀온 것은 매우 뜻깊은 일이었다. 그해 8월 12~15일까지 비전공동체 연합팀이 '원 코리아^{ONE} KOREA'라는 주제 아래 남한 5개 도의 8개 교회와 합력하여 전도 및 섬김의 사역을 감당했다. 방학을 맞은 다음세대 드림공동체에서는 어와나팀이 베트남과 말레이시아에서, 교육2팀과 교육3팀이 남양주와 충주에서 아웃리치를 통해 복음을 전했다.

여름날의 길고 분주한 아웃리치가 마무리되면서, 새중앙사진선교회는 9월 한 달 동안 아트로뎀갤러리 2관에서 '2018 새중앙교회 아웃리치 사진 전시회'를 열었다. 덕분에 다시 한번 모든 성도가 그 은혜의 순간들과 장면들을 떠올리며 감동을 나누었다.

2019년 역시 '2019 교구 아웃리치'와 '해외 아웃리치'의 열기로 교회 안팎이 뜨거웠다. 소그룹이 지원 대상 교회를 적어도 4~5회 이상 방문하여 교회를 실질적으로 세우는 사역을 했다. 프로그램도 다채로워지고 풍성해졌으며 참석 인원도 늘었다. 전도용 소책자 <영생 얻는 길>을 교재로 전도학교를 열어 함께 주변 지역 전도에 나섰으며, 천연 화장품 만들기, 풍선 아트, 가족 사진 촬영, 인형극 등의 프로그램으로 주민들의 관심을 끌며 전도의 접촉점을 만들었다.

'선교란 바로 이런 것'이라는 사실을 보여 주듯, 아웃리치를 다녀오고 나면 미자립교회에 개척의 영성이 살아나는 것은 말할 것도 없다. 아웃리치에 참여한 성도들도 살아난다. 아웃리치를 통해 한 영혼이 교회에 등록할 때마다 생명수 같은 감격과 은혜로 되돌아오기 때문이다.

2015년 화평, 인덕원대우교구
"예기치 못한 악천후로 노방 전도용 천막이 날아갈 정도로 비바람이
심했지만, 은혜 가운데 모든 일정이 진행되면서 하나님의 말씀을
전할 수 있어 감사했습니다."

2015년 갈미, 수원교구
"내포사랑의교회는 2천9백 세대의 신도시에 위치하는데, 당시 입주가 40%
정도만 진행되어 노방 전도와 축호 전도 모두 어려운 형편이었어요.
그래도 길가에 주차된 차량들에 전도지로 복음을 전하고, 붕어빵과 어묵과
대추차로 드문드문 지나가는 사람들을 불러 모았습니다.
추운 날씨에도 애쓰는 모습을 하나님께서 기쁘게 보셨는지, 그 다음주에
아홉 명의 새 신자와 세 가정이 새로 등록했다는 소식을 들었어요.
어찌나 감사하고 기뻤는지요!"

아웃리치로 방문한 교회 앞에서 기념 촬영을 하는 성도들

비전공동체 아웃리치

2013년 비전100 아웃리치 섬김과 선교

전라남도 고흥에 위치하는 거금도, 2013년 비전공동체가 '비전100 아웃리치 섬김과 선교'를 실천하기 위해 품은 대상지다. 안양에서 차로 5시간 이상 걸릴 정도로 먼길이다. 그곳에서 복음 사역을 감당하고 있는 금산중앙교회, 금장교회, 신평교회에서 1백여 명의 청년들이 각자의 은사대로 사역했다. 도배, 마당 콘크리트 포장, 옥수수 수확 및 포장, 식사, 안마, 이미용, 어린이학교, 페인트칠, 전도 등등이다. 먼 시골을 마다하지 않고 달려와 준 것도 반가운 일인데, 구슬땀까지 뻘뻘 흘려가면서 동네 청년들의 빈자리를 채우며 일하는 모습에 마을 전체가 감동을 표현했다. 교회에 적대적이기로 소문난 이순경 할아버지의 마음마저 열렸을 정도다. 할아버지가 복음을 귀담아들으시고 영접기도까지 하신 것은 전적으로 주님의 은혜였다.

새벽별성가대는 7월 13~15일, 2박 3일 동안 미자립교회인 제주 성진교회, 제주 충일감리교회, 지적 장애우의 직업 재활 시설인 평화의마을로 찬양 선교 아웃리치를 다녀왔다. 대학교구는 7월 24~27일까지 포천 새터교회를 섬겼으며, 히엘찬양팀은 7월 29일~8월 2일까지 기독교 캠프코

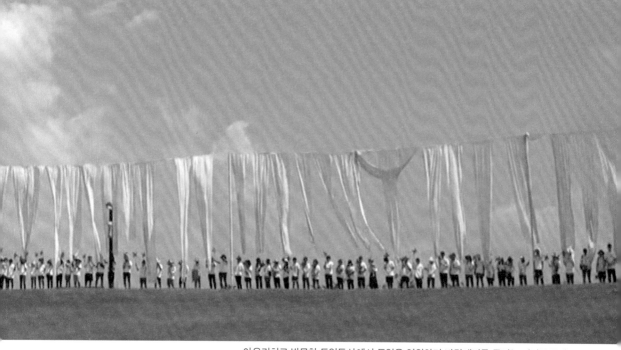

아웃리치로 방문한 통일동산에서 통일을 염원하며 바람개비를 돌리는 비전공동체

리아 아웃리치를 다녀왔다. 히엘찬양팀의 은혜로운 간증을 전하자면, 모두 함께 무릎 꿇어 눈물로 회개하고 기도하며 찬양하는 동안 예수님이 말씀하신 어린아이와 같은 믿음을 동일하게 경험했다는 것이다.

러시아 아웃리치팀은 러시아 연해주 지역 블라디보스토크와 하바롭스크로 8박 9일간의 아웃리치를 다녀왔다. 현지의 새소망교회 박종훈, 손선미 선교사를 도와 현지 어린이를 대상으로 한글 캠프를 열고 고아원을 방문했다. 러시아에서는 대부분의 위정자들이 러시아 정교를 믿고 있어서, 겉으로는 종교의 자유를 말하지만 실제로는 기독교 선교사들과 교회들을 행정 및 법적 테두리 안에서 교묘하게 탄압하는 경향이 있다. 러시아 선교사들의 사역과 그들을 돕는 모든 손길들을 위해 기도가 절실한 이유다.

비전공동체는 또한 10박 11일간 캄보디아로 날아가기도 했다. '비전 300'을 열정적으로 품고서다. 이념 전쟁으로 인한 양민 대학살 사건 '킬링필드' 역사지를 방문하여 그 땅을 위로하고, 고아원 및 교회 개척 사역을 감당하는 정순태, 고정숙 선교사를 찾아 하나님과 동역하는 모습을 지켜봤다.

통일촌에서 북녘 땅을 향하여 기도하는 비전공동체

중국으로 떠난 29명의 청년들은 청도에서 약 2시간 더 가야 하는 래서에서 문화와 언어의 장벽을 뛰어넘는 은혜를 체험했다. 에벤에셀교회를 중심으로 6박 7일간 사역하였고, 삼자교회에서는 문화예배 프로그램을 처음으로 선보였다. 하나님의 은혜로 인해 세상이 창조된 순간부터 인간의 죄, 예수님의 구원과 고난, 부활까지, 드라마의 한 장면 한 장면을 통해 은혜 받던 현지인들의 눈빛을 보았다. 또한 그날 밤에는 안전을 위해 최소한의 인원만 꾸려 중국의 지하 교회에서 드려지는 예배에 참석하기도 했다. 몰래 드려지는 예배, 자칫 들키면 큰일을 겪을 수도 있는 예배지만, 그 누구도 '아멘'을 외치는 데 두려워하지 않았다. 하나님의 은혜는 문화와 언어의 장벽을 넘어서 임했다.

2015년 한라에서 백두까지, 백두에서 땅끝까지

제주도는 복음화율 3%대로 대한민국에서 가장 낮은 지역이다. 2015년 당시 비전공동체에서 사역하던 황덕영 담임목사는 '통일 한국'과 '비전300 아웃리치' 비전을 선포하고, 8월 12~15일까지 '블레싱 제주^{Blessing Jeju}'를 주제로 제주 연합 아웃리치를 단행하였다. 앞서 '비전300'을 통해 100개의 네트워크, 100개의 구역, 100개의 아웃리치를 선포한 바 있는데, 당시 100개의 아웃리치를 돌파하면서 '통일 한국'과 '비전300 아웃리치'가 새롭게 선포된 것이다. 청년교구는 서귀포시의 2개 교회에서, 대학교구는 제주 시의 4개 교회에서 아웃리치를 진행했다. 교회 건물 페인트 작업, 영어 캠프, 경로당 사역, 축호 전도, 초상화 그려 주기, 발 마사지, 워십 콘서트, 복음 영화 '순교' 관람, 어린이 여름성경학교 등의 사역들을 진행했다. 당시의 모든 사역이 C채널의 다큐멘터리로 제작 및 방영되어 한국 교회 아웃리치의 모범 사례로서 여러 교회에 도전을 주기도 했다.

이어 9월에는 황덕영 담임목사와 36명의 대학 및 청년 연합 비전공동체가 백두산 아웃리치를 다녀왔다. '한라에서 백두까지, 백두에서 땅끝까지'라는 비전 문구 그대로 중국 연길과 백두산으로 향한 것이다. 추석 연휴를 반납한 5박 6일간의 일정이었다. 기독교 선교 130주년과 광복 70주년을 기념하고, 분단 70주년에 대한 안타까움으로 통일 한국을 대비한 여정이었다.

연변 조선족 자치주의 역할을 몸소 배우고, 연변박물관과 연변과학기술대학을 탐방하여 통일 한국에 대한 하나님의 비전을 전했다. 그곳 두만강이 바라보이는 광장에서 '홀로아리랑' 플래시몹이 펼쳐졌다. 통일에 대한 청년들의 갈망을 담아 예배하는 마음으로 올려진 공연이다. 하나된 마음으로 백두산에 올라서도 홀로아리랑을 부르며 통일을 염원했다.

필리핀 낄리옥초등학교 어린이 사역을 진행한 비전공동체

1, 2 비전공동체의 연길 아웃리치   3, 4 비전공동체의 필리핀 아웃리치

더불어 북한, 중국, 러시아 3개국의 접경 지역인 훈춘을 방문하기도 했다. 동북아 시대와 복음의 서진이 시작되기 위한 중요한 장소로, 신앙인들이 눈여겨보는 그 땅을 마지막으로 여정이 마무리되었다.

2016년 블레싱 한반도

통일 한국 시대가 도래하면 가장 먼저 열리는 곳, DMZ다. 1청년이 최전방 사단인 육군 25사단과 연합했다. 사단 교회 두 곳과 예하부대 교회 세 곳을 섬기고 있던 25사단 용사들이 통일 한국의 비전을 함께 품기를 소망한 것이다. GOP, GP를 섬기는 철책 대대에 손수 만든 핫도그 1천 개와 손 편지 1천 장에 예수님의 사랑을 담아 전달했고, 철책 중대와 초소를 이끄는 중대장과 소대장들의 손을 붙잡고 기도로 축복했다. 무엇보다 북한 초소를 바라보며 군사적 긴장이 아닌 긍휼한 마음으로 기도의 씨앗을 뿌렸다.

2청년은 북한과 가장 가까워 통일 후 가장 빨리 북한으로 갈 수 있는 땅, 파주를 찾아갔다. 군부대 인근에 위치한 농촌 교회 두 곳과 파주 신도시의 9개 미자립교회에서 교회 건물을 보수하고 이웃을 전도하고 돌아왔다. 북한 땅을 눈으로 직접 확인하면서 통일 한국의 비전을 더욱 실감나게 품게 되었다.

예배교구 30여 명은 휴전선 길이인 155마일의 10분의 1인 15.5마일, 약 25킬로미터를 예배하고 기도하며 걸었다. 특별히 15.5마일을 완성하던 마지막 날에는 연합 일정으로 비전공동체 모든 지체가 임진각 평화누리공원에 모였다. 통일 한국을 위한 기도 제목을 적은 바람개비를 들고 북녘 땅을 향해 기도하기 위해서였다. 저녁에는 '웨이브 코리아' 집회를 통하여 육군 25사단 장병들과 함께 예배를 드렸다. 1백여 명 군 장병들과 2백여 명 청년 지체들이 영적으로 연합하고, 통일 한반도를 염원하며 축복한 시간이었다. '블레싱 한반도!'가 절로 터져 나왔다.

2018년 연합 아웃리치 '원 코리아'

처음으로 대한민국 내륙 5개 도로 흩어져 아웃리치가 진행된 특별한 해다. 비전공동체 출범 이후 처음으로 1, 2, 3청년과 신혼부부교구, 예배교구 모두가 연합해 하나의 팀이 되었다는 점도 특별하다. 8월 12일 주일부터 15일 수요일까지 3박 4일간의 연합이었다. 통일 한국을 맞이할 언

군인 교회인 강원도 마현교회에서 벽화 사역을 함께한 장병들과 비전공동체

2018년 대한민국 내륙 5개 도에서 진행된 원코리아 아웃리치

젠가, 북한 땅에서도 각 도별로 흩어져서 복음을 전파하게 될 사명을 청년들이 미리 경험한 것이다.

강원도팀은 화천 27사단 이기자교회로 아웃리치를 다녀왔다. 은혜교회와 마현교회로 나뉘어 페인트칠, 도배 및 시트 작업, 곰팡이 제거 등의 교회 건물 보수 사역을 감당하고 마지막 날에는 군 간부 수련회에 함께 참여했다. 경기도팀은 1, 2, 3청년과 신혼부부교구, 예배교구가 함께 연합하여 강화도 교동중앙교회로 향했다. 강화도 교동도는 북한과 거의 접경 지역으로 북단의 말탄포구에서 강 건너 2킬로미터 전방에 북한 땅 연백군이 가깝게 보인다. 그곳에서 북으로 건너갈 날이 곧 오리라는 마음으로 페인트칠, 축호 전도, 발 마사지, 어린이 전도 등을 통해 복음과 사랑을 전했다.

경상도팀의 70여 명 청년들은 경상북도 울진에서 사역했다. 복음화율 3% 미만으로 미전도 지역이라고 부를 정도로 복음에 척박한 땅이다. 30년 된 교회 건물을 개보수하고 교회 인근의 마을과 지역을 청소했다. 5개 마을의 어르신들을 모시고는 발 마사지와 경로잔치로 예수님의 사랑을 전했다. 전라도팀은 전라남도 고흥 거금도에 있는 옥룡화평교회와 익금화평전원교회를 섬겼다. 페인트칠과 도배로 교회를 단장하고, 마을 잔치를 열어 어르신들에게 오리백숙을 대접하기도 했다. 발 마사지와 마스크 팩으로 건강과 미용도 챙겨 드리고, 드라마 공연을 통해 주민들에

"비전공동체의 아웃리치는 교회적으로 큰 동기 유발을 할 수 있는 기폭제 역할이 되었으며, 교회 성도들도 감동과 도전이 되는 계기였고 다음 기회가 있다면 또 이어지기를 소망해 봅니다."
청양중앙장로교회
김용정 담임목사

2015년 비전공동체 아웃리치 '한라에서 백두까지 백두에서 땅끝까지' 사역 현장

게 예수님의 사랑을 전했다.

충청도팀의 35명은 충청남도 보령에 위치한 미산성실교회를 방문했다. 연세 많은 어르신이 중심을 이루는 5개 농촌 마을을 돌며 집집마다 복음으로 문을 두드렸다. 전도 책자 <영생 얻는 길>로 전도하고, 마을잔치를 열었다. 다음 날에는 마을회관에서 약 50명의 어르신들에게 준비한 공연을 펼쳤으며, 발 마사지와 마스크 팩을 해 드리는 동안 예수 그리스도를 믿는 행복과 평안의 메시지를 전하며 기도로 축복했다.

2021년 코로나19 뚫고 완도까지

드디어 코로나19가 잠시 소강 상태에 접어드는 시점이었다. 2년여 동안 진행하지 못한 아웃리치에 대한 갈급이 컸기에 소그룹으로 나누어 조심스럽게 아웃리치를 진행하였다. 전국 5개 도의 22개 교회를 섬기는 하계 소그룹 아웃리치를 통해 소그룹의 영성을 강화시키고자 했다. 당초 계획은 8월 13~15일, 2박 3일간의 일정이었으나 코로나19 변이 바이러스의 갑작스런 확산으로 하루 일정으로 변경할 수밖에 없었다. 대상지 중 가장 먼 전라도 완도까지는 왕복 1,120킬로미터의 여정이었으나 청년들의 선교 야성은 누구도 막을 수 없었다. 무엇보다 코로나19 시기 동안 지원을 받지 못해 어려움을 겪고 있는 농어촌교회의 기대와 요청이 청년들의 걸음을 재촉했다. 기존보다 더 작은 소그룹으로 나누어 사회적 거리두기를 준수하는 한편, 참여자 전원이 음성 판정 확인 후 참여하였다. 이 무렵, 변화하는 상황에 따라 그때그때 아웃리치 매뉴얼이 기록되었는데, 코로나19 시대에 매우 귀중한 자원이

2021 비전공동체 '전라도에서 완도까지' 소그룹 아웃리치 현장

자 지침이 되었다.

경기도 지역의 경우, 사회적 거리두기 단계가 가장 높은 상황이어서 소그룹 아웃리치를 진행할 수 없었다. 대신 교역자들이 안양 소재의 선별 진료소 두 곳을 방문해 시원한 음료와 간식으로 공무원들을 섬겼다. 강원도팀 27명은 미자립교회인 진중제일교회, 영은장로교회, 다세움비전교회, 오미감리교회를 방문해 교회 청소, 강원도 지역 군 장병들 위문품 전달 등으로 섬겼다. 충청도팀의 총 41명은 충북 음성군의 햇빛교회와 생명샘교회, 충북 충주의 새힘교회, 충남 청양의 청양중앙장로교회와 화성장로교회, 충남 태안의 한서교회까지 총 6개 교회를 섬겼다. 교회 외벽 방수 작업에 참여하고, 지역 주민들에게 생수와 함께 복음을 전했으며, 교회 주변 풀 뽑기와 농사일을 돕기도 했다.

전라도팀은 총 49명의 청년들이 9개 소그룹으로 나뉘어 전라도 권역에 소재한 도촌한마음교회, 백산교회, 부안삼마교회, 신평교회, 안남교회, 예소랑교회, 옥룡화평교회, 왕산임마누엘교회, 익금화평교회 등 총 9개 교회를 섬겼다. 9개 팀 중 7개 팀은 각 교회에 직접 방문하여 교회 청소 및 환경 미화, 시설 페인트 작업, 농촌 일손 돕기, 지역 전도 등으로 사역하였다. 경상도팀은 울진선교교회, 설천교회, 큰십자가교회에서 도배 작업, 페인트 작업, 교회 내부 청소, 전도 물품 준비 등으로 아웃리치를 진행하였다.

2022년 리스타트 원 코리아

코로나19 엔데믹을 기대하며 8월 4~6일까지 2박 3일간 하계 아웃리치로 비전공동체 전체가 들뜨고 분주했다. '리스타트 원 코리아 RE:START ONE KOREA'라는 주제로 230여 명의 지체들이 흩어져 파주의 12개 교회를 섬겼다. 비전공동체 1청년과 온라인교회가 연합하여 하늘문교회, 새빛교회, 만남교회, 은혜로운교회의 4개 교회를 찾았다. 거점인 하늘문교회에서 도착예배를 드린 후 사역이 진행되었다. 하나님의 인도하심으로 각 전도팀은 풍성한 열매를 맺었고, 교회 보수와 미화에 참여한 팀들 또한 교회의 물리적 공간을 아름답게 세우는 과정을 통해 많은 은혜를 경험했다. 둘째 날 저녁에는 연합 영성 집회를 통해 1청년과 온라인교회 지체들이 한마음으로 찬양과 기도로 예배를 올렸다.

비전공동체 2청년은 샘솟는교회, 반석교회, 파주할렐루야교회를 다녀왔다. 2청년은 성경학교, 페인트, 환경 미화 및 보수, 전도, 식사 등 팀별로 나누어 사역을 진행하며 지역 교회에 활기를 불어넣었다. 교회 이름으로 각각 제작된 전도용 물티슈와 얼음물, 풍선 등을 가득 챙겨 주변 공원과 아파트 단지, 문산역, 문산시장 일대를 돌며 복음을 전했다.

비전공동체 3청년은 파주한빛교회와 연천원당교회를 찾았다. 중학생을 포함해 25명 정도 출석하는 파주한빛교회는 아동복지센터를 운영하면서 아이들에게 복음을 전하고 있었기에 '웨이 메이커 Way Maker 예수 그리스도'라는 주제로 아이들을 위한 여름성경학교를 진행했다. 연천원당교회에서는 농촌 봉사 활동, 교회 보수 작업 등을 돕고, 어르신들을 위해 '함께해요, 원당리 얼씨구잔치'를 열었으며, 복음의 의미를 담은 팔찌를 전했다. 발 마사지와 이미용 등으로 어르신들을 섬기고 백숙으로 점심을 대접하는 내내 어르신들 얼굴에서 웃음이 가시지 않았다.

신혼부부교구는 40여 년 동안 복음 사명을 지켜 온 파평사랑교회를 다녀왔다. 교역자도 없이 단 두 명의 성도가 지켜 오던 교회다. 풀로 무성하던 교회에 전장직 목사가 부임해서 당시에는 교인 15명이 출석하고 있었다. 교회 외벽에 하나님의 사랑을 알리는 벽화가 그려지자 여기저기에서 감동과 감사의 탄성이 일었다. 더불어 사택 벽면도 페인트칠로 보수

요양원을 방문하여 어르신들을 위로하는 비전공동체 아웃리치팀

하고, 교회와 어울리는 게시판을 제작해 걸었다. 아웃리치 최연소 참가자인 신혼부부 가정의 아기들이 '동역'한 시간이었기에 더욱 귀했다.

예배교구는 8월 4~6일까지 2박 3일간 문산읍 내포리에 있는 정하신 뜻교회를 거점 삼아 사역했다. 전도팀은 전을 부치고 미숫가루를 타서 가가호호 방문하여 복음을 전하며 기도했고, 보수팀은 교회 계단 벽화 작업, 배너 작업, 문패 교체, 시트지 작업, 커튼 교체 등 교회를 새로운 분위기로 리모델링하는 데 힘썼다. 식사팀은 팀원들의 식사와 간식을 책임지며 후방의 든든한 지원자를 자처했다. 무엇보다 무성한 잡초와 풀을 낫질하며 마을 공동 소유인 3백여 평 밭을 보기 좋게 다듬는 데 힘을 보탠 덕분에 동네 어르신들의 '예뻐하심'을 톡톡히 얻었다.

비전공동체의 국내외 아웃리치는 코로나19라는 상황 속에서도 쉼이 없었다. 앞으로 코로나19를 통해 학습된 경험이 있기에 더욱 지혜롭고 치열하게 현실의 어려움과 장벽을 뚫고 지속적으로 선교를 이어 가리라 믿는다. 복음으로 변화받은 청년들이 그 빛을 혼자 누리기에는 가슴이 너무 벅차오를 것이기 때문이다.

"소그룹 아웃리치에 신청하고 결단하기까지 고민이 많이 되었는데 선교 현장에 와서 보니 코로나19 시대에도 이렇게 전도하고 선교할 수 있다는 것이 오히려 감사하고 감동적이었어요."
비전공동체 1청년 손지민 자매

열방이여 깨어나라!
전 교회의 해외 아웃리치

새중앙교회의 선교는 국내에 머무르지 않는다. 필리핀, 캄보디아, 러시아, 말레이시아 등 해외로까지 뻗어 나간다. 비록 전문 선교팀은 아니지만, 교회 기관을 중심으로 선교지와 협력하며 아웃리치를 계획하고 복음을 전했다. 비전공동체는 젊음의 열정과 재능을 가지고 열방 곳곳의 선교지와 현지인들을 섬기며 복음을 전했고, 드림공동체는 사역자를 중심으로 팀워크를 이룬 어린 학생들이 봉사와 섬김으로 복음을 전했다. 선교부와 외국인선교회에서는 같은 언어권이나 본국을 방문하여 '역 아웃리치'를 진행하였으며, 문서 사역을 담당하는 새중앙신문사는 큐티 사역을 중심으로 아웃리치를 펼쳤다.

2016년 연변지역 아웃리치에 참여한 장로들

방학과 연휴를 아웃리치에 반납한 비전공동체

비전공동체는 매년 여름 방학 기간을 이용하여 해외 아웃리치를 다녀왔다. 2013년 러시아 아웃리치팀은 8박 9일의 일정으로 러시아 블라디보스토크에서 사역하는 박종훈, 손선미 선교사와 협력하며 어린이 사역을 펼쳤다. '노아의 방주' 이야기를 어린이용 팝업 북으로 만들어 전했고 함께 찬양하는 기쁨을 전했다. 아픔이 많은 캄보디아로 향한 팀도 있었다. 그곳에서는 고아원을 방문하여 복음을 전하며 순수한 어린이들에게 복음이 전해지도록 성령의 역사를 구했다. 29명이 참여한 중국팀에서는 창조와 타락, 구속으로 이어지는 복음의 말씀을 전하며 삼자교회 성도들과 은혜를 나누었다.

2017년에는 36명의 비전공동체가 일본 오사카로 아웃리치를 떠났다. 양동훈 목사는 일본이 영적으로 외로운 나라인 탓에 외톨이처럼 혼자인 사람이 많다는 상황을 설명했다. 길거리로 나가 수많은 인파 사이에서 복음을 전한 청년들은 거절과 무관심 그리고 신앙의 무지가 만연해 있는 일본의 상황을 직접적으로 경험했다. 하지만 포기하지 않고 매일 아침 큐티하고 기도하며 성령의 충만을 구했으며, 찬양 버스킹을 통해

2014년 의료선교회의 필리핀 아웃리치 현장

지나가던 사람들에게 찬양과 말씀을 선포했다.

2018년에는 비전공동체 필리핀 아웃리치팀이 순교자의 땅에서 주님의 사랑을 경험했다. 2010년 필리핀에서 복음을 전하다 순교한 고 조태환 선교사 교회를 방문하여 집회, 중학교 사역, 빈민가 급식 사역 등을 통해 순교의 땅에 계속해서 주님의 사랑이 흘러가고 있음을 체험했다. 예배교구 57명은 일본 후쿠오카에서 아웃리치를 가지며, 아침부터 늦은 시간까지 발걸음이 닿는 곳마다 찬양하고 기도하며 복음의 씨앗을 뿌렸다. 캄보디아 아웃리치팀에서는 '쁘레야 예수 쓰론란 네악^{예수님은 당신을 사랑하십니다}'을 외치며 복음을 전했다. 95%가 불교신자인 캄보디아에서는 어린이와 청소년 전도를 중점적으로 진행했다.

2019년 2월에는 구정 연휴를 이용하여 48명이 일본 오사카로 아웃리치를 떠났다. 5박 6일 동안 오키나와 한인 교회를 중심으로 복음을 전했다. 선셋비치에서 많은 사람과 어우러져 더불어 찬양하고 드라마 공연을 펼쳤다. 기독교인이 일본 인구의 1%에 불과하다는 사실이 말해 주듯이 우상이 가득하고 씨앗도 열매도 적을 수밖에 없는 나라라는 점을 생각하며 더욱 열심을 내었다. 필리핀에서는 2018년에 이어 고 조태환 선교사의 사역지인 아렌다 지역에서 사역했다. 날마다 깨어 기도하고 눈물 흘리며 선교로 자신을 깨우는 시간이었다.

학생들은 아이타 부족을 찾아가 말씀을 전했으며,
빈민가인 랑카안 지역으로 이동하여 각 가정을 방문하며
열악한 삶의 현장을 확인하기도 했다.
그 속에서 교제하고 복음을 전하는 시간을 가졌다.

2018년 어와나 T&T팀의 말레이시아 말라카 아웃리치

드림공동체와 어와나 해외 아웃리치

드림공동체는 취학 전 어린이, 초등학생, 중고등학생이 예배를 드리는 다음세대의 예배 공동체다. 2015년 고등부에서도 러시아로 아웃리치를 떠났다. 당시 방문 도시인 빠크롭까는 10년 전만 하더라도 믿는 사람이 하나도 없던 땅이었지만, 고등부가 찾아갔을 때에는 1백여 명이 교회에 나와 신앙생활을 하고 있었다. 학생들은 사역자들과 함께 복음을 전하며 아웃리치를 했다. 2016년에는 중고등부가 배기창, 최수정 선교사가 사역하는 필리핀 안티폴로에서 아웃리치를 시작했다. 학생들은 아이타 부족을 찾아가 말씀을 전했으며, 빈민가인 랑카안 지역으로 이동하여 각 가정을 방문하며 열악한 삶의 현장을 확인하기도 했다. 그 속에서 교제하고 복음을 전하는 시간을 가졌다.

어와나 T&T팀^{초등 3-6학년}은 2018년 말레이시아 말라카 지역에서 아웃리치를 가졌다. 자폐아들을 교육하는 NGO 윙스^{WINGS}를 방문하였고, 25년 가까이 말레이시아를 위해 기도하는 새벽기도회에 참가했다. 오후에는 무슬림 아이들을 만나 교제하며 그들이 주님에게로 돌아오기를 간구했다. 주일에는 오랑아스리 원주민 교회를 방문하여 소박한 환경 속에서 함께 예배하며 말레이시아 복음화를 위해 기도했다.

어와나 Trek팀^{중등부}은 베트남으로 떠났다. 당시 베트남 선교회를 담당하던 팜반록 목사가 역파송을 앞둔 시점으로, 파송받아 갈 베트남 사역지를 어와나팀이 먼저 방문하게 된 것이다. 베트남은 우리나라보다 기독교가 먼저 들어갔지만 현재 기독교 인구는 3%에 불과하다. 주로 팜반록 목사가 사역하게 될 카이로스러닝센터를 중심으로 사역이 이루어졌다. 어린이들이 직접 건물에 페인트 칠도 하고, 한국 문화를 알려 주기 위해 한복을 차려입고 베트남 어린이들과 사진 촬영을 하기도 했다. K팝 안무 등을 알려 주기도 했으며, 준비해 간 떡볶이를 함께 먹으며 교제의 시간을 갖기도 했다. 무엇보다 그 과정에 복음을 전할 수 있었다.

새중앙신문사의 문서 사역 아웃리치

새중앙신문사 봉사자를 중심으로 일명 '큐티 아웃리치'가 처음으로 시작된 것은 2015년이다. 현지에서 큐티 세미나를 개최하고 예배를 인도하며 긍휼 사역을 펼치는 방식이다. 2015년에 처음 방문한 지역은 필리핀 깔라오깐 지역이다. 2개 언어로 통역하며 큐티 세미나를 진행했다. 강사가 한국어로 말하면 선교사는 영어로, 또 현지 사역자는 영어를 따갈로그어로 통역하는 과정을 거쳤다. 언어는 달랐지만 주의 은혜로 강사의 설명이 잘 전달되어 현지 성도들이 큐티를 이해하는 데 무리가 없었다. NGO '돕는사람들'의 후원으로 물품 바자회가 열리자 많은 현지 어린이들이 교회를 방문하여 장사진을 이루기도 했다.

2016년에는 필리핀 안티폴로 지역을 방문했다. 22명의 아웃리치팀이 큐티 세미나를 비롯하여 비누 공예, 풍선 아트, 페이스 페인팅 등 다양한 프로그램으로 천국 잔치를 열었다. 주일 점심에는 비빔밥으로 교회를 섬겼고, 오후에는 한국 음식 페스티벌을 열어 교회에 많은 사람들을 불러 모으자 동네 잔치가 되었다. 아웃리치팀이 준비한 여러 행사들이 교회의 문턱을 낮추는 역할을 했다.

이듬해인 2017년에 필리핀 안티폴로를 다시 찾았다. 자연스레 새중앙신문사의 큐티 사역이 필리핀 지역에 확산되는 은혜가 나타났다. 그 즈음에는 영어와 타갈로그어로 번역이 된 큐티 책이 한국에서 필리핀 현지로 매월 각각 1,500부씩 보내지던 상황이었다. 필리핀에 도착한 큐티 책은 60개 이상의 교회로 퍼져 나갔고, 바기오로 이동하여 큐티 세미나 또한 이어졌다.

2018년에는 필리핀 몬탈반 지역과 바기오 지역에서 아웃리치가 열렸다. 아웃리치를 기점으로 해를 거듭할수록 큐티 책이 필리핀 여러 지역으로 점점 더 넓게 그리고 더 많이 퍼져 나가고 있으며, 그와 더불어 큐티 세미나 요청과 열의 또한 점점 커지고 있다. 더욱 감사한 것은 아웃리치를 통해 큐티 세미나를 전수받은 한국인 선교사들이 현지인 사역자들과 리더들, 성도들을 대상으로 직접 큐티 세미나를 개최하며 그 지경을 점점 확장시켜 가고 있다는 점이다.

드림공동체 캄보디아 새중앙생명의빛교회 아웃리치

선교위원회와 외국인선교회 아웃리치

새중앙교회 선교위원회는 2018년 9월에 중앙아시아 3개국 카자흐스탄, 우즈베키스탄, 키르기스스탄을 다녀왔다. 주로 고려인이 사는 땅을 방문하여 그들의 삶을 돌아보고 믿음 생활을 격려하며 함께 기도하는 시간을 가졌다. 우즈베키스탄의 경우, 복음에 대하여 여전히 배타적인 성향이 강해서 치열한 영적 전쟁을 경험하기도 했다. 그럼에도 불구하고 선교사들과 현지인들의 삶을 이해하며 더욱 기도하는 시간이 되었다.

일본선교회는 2019년에 일본으로 아웃리치를 떠났다. 설립된 지 2년 반 만에 처음 행해진 것으로, 14년간 일본 선교에 헌신한 김인현 선교사가 사역하던 곳을 돌아보며 도전을 받는 시간이었다. 아사가오교회에서 특별한 만남이 있었다. 김인현 선교사처럼 노방에서 전도하는 카야누마 성도를 만났다. 일본에서는 노방전도가 드문 일인데 일본 선교를 위해 헌신하는 모습이 아웃리치 참가자 전원에게 도전이 되었다.

중국선교회의 첫 아웃리치는 중국의 H지역과 Y지역으로, 복음의 문이 닫혀 가는 중국 선교에 작은 복음의 씨앗을 뿌렸다. 신앙생활에 제약이

2018년 베트남에 역파송되어 사역하는 팜반록 목사의 사역지를 찾은 어와나팀

많은 중국 본토를 생각하며 중국 동포들은 자유롭게 예배를 드릴 수 있
는 중국선교회에 감사했다.

베트남선교회는 베트남 중부와 남부 지역을 돌아보고 왔다. 베트남의
경우, 교회가 있긴 하지만 사역자로서의 교육을 제대로 받지 못한 채 사
역에 뛰어들어야 하는 사역자가 대부분이다. 본국에 대한 베트남선교회
의 기도 제목이 클 수밖에 없다. 베트남선교회에서는 13명의 성도를 역파
송한 바 있다. 열악한 본국에 믿음의 씨앗을 뿌리기 위해 자신의 나라로
파송받아 돌아가고 있는 것이다.

이곳에 생명 샘 솟아나 눈물 골짝 지나갈 때에
머잖아 열매 맺히고 웃음소리 넘쳐나리라
꽃들도 구름도 바람도 넓은 바다도
찬양하라 찬양하라 예수를
하늘을 울리며 노래해 나의 영혼아
은혜의 주 은혜의 주 은혜의 주
그날에 하늘이 열리고 모든 이가 보게 되리라
마침내 꽃들이 피고 영광의 주가 오시리라

인도네시아와 몽골에 뿌려진 복음 씨앗

선교 사역은 자칫 일회성으로 끝나기가 쉽다. 물론, 복음의 씨앗을 뿌리고 온다는 의의가 분명히 있지만, 선교팀이 떠난 후에도 선교 역사가 힘 있게 지속되어야 마땅하다. 그런 의미에서 새중앙교회가 갖추고 있는 33년 동안의 해외 선교 프로그램 노하우를 묵혀 두기에는 너무 아까웠다. 미션트립, 비전트립, SMTC 해외 현장 훈련과 제자훈련 등 세계 선교 사역을 구체화시킬 수 있는 수많은 도구들을 나누어 줄 필요가 있었다. 교회가 연구하고 실행하며 완성시켜 온 각종 선교 프로그램들을 선교지와 공유하여 전수함으로써 선교 사역을 지속적이고 구체적으로 확장해 나갈 방안을 찾았다.

인도네시아 샬롬교회와의 선교 협약

그 첫걸음으로 인도네시아의 샬롬교회와 2014년 12월 18일에 선교 협약을 체결하였다. 새중앙교회의 선교 비전인 '비전 백천만' 중, 1천 개의 세계 교회에 대해 물꼬를 튼 하나님의 인도하심이라고 볼 수 있다. 사실, 단일 교회에서 1천 개의 세계 교회 설립은 무리한 비전처럼 보이기도 했다. 그러나 담임목사와 성도들의 기도에 이 협약식이 응답으로 주어졌고, '세계를 품고 선교하는 새중앙교회'의 위상을 드러내는 마중물이 되리라 기대한다.

이 훈련을 위해 새중앙교회는 모든 프로그램을 제공하고, 샬롬교회가 속해 있는 GGP^Gereja Gerakan Pentakosta 인도네시아 오순절교단 인도네시아 교단은 새중앙교회의 이 프로그램으로 훈련받는다는 것이 협약의 내용이다. 협약을 맺은 샬롬교회와는 지금까지도 선교 훈련에 대한 협력을 지속해 오고

있다.

2016년 4월에 GGP 인도네시아 교단 소속 250명의 목사들이 제자훈련, 파워전도훈련, 발지압관계전도, 큐티학교, 방송 영상 제작 등의 강의를 받으며 큰 관심을 보였다. 이를 통해 무엇보다 '새중앙DNA'의 핵심인 제자훈련의 목회 철학이 전수된 것에 감사한다. 현장으로 돌아가서도 제자훈련 목회를 감당할 수 있도록 제자훈련 사역에 대해 경험하고 교육을 받았으며 현지 성도들을 예수 그리스도의 온전한 제자로 훈련시킬 수 있는 역량을 갖춘 목회자로 세워졌다.

세 번째 번역 큐티 책, 《비전큐티》 인도네시아어판

선교 협약을 시작으로 큐티 사역 훈련 또한 3년 동안 인도네시아 GGP 교단에 지속적으로 이루어지면서 큐티 책 《비전큐티》 영어판이 인도네시아어로 번역되어 2개월 합본으로 출판되고 배송까지 이루어지게 되었다. 큐티학교의 중요한 열매였다. 배송 업체를 통해 부산으로 보내진 책이 배편으로 2주 동안 운송되어 인도네시아 반둥 샬롬교회에 도착하는 일정을 거친다. 큐티 책의 출간이 중요한 이유는, 말씀을 담은 책에는 힘이 있고 이 책으로 인해 큐티를 통한 선교 사역의 성공을 주도할 수 있기 때문이다. 《비전큐티》를 가지고 GGP 교단에 속해 있는 인도네시아 5백 개 이상의 교회가 날마다 말씀을 묵상하고 적용하는 삶을 살게 된다. 《비전큐티》 인도네시아어판은 영어, 타갈로그어에 이어 세 번째 번역서가 되었다.

2018년 제5기 인도네시아 PMTS

협약식과 세미나를 통해 인도네시아 GGP 교단의 총회장 목사는 2016년에 '151비전', 즉 '1개 교회가 5년 동안 1개 교회를 개척하라'는 비전을 선포했다. 이 비전이 새중앙교회의 훈련 프로그램을 바탕으로 하나씩 실현되어 가고 있다.

GGP 교단과 양해 각서 관계에서 합의 각서 관계로 격상되면서 그동안 1년에 1회 이루어지던 PMTS^{Pelatihan Misi Terpadu Shalom 선교훈련} 훈련이 1년에 2회로 늘었다. 봉꾸다이바루에서 열린 제4기 2017 인도네시아 PMTS에 참여한 사역자들이 건넨 감동은 이전 훈련의 그것과는 달랐다. 80%가 GGP 교단의 모트신학교에서 신학을 배우는 과정에 있는 젊은이들로서 그들에게서만 느껴지는 열정이 있었다. 열심히 교육을 받아 졸업 이후에는 교회를 개척해서 이 프로그램을 교회의 성장을 위해 적극적으로 적용하겠다는 결단이 컸기 때문이다. 실제로, 훈련 결과 GGP 교단은 지난 2년 동안 2백 개 이상의 교회를 개척하는 놀라운 성과를 보였다. 교회의 양적 배가 운동이 곧 일어나리라 기대할 수 있었다.

2018년 4월 6일부터 22일까지 열린 제5기 PMTS는 인도네시아 슬라워시 섬 또라자에서 열렸다. 인천에서 7시간을 비행한 후 자카르타에서 다시 국내선을 갈아타고 3시간을 비행해 마까사르에 도달한다. 그곳에서 하룻밤을 쉬고 다음날 아침 버스로 10시간이나 더 가야 도착할 수 있는 곳이다. 거쳐 가는 지역인 마까사르는 인도네시아의 5대 도시에 들어갈 만큼 큰 도시로 이슬람교가 강세인 반면, 또라자는 도시 중심 산꼭대기에 예수상이 있는 것으로 유명한 세계적인 휴양 도시다.

전도 훈련 부분에서 현지 사역자가 강의를 진행한 점이 눈에 띈다. 인

인도네시아 PMTS 선교 훈련 중 강의하는 사역자들

도네시아 랑호완에서 사역하는 노프리 목사가 제5기 PMTS에서 파워전
도 강사로 나선 것이다. 제1기 PMTS 훈련생 출신인 노프리 목사는 개척
한 교회에 교육 받은 모든 프로그램을 적용했고, 개척한 지 불과 몇 개월
사이에 1백여 명이 넘는 성도들을 이끄는 지도자가 되었다. 노프리 목사
가 사역하는 교회에 전천후 전도팀이 있을 정도고, 여러 교회에서 강의
요청을 받으며 말레이시아 지역에서도 세미나를 개최한 경험이 있다.

첫 주에 큐티와 발지압관계전도 프로그램이, 2주차에는 제자훈련이
진행되었다. 유미현 목사와 김윤민 목사가 맡은 제자훈련에서는 강의와
실습이 구체적으로 이루어졌다. 일대일 기도, 아론과 훌의 기도, 전체 원
을 그리며 하는 합심 기도의 방법들을 실습하며 기도의 능력을 체험하
던 시간은 기도의 실습이 아니라 성령의 능력을 체험하는 시간이었다.

2019년 제6기 인도네시아 PMTS

2019년 4월에는 인도네시아 깔리만탄 섬 블락에 위치하는 에바다교회
에서 제6기 인도네시아 PMTS가 열렸다. 자카르타에서 비행기로 약 2
시간을 타고 깔리만탄 섬에 내려 발릭빠빤까지 가서 육로로 다시 8시간
또는 경비행기로 1시간을 이동해야 닿을 수 있는 지역이다. 이곳에 거주
하는 원주민 다약족은 과거 한때 종족 선교의 중요한 이슈가 되어 주목

받았던 부족이다. 주술과 미신에 빠져 있고 온몸에 문신을 많이 하는 것이 특징인 그들에게 복음의 놀라운 역사가 일어났다. 다약족이 복음을 듣고 종족 전체가 개신교로 집단 개종하는 기적이 일어난 것이다. 약 15년 전에 마두라 종족과 싸움이 일어나면서 마두라족을 집단 살상하고 많은 사람이 다시 미신을 섬기기기도 했지만, 지금은 다시 다약족의 많은 사람들이 복음으로 돌아왔다.

이번 훈련에서 주목할 점은 거의 모든 강사의 현지화다. 제자훈련의 유미현 목사만 제외하고, 큐티 세미나는 박마태 선교사, 파워전도는 노프리 목사, 발지압관계전도는 정영갑 선교사가 각각 맡아 진행했다. 한 주간으로 단축하여 운영한 점 역시 기존과 다르다. 4월 1일부터 3일까지는 큐티 세미나와 파워전도와 발지압관계전도 세미나를 열었고, 4일부터 6일까지는 제자훈련과 수료식이 진행되었다.

새중앙교회에서 전수된 큐티 커리큘럼 그대로를 박마태 선교사가 현지 언어로 직접 전했고, 발지압관계전도 또한 정영갑 선교사가 어려운 전문용어들을 현지 언어로 직접 전달하였다. 정 선교사는 저녁마다 내용을 암기하고 배우려는 훈련생들을 직접 찾아다니며 개인 강습을 자청하기도 했다. 제5기에 이어 파워전도 강의를 맡은 노프리 목사는 자신이 개척한 교회 목회를 동역자에게 넘겨주고 10대에서 20대 초반의 젊

인도네시아 PMTS 선교 훈련 수료생들

인도네시아 PMTS 선교 훈련 모습

은이들과 함께 전도에 전념했다. 그 결과 현재 150여 명의 교회로 성장
시켰고, 인도네시아 GGP 교단 내외에서 능력 있는 전도 강사로 활약하
고 있다. 제자훈련 강의를 맡은 유미현 목사는 강의마다 새중앙교회의
DNA에 대해 나누고, 제자훈련 전체 로드맵을 소개하며 각 과마다 연계
하여 새중앙교회의 각종 사역들을 전수했다.

훈련생 대부분은 인도네시아 교회의 담임목사와 사모들로 50여 명이
참석하였다. 현지 강사, 외부 강사 모두 제3기 PMTS를 수료한 에바다교
회 중직자 교인 집에서 홈스테이 형태로 생활하였다. 훈련생들 중에서
도 집이 먼 사역자들은 교인들의 집에서 민박하면서 훈련을 받았다. 강
사와 훈련생들 모두 일주일 동안 함께 배우고 먹고 교제하며 동고동락
하는 시간이었다. 훈련 기간이 우기철이라 하루 종일 또는 밤새 비가 내
렸지만, 신기하게도 이동하거나 식사할 때, 교회 마당에서 무엇인가를
할 때에는 비를 맞은 적이 없다. 오히려 많은 비로 인해 기온이 서늘해져
서 훈련받기에 적절했던 날씨에 모든 사람이 감사했다.

일주일간 쉬는 시간 없이 계속되는 훈련에도 배움의 열정은 식지 않
았다. 매시간 함께 기도하고 찬양하고 소그룹 나눔을 하는 가운데 성
령의 능력으로 치유와 회복과 목회에 대한 재무장의 역사가 임했다. 훈
련을 받고 사역지로 돌아가 제자훈련을 실시하는 교회들이 많아지면서
PMTS 심화 과정을 요청하는 일로 이어지고 있다.

혹한의 몽골에 뿌려진 제자훈련의 씨앗

인도네시아에 이어 1천 개 세계 교회 비전을 위한 다음 사역지는 몽골이었다. 2022년 12월, 새중앙교회의 제자훈련 목회 철학과 노하우를 전수받고자 몽골 전역에서 현지 목회자들이 울란바토르의 새생명교회로 모였다. 12일부터 15일까지 열린 '몽골 목회자 제자훈련 집회'에 참석하기 위해서였다. 행사를 위해 특별히 새중앙교회 제자훈련 교재인 《새가족반》, 《성장반》, 《비전의 사람들》, 《사명의 사람들》과 황덕영 담임목사의 《현실을 이기는 복음》이 몽골어로 번역되어 사용되었다. 현지 몽골 내 서점에서도 판매되고 있는 이 책들은 비즈니스선교회가 제작비 일부를 내고, 글로벌제자훈련원이 제작하여 맺은 열매다.

몽골에서 현지 사역자가 목회하는 교회는 7백여 개, 목사 안수를 받은 목회자는 4백여 명으로, 그중에서 250명의 목회자가 이날 집회에 참석했다. 1천 킬로미터 이상 떨어진 곳에서 온 목회자도 적지 않았으며, 서쪽 끝인 키르기스스탄과 심지어는 1천8백 킬로미터 거리에서 온 목회자도 있었다. 최고 기온 영하 22도, 최저 기온 영하 32도의 날씨였다. 제자

몽골 쥬빌리통일구국기도회 발족예배에 참여한 사역자들

훈련을 향한 열기가 강추위를 녹일 정도로 뜨거웠다.

첫날 저녁부터 집회가 시작되었다. 황덕영 담임목사의 저서, 《현실을 이기는 복음》을 주제로 집회의 문이 열렸다. 새생명교회의 믄크 죠슈아 Munkh Joshua 목사의 통역으로, 복음을 만난 사람은 남녀노소를 불문하고 복음을 전할 사명을 붙잡게 된다는 메시지로 훈련생들의 가슴을 두드렸다. 이튿날 오전에는 새가족반 훈련, 오후에는 성장반 훈련으로 강의가 진행되었다. 새중앙교회의 선교적 교회론에 기초하여 새롭게 쓰여진 교재와 저자의 직강으로, 짧지만 견고하게 제자훈련의 기초를 쌓을 수 있었다. 셋째 날에는 제자훈련 주요 교재인 《비전의 사람들》과 《사명의 사람들》을 가지고 오전과 오후 강의가 이어졌다. 250여 명으로 가득찬 교회 본당에서는 쉬는 시간 10분을 제외하고는 오로지 제자훈련에 대

몽골 목회자 제자훈련

몽골 사역자들에게 말씀을 전하는 황덕영 담임목사

한 강의와 집회만 이루어졌다.

통역을 맡은 믄크 목사는 30여 년 전 처음으로 몽골에 복음이 들어간 시기에 하나님을 알게 된 후, 몽골의 초창기 선교사였던 최순기 목사의 새생명교회 개척을 도왔다. 몽골 청년들과 함께 북한의 복음화를 기도하던 최 목사는 2006년 방북 중 평양에서 심장마비로 순교했다. 이후 믄크 목사에게 남겨진 최 목사의 신앙 유산은 1백 개의 북한 교회를 세우는 것으로 새중앙교회의 비전과 결이 같다. 황덕영 담임목사와 믄크 목사와의 첫 만남은 2021년 10월 초로, 미국 콜로라도 스프링스^{Colorado} ^{Springs}에서 개최된 일종의 글로벌 리더스 모임에서다. 몽골에서 공산주의가 물러간 지 30년, 울란바토르 새생명교회의 믄크 목사는 향후 30년의 몽골 목회의 비전을 재정립하는 중에 새중앙교회를 만난 것이다.

2차 '몽골 목회자 제자훈련 집회'는 2023년 5월 29일부터 6월 1일까지 울란바토르에서 개최되어서, 10여 명의 한국 사역자들과 동행한 황덕영 담임목사와 제자훈련원이 제자훈련 세미나를 열었다. 이번에도 수많은 몽골 사역자들이 참여해 성령의 역사를 경험한 시간이었다. 오는 7~8월에는 비전공동체와 SMTC 현장 훈련, 몽골선교회가 대대적으로 몽골 아웃리치를 계획하고 있다. 무엇보다 기대되는 것은 몽골선교센터 건립으로, 이를 계기로 카자흐스탄, 우즈베키스탄, 타지키스탄, 키르기스스탄 등의 중앙아시아 및 북한 선교에 대한 새로운 지평이 열리기를 소망하고 있다.

몽골의 복음화 사역은 현지 목회자 제자훈련 집회 한 번으로 끝나지 않는다. 칭기즈칸은 칼을 들고 전 세계를 통일했지만 그들의 후예는 복

몽골 목회자 제자훈련에 참여한 몽골 현지 사역자들

음을 들고 땅끝까지 누비도록 새중앙교회가 마중물이 되어 줄 계획이다. 이를 위해 몽골 현지에 제자훈련 커리큘럼을 전파하는 것은 물론, 북한과 중국을 비롯하여 카자흐스탄, 우즈베키스탄, 투르크메니스탄, 타지키스탄, 키르기스스탄, 아프카니스탄 등 중앙아시아 6개 국가에까지 전파할 것이다. 새중앙교회의 비전인 1천 개의 세계 교회를 개척하는 데 몽골은 중요한 거점이 될 것이다. 그 거점에서 제자들을 세우고, 세워진 제자가 또다른 제자를 세워 가는 놀라운 역사에 새중앙교회가 쓰임 받기 시작했음에 감사한다.

발지압관계전도 강귀숙 전도사
"70세가 넘어 보이는 두 분의
사역자가 땀을 뻘뻘 흘리며
배우시는 것을 보면서, 사역지에서
전도하는 데 잘 사용되기를
기도했습니다. 무엇보다 PMTS를
마치고 돌아와서 훈련생들이
또라자 란떼바우 시장에서
배운 대로 발 마사지로 전도하는
것을 보고 많은 감동을 받았어요."

제자훈련 강사 유미현 목사
"제자훈련 강의를 통해 '새중앙DNA'를
지속적으로 나눌 수 있어서 정말 행복했습니다.
제자훈련의 전 과정뿐만 아니라 우리 교회
전도 현장, 기도 현장, 선교적 교회로서의
부르심 등을 나눌 때 훈련생들 모두가 도전받는
모습이 감동이었어요. 이번 PMTS의 총무로
섬기신 슬라웨시 실로암교회의 로미 담임목사님
을 중심으로 현지 목회자들과 지도자들이
한국과 새중앙교회를 방문하고 싶어서
매월 5십 루삐아, 한화로 39,000원을 적금
하기 시작했다는 이야기에 울컥했어요."

외국인선교회와 비즈니스선교회를 통해 몽골의 복음화를 예비하신 하나님

몽골의 인구는 350만 명이 채 되지 않지만 면적은 남한과 북한을 합한 것의 7배나
된다. 울란바토르와 같은 도시를 제외하고는 모두 21개의 도道와 330개의
군郡으로 이루어져 있는데, 330개 중에서 절반이 넘는 군에 아직 교회가 없다.
몽골 현지 목회자들은 모든 군에 교회가 세워지기를, 그 땅에서 제자를 양육할 수
있기를 기도한다. 이 가운데 2022년 7월, 새중앙교회는 몽골에서의 제자훈련을
구체화하였고 1차 번역되어 있던 제자훈련 교재와 뭉크 목사 부부가 번역한
《현실을 이기는 복음》을 출판하게 되었다. 2022년 12월에 새생명교회에서 열린
집회에 참석한 250명의 현지 목회자들에게 이 책이 제공되었다. 5개월이 채 안되는
기간 동안 5권의 책을 번역하고 출판하는 사역이 가능했던 것은 하나님이 앞서
행하셨기 때문이다. 새중앙교회 외국인선교회는 몽골을 포함한 7개 나라로
구성되어 있고, 제자훈련 교재의 몽골어 번역은 이미 완성되어 있었기에
이를 활용할 수 있었다.
2022년 9월에 설립 예배를 드린 새중앙교회 비즈니스선교회는 몽골의 복음화 사역을
위해 적지 않은 후원금을 지원했다. 선교 방향과 비전에 맞춘 자비량 후원 조직으로,
여타 조직에서 하기 어려운 폭넓고 다양한 사역을 후원하고자 여러 회사의 대표
26명으로 구성되어 있다. 임원진의 기도와 투표로 후원을 결정하는데, 그 첫 사업이
몽골 목회자들을 위한 제자훈련 교재 제작이었다는 점에서 하나님의 계획을
엿볼 수 있다.

6

세계 선교의 중심에 서다

하나님이 우리 교회에 붙여 주신 새 이름 '선교'

지난 10년간 새중앙교회에서 이루어진 모든 사역들의 한가운데에는 '선교'라는 두 음절의 단어가 오롯이 새겨져 있다. 전 세계를 주눅들게 한 코로나19마저 장벽이 아닌 오히려 새로운 선교의 관문을 여는 계기로 만든 저력이 어디에서 어떻게 나왔을까? 선교의 풍성한 열매들이 어떤 선한 영향력을 전파하며 어떤 새로운 선교 이야기들을 엮어 가고 있을까? 앞으로 교회가 나아가야 할 미래 선교의 방향은 무엇일까? '선교하는 교회'로서 그동안 걸어 온 길에 대해, 또 앞으로 걸어갈 길에 대해 황덕영 담임목사를 통해 직접 들어 보기로 한다. 무엇보다 지구상의 마지막 분단국가에서 통일 한국과 북한 선교를 준비하는 새중앙교회의 구체적인 비전과 행보는 교계에 선한 도전과 신선한 자극을 불러일으키리라 기대한다.

코로나19가 오히려 추수의 때라는 말씀에
<사도행전> 붙들고 선교로 정면 돌파

이상영새중앙교회 부목사 이 시대 들어 예상치 못한 가장 큰 어려움을 꼽는다면 코로나19일 것입니다. 우리나라뿐만 아니라 전 세계적으로 큰 어려움의 시기로 한국 교회도 큰 장벽을 마주한 것처럼 힘든 과정들을 겪었잖아요. 하지만 감사하게도 새중앙교회에는 오히려 큰 기회가 되었다는 평가를 여기저기에서 듣게 되는데요. 교회가 코로나19를 '선교'로 정면 돌파했다는 평가들에 대해서 어떻게 생각하시는지요?

황덕영새중앙교회 담임목사 우리 교회는 코로나19가 터진 2020년부터 팬데믹으로 이어져 그 기세가 꺾이지 않았던 약 2년간, 주일예배를 통해 사도행전 말씀을 선포했습니다. 사도행전 말씀을 선포할 것인지를 두고 고민이 많았습니다. 사실 당시 환경을 보면 사도행전 말씀을 나누는 것이 적절해 보이지 않았습니다. 국내 각 지역에서는 전도하기가 점점 어려워지고, 해외 선교지에서는 선교사님들이 사역을 중단하고 귀국하는 시기였기 때문입니다. 그때 하나님께서 주신 말씀이 요한복음 4장 말씀입니다.

"너희는 넉 달이 지나야 추수할 때가 이르겠다 하지 아니하느냐 그러나 나는 너희에게 이르노니 너희 눈을 들어 밭을 보라 희어져 추수하게 되었도다" 요한복음 4:35

제자들의 눈에는 아직 추수 시기가 아니었습니다. 그들은 넉 달이 지나야 추수할 때라고 생각했습니다. 그러나 주님은 제자들에게 '지금' 추수해야 한다고 말씀하십니다. 성령님께서 저에게, 복음을 전하기 어려운 시기에 전도하는 교회가 진정으로 선교하는 교회라는 강한 마음을 주셨습니다. 코로나19를 허용하신 것도 하나님이시기에 하나님은 반드시 코로나19를 통해 선교를 이루실 것이라는 확신이 들었습니다. 그래서 코로나19 상황을 선교로 정면 돌파를 하게 된 것입니다.

한편, 코로나19를 통해 예배의 소중함을 깨닫게도 하셨습니다. 우리 세대는 예배를 드리고 싶을 때 드릴 수 없었던 적이 한 번도 없었습니다. 북한의 지하교회처럼 예배를 막는 환경이 없었던 거죠. 오히려 어려운 시기를 통해 개인의 신앙을 점검하고, 가정과 일터에서 예배하는 법을 배우게 하신 것이라 생각됩니다.

하나님은 이 시기에 사도행전을 통해 그동안 교회가 향하고 있던 방향을 하나씩 점검하기 시작하셨습니다. 그동안은 교회가 모이는 곳이었다면 이제는 세상 속으로 흩어져서 제자의 삶을 살아야 한다고 말씀하신 것입니다. 기존에는 이 땅의 교회가 개교회 중심으로 세상과 단절되어 있었다면 코로나19라는 질병을 통해 교회가 사회와 연결고리를 가지고 살아가야 함을 알게 하셨습니다. 매주 사도행전 말씀이 선포되면서

황덕영 담임목사

점점 선교하는 교회로 하나님은 강하게 역사하셨습니다. 오히려 이전보다 전도가 훨씬 활발히 이루어졌고, 지역을 섬기는 일도 전보다 더 구체적으로 많아지면서 열매도 더욱 풍성히 맺었습니다. 정말 감사한 일입니다.

　2020년 3월에 믿음으로 선포한 것이 있었습니다. 당시 교회마다 코로나19로 재정에 어려움을 겪었는데, 우리 교회도 예외일 수 없었습니다. 그때 교회 재정을 교회 안에서만 지출할 것인가, 아니면 선교사와 미자립교회를 위해 쓸 것인가 기도하게 되었습니다. 기도하면서 당회와 의논한 끝에 믿음으로 교회 재정을 선교비로 지출하게 되었습니다. 그때 교역자들이 먼저 급여의 일부를 선교비로 내놓으며 협력했는데, 이후 놀라운 일이 일어났습니다. 교회의 재정이 점점 늘어나더니 코로나19 이전보다 20%나 더 많아진 것입니다. 이러한 교회의 헌신은 지금까지 계속 이어지고 있고, 현재는 교회 예산의 38% 이상을 선교비로 지출할 정도로 선교적 교회로 쓰임 받고 있습니다.

　'TARGET 2030 가서 제자 삼으라'는 비전을 오히려 코로나19가 왕성할 때 믿음으로 세우게 된 것 역시 성령님의 강력한 역사입니다. 이 비전의 핵심은 10년 안에 '1만 명의 선교사'를 파송하는 것입니다. 이 비전을 세우고 나서 제자훈련 교재의 내용도 선교 중심으로 바꿨습니다. 제자훈련의 목적을 교회 안에 리더십을 세우기 위한 교육에 두는 것이 아니라, 선교를 위해 파송하는 것에 둔 것입니다. 이와 발맞추어 청년 중심이던 비전선교사 제도를 전 세대에 확장하게 되었고, 이러한 여러 사역

들이 합력하면서, 선포된 사도행전 말씀대로 교회가 선교 공동체로 바꿔어 가고 있습니다. 더욱 감사한 것은 그 무렵에 많은 선교 단체와 해외 선교 비전을 가진 영향력 있는 리더십들을 만나게 되었다는 점입니다. 하나님께서는 새중앙교회가 선교하는 교회로 성장하도록 엄청난 환경들을 열어 주셨습니다. 코로나19를 선교로 정면 돌파하게 하신 것은 모두 성령의 큰 역사였습니다.

비전이 현실이 되고 꿈꾸던 일이 진행되는 것은 성령의 역사로 가능했던 일

이상영 '1만 명의 선교사 파송'이라는 비전을 코로나19가 한창일 때 세웠다는 사실이 지금 다시 생각해도 놀랍네요. 이 비전과 관련하여 '비전 선교사'와 '비전캠퍼스'에 대한 이야기를 빼놓을 수가 없을 것 같습니다. 그 열매가 폭발적으로 맺게 된 것도 코로나19 시기였거든요. 그 시기에 어떻게 이러한 비전이 세워질 수 있었고, 또 비전에만 머문 것이 아니라 역동적으로 행해질 수 있었는지요? 더불어, 단순하고 명료하게 의미가 전달되는 그 호칭이 어떻게 탄생된 것인지도 궁금합니다.

황덕영 사실 '선교사'라고 하면 특정 선교지에서 선교하는 사람을 지칭합니다. 파송 선교사, 협력 선교사, 미션 마인드 크리스천, 선교적 크리스

통일촌에서 북한을 향하여 기도하는 교역자들

천 등 그들을 표현하는 호칭도 다양한데요. 이런 표현들과 겹치지 않으면서 삶과 일상 속에서 선교를 소소하게 실천하며 살아가는 의미를 담은 호칭을 찾는 일이 쉽지는 않았습니다. '비전선교사'와 '비전캠퍼스'라는 이름은 단순하고 쉬우면서도 마음에 확 와 닿는 게 있어요. 무엇보다 교회가 가진 비전에 대한 분명한 방향성이 제시되고 있어서 좋았습니다. 외부 선교기관, 교회, 각종 포럼과 콘퍼런스에서 주목받는 이유도 그래서가 아닐까 생각합니다. 그러나 이름만으로 주목받는 것은 아닙니다. 실제로는 비전선교사와 비전캠퍼스의 비카지기들이 삶 속에서 153운동을 실천하며 살아가는 데 주목하는 것입니다.

선교는 하나님께서 교회에 주신 거룩한 사명입니다. 북한 선교, 세계 선교, 미전도종족 선교를 생각할 때 이제는 이러한 사역을 선교 단체의 몫으로만 둘 것이 아니라 오히려 교회가 주도하며 나아가야 합니다. 그러자면 교회가 선교로 갱신되어야만 이 사명을 감당할 수 있습니다. 교회가 선교로 갱신한다면 그 가운데 많은 선교 사역의 모델이 나올 수 있을 것입니다. 비전선교사나 비전캠퍼스처럼 말이지요. 또한 이러한 모델들은 성경의 원리를 바탕으로 만들어져야 합니다. 선교에 있어서 방법론은 다양할 수 있어요. 그런데 변하지 않는 본질이 되는 성경 말씀을 바탕으로 만들고 행할 때 시대와 환경을 초월하는, 변하지 않는 선교의 모델을 만들 수 있습니다.

오늘날에 와서는 전도와 선교의 구분이 없어졌습니다. 과거에는 동일한 문화권에 복음을 전할 때는 '전도'로, 타 문화권에 복음을 전할 때는 '선교'로 각각 구분했지만, 이제는 우리나라의 경우만 보더라도 다문화 가정이 늘어나고 국내 체류 외국인 수가 증가하면서 전도와 선교를 구분하는 게 의미가 없어졌습니다. 이른바 '선교의 시대'로 변모한 지 오래되었습니다. 성경에서 전도와 선교를 아우르는 말이 있는데, 바로 '증인'이라는 말입니다. 그렇다고 전도하는 것과 선교하는 것을 아울러 '우리 증인하러 갑시다'라는 말을 쓴다면 이 말은 마음에 와 닿지 않을 뿐만 아니라 어색하기까지 합니다. 그래서 우리 교회의 경우는 오래 전부터 전도와 선교를 구분하지 않고 복음을 전하는 활동에 '아웃리치'라는 표현을 쓰고 있습니다. 교회의 울타리를 넘어 복음을 전하는 공동체 활동은 모두 아웃리치인 것이죠.

비전선교사, 비전캠퍼스, 아웃리치 등 우리 교회의 선교 사역들을 선교연합회, 포럼, 콘퍼런스 또는 우리 교회에 탐방 오는 타 교회 분들에게 소개하면 놀라움을 넘어서 충격적으로 받아들이는 경우를 여러 번 보았습니다. 늘 전도하고 비전선교사를 임명하고 비전캠퍼스 개척예배를 드리는 것이 우리에게는 당연한 신앙생활의 일부이지만, 타 기관과 단체들은 굉장한 도전이나 신선한 충격으로 여기더라고요. 교회가 선교에 초점을 맞추는 것은 대단히 성경적이라고 생각합니다. 더불어 신학교 교육도 선교에 초점이 맞춰져야 한다고 생각합니다.

"교회가 비전을 세웠다고 해서 어떻게 교회 전체가 그렇게 움직일 수 있을까요?"

우리 교회의 선교 사역에 대해 받는 한결같은 질문입니다. 사실 단일 교회에서 '1만 명의 선교사 파송'이라는 비전은 단기간에 이루기 어렵습니다. 이를 위해 기도하는 것은 당연하지만, 계속 비전으로만 머무를 확률이 큰, 그런 규모의 비전이잖아요. 성도들에게 '1만 명의 선교사 파송' 비전을 처음 나눌 때 자신을 '1만 명' 중의 한 사람이라고 생각하는 사람은 거의 없었을 것입니다. 그러나 비전 선포 3년 차를 맞은 현재, 2천 명이 넘는 비전선교사가 헌신하였고, 계속해서 선교사로 헌신하는 성도들이 늘어나고 있습니다. 심지어 매일 전도하는 교구들이 생겨나고 있으며, 국내외 선교를 계획하면 어린아이들부터 청년과 장년은 물론 외국인선교회에 이르기까지 전 세대, 전 교구가 동시다발적으로 아웃리치를 떠나는 것이 자연스러워졌습니다. 세운 비전이 현실이 되고 꿈꾸던 일이 진행되는 것은 성령의 역사이기에 가능했습니다. 이처럼 우리 교회가 복음 전하는 사역을 삶 그 자체로 받아들이는 자연스러운 환경을 열었다는 것에 감사할 뿐입니다.

"요즘 선교하는 교회는 어디인가요?"
"평촌에 있는 새중앙교회요."

"지난 4월에 전남 보성에 있는 작은 교회에서 연락이 왔습니다.
9년 된 교회인데 9년 동안 교회 예산의 10%를 선교비로 책정하고 집행도 하면서
또 예금으로 모아 두었다고 합니다. 5천만 원이 넘는 금액을 새중앙교회에서 선교비로
써달라고 하며 하나님께 드렸습니다. 그 교회는 우리 교회와 교단도 다르고 아무런
관계도 없는 교회에요. 그 교회 담임목사님이 평소 알고 지내는 목사님과 선교사님,
그리고 단체에 '요즘 선교하는 교회로는 어느 교회가 있는지'를 물었더니
모두가 하나같이 '새중앙교회'라고 답했다는 것입니다.
그 교회의 규모에 비해 보내온 선교비는 적지 않은 금액이고, 또 그 교회 이름으로
선교 사역을 빛낼 수도 있었을 것입니다. 지금까지 새중앙교회가 수많은 교회를 섬기고
선교하였지만 이번처럼 저희보다 규모가 작은 교회에서 귀한 선교비를 받은 것은
처음 있는 일입니다. 눈물이 나서 견딜 수가 없었습니다. 새중앙교회가 30년을 넘어
40년을 맞이하는 이 시점에서 어느덧 하나님께서 '선교'라는 거룩한 이름을 붙여 주신 것이
정말 감사합니다. 그동안의 새중앙교회는 무엇이든 열심히 하는 교회였다면,
이제 새중앙교회라고 하면 '선교'를 먼저 떠올리는 것 같습니다."

공신력 있는 포럼과 콘퍼런스를 통해
새중앙교회의 선교 사역 사례들이 꾸준히 소개될 예정

이상영 우리 교회의 이러한 선교 사역들이 한국 교회와 선교 연합회로 옮겨지고 있잖아요. 이제는 세계적인 선교 콘퍼런스에까지 알려져 미래의 선교 모델로 거론되고 있습니다. 이와 관련해 그동안 구체적으로 발표되었던 포럼과 외부에서 주목하고 있는 사례들, 앞으로 진행될 선교대회에 대하여 듣고 싶습니다.

황덕영 지난해 말부터 선교사 협의 단체들에서 협력을 요청해 와서 교회 안팎으로 선교대회를 열기도 하고 교회가 적극적으로 협력해 오고 있습니다. 그 가운데 하나님께서 많은 비전과 선교의 방향을 보여 주셨어요. 2020년 코로나19 이후 많은 포럼과 콘퍼런스에 초대되어 우리 교회의 선교 사역들을 발표한 바 있습니다.

2020년 7월 9일에는 국민일보에서 주최하는 '2020 국민 미션 포럼', 7월 15일에는 '미래 목회 포럼'에서 발제자로 강단에 섰어요 당시는 BC[Before COVID-19]와 AD[After COVID-19]의 새로운 개념이 등장할 때로, '선교적

국제 디아스포라 선교센터 창립예배

2020.7. (사)미래목회포럼 주최 '제16-2차 조찬 포럼'(좌)과 국민일보 주최 '2020 국민 미션 포럼'(우) 발표자로 선 황덕영 담임목사

교회의 회복'과 '코로나19 시대의 선교적 교회'에 대한 단독 발표를 했습니다. 또한, 우리 교단에서도 우리 교회 사역들을 나누었고, '10년 안에 10억 인구를 구원하자'는 비전을 세운 '빌리언 소울 하비스트Billion Soul Harvest'와도 나누었는데 모두 큰 관심을 불러일으켰습니다.

2023년 6월에 우리 교회에서 개최되는 프레쉬 콘퍼런스FRESH Conference는 새중앙교회 설립 40주년을 맞이하여 우리 교회가 주관하는데, 한국 교회와 세계 선교에 선한 영향력을 주고자 열리는 첫 번째 선교 행사라고 볼 수 있습니다. 사실 '선교적 교회'처럼 교회를 수식하는 자리에 '선교'를 붙이는 것은 말이 안 된다고 생각해요. 왜냐하면 교회라는 말 안에는 이미 선교의 의미가 포함되어 있기 때문입니다. 하지만 이 시대의 교회들이 워낙 선교적인 초점을 놓치는 경우가 많기 때문에 강조하는 의미로 '선교적'이라는 말을 붙이게 된 것입니다. 그렇기 때문에 선교에 대한 방향성을 창조적으로 제시하는 동시에 선교에 대한 거시적인 정의와 미시적인 정의를 새롭게 내릴 필요가 있습니다. 이번 콘퍼런스를 통해 우리 교회의 다양한 선교 사역의 모델들이 소개되겠지만, 그 외에도 큰 교회, 작은 교회, 특수한 형태의 교회 등 선교를 내포하는 다채로운 교회의 모습들이 소개될 예정입니다. 북한 지하교회의 경우도 평범한 여느 교회의 모습과는 다르다고 볼 수 있습니다. 교회에 목회자도 없고 예배 형식도 갖추고 있지 않잖아요.

FRESH라는 말은 여러 단어의 머리글자에서 가져와 붙인 이름입니다. F는 미래라는 단어 '퓨처Future'에서, R은 부흥을 뜻하는 '리바이벌Revival'

에서, E는 관계를 맺는다는 뜻인 '인게이지Engage'에서, S는 섬김과 동참을 뜻하는 '서브Serve'에서, 마지막으로 H는 추수라는 의미의 '하비스트Harvest'에서 첫 글자를 가져왔습니다. 이 콘퍼런스는 미래로부터 추수에 이르기까지, 가서 제자 삼는 사역들을 서로 연결하고자 하는 데 의미를 두고 있습니다.

또, 5월에는 우리 교회에서 아시아복음주의협의회 선교대회가 열렸고, 몽골 현지에서는 몽골 목회자를 대상으로 하는 세미나가 개최되었습니다. 6월에 열리는 평창 제8차 세계선교전략회의에서도 새로운 선교 모델로서 우리 교회의 선교 사역 사례들이 소개될 예정입니다. 7월에 미국 콜로라도에서 열리는 선교전략회의에서도 우리 교회 선교 사역이 소개될 계획에 있고, 내년에는 KWMF의 다음세대 전략대회에 참여하게 됩니다. 이처럼 앞으로 계속해서 선교 분야에 있어서 공신력 있는 포럼이나 콘퍼런스에서 발표를 이어갈 계획입니다.

성경 속 제자들처럼, 루터의 '만인 제사장'을 넘어 모든 성도가 제자와 선교사로 세워져야

이상영 예정되어 있는 일정들을 보면, 우리 교회의 선교 사역 사례들이 점점 더 폭넓고 활발하게 알려지게 될 것 같은데요, 이러한 포럼이나 콘퍼런스 등에서 우리 교회의 선교 사역 사례가 소개되는 것에 어떤 의의가 있을까요?

황덕영 이러한 콘퍼런스와 포럼을 통하여 선교에 대한 정의와 접근이 새롭게 정리될 것으로 기대합니다. 새중앙교회가 말하는 선교의 강조점은 '앞으로 선교의 주최는 선교 단체가 아니고 교회가 되어야 한다'는 것입니다. 선교지의 교회를 깨우는 것은 교회가 감당해야 합니다. 갈수록 상황이 어렵다고 하는 농어촌교회도 선교로 접근하면 탈바꿈할 수 있습니다. 그동안 역할 면에서 목회자와 평신도 사이에 많은 벽이 있었습니다. 평신도는 목회자에 비하여 보조적인 역할을 할 수밖에 없었습니다. 이러한 벽도 무너지고 있습니다. '필리핀 선교사'처럼 지역의 이름을 따서 부르던 선교사 명칭도 무너지고 있습니다. 이제는 말레이시아에서 중국인을 상대로 선교를 한다면 중국 선교사라고 불립니다. 또한 모든 나라와 사회가 다문화로 가기 때문에 전도와 선교의 구분도 무너진 지 오래되었습니다. 때문에 앞으로의 선교는 루터가 주장한 '만인 제사장'을 넘어 '만인 선교사'로 나아가야 합니다. 성경에 나오는 제자들은 그저 그리스도인이었습니다. 성도 중의 특별한 사람이 제자가 되는 게 아니라 모든 성도가 제자가 되어야 합니다. 단일문화가 다문화로 바뀌고, 다양하고 세분된 형태의 선교가 이루어지고 있는 지금의 시대에 맞추어 새로운 선교의 이론과 모델이 필요한 시기입니다. 그런 점에서 우리 교회의 비전선교사처럼 자신이 살아가는 곳을 선교지로 삼고 선교사로 살아가는 것이 중요한 선교의 핵심이라고 볼 수 있습니다.

성도들이 가진 은사가 선교로 이어지며
선교의 중심에 서는 준비된 교회

이상영 이야기를 들어볼수록 새중앙교회가 선교의 중심에 서 있다는 생각이 드는데요. 앞으로도 계속 새중앙교회에서 주님께서 주신 선교의 사명을 감당해 내는 선교적 모델이 나오리라 생각하게 됩니다. 성령께서 선교의 촛대를 우리 교회로 옮기고 계시는 것은 아닐까요? 그동안 하나님께서 목사님에게 보여 주신 것들이 많이 있었을 텐데요. 이 시간을 빌어 그 내용들도 함께 나눌 수 있었으면 합니다.

황덕영 하나님께서 그동안 선교에 대한 많은 확신을 주신 것은 사실입니다. '1만 명의 선교사 파송' 비전을 주시면서 2천 명이 넘는 비전선교사가 헌신하게 하신 것은 이 비전을 이루는 데 마중물로 보여 주신 성령의 사인이 분명합니다. 지난해에 KWMF 사무실을 새중앙선교센터에 두게

브라질 오리존테스선교회 교회를 방문한 황덕영 담임목사(좌), KWMF 개소예배 시 KWMF 대표 강형민 선교사와 황덕영 담임목사 (우)

하신 것 또한 선교에 대한 하나님의 사인이라고 봅니다. 언제부턴가 선교 단체나 선교지에서는 선교로 무장한 교회를 찾고 있었습니다. 그들은 선교지 교회를 깨울 수 있는 교회를 간절히 원하고 있습니다. 그 역할을 감당할 수 있는 교회는 선교로 무장한 교회뿐입니다. 교회에는 많은 성도가 있고 수많은 자료들이 있습니다. 물론 선교 단체처럼 훈련된 성도가 많지 않을 수 있습니다만 성도 자체가 선교사로서의 잠재성을 갖고 있거든요. 기존에는 교회와 선교 단체가 서로 분리되어 선교 사역을 감당해 왔습니다. 그러나 오늘날은 선교 단체들이 교회를 통해 선교가 이루어져야 한다고 한목소리를 내고 있습니다. 교회는 선교 단체보다 선교하기 위한 규율이 약할 수 있지만 다양한 직업과 연령층을 가진 인적 자원이 많다는 장점이 있습니다.

또 하나 우리 교회에 보여 주신 사인이 있습니다. 지난 KWMF 선교대회를 마치고 많은 선교사님이 '새중앙교회는 어머니와 같은 교회다'라는 말씀을 하시더라고요. 우리 교회를 위로하는 말씀인 동시에 선교사님들에게 우리 교회가 어머니의 품과 같은 역할을 하고 있다는 말이기도 합니다. 선교를 하다가 힘들고 지칠 때 찾아와 도움을 요청할 수 있는 곳처럼 말입니다. 당시 KWMF 선교대회를 섬기는 우리 교회의 모습을 보고 그렇게 생각하셨나 봅니다. 그리고 선교사가 본국에 돌아와서 머무는 1~2개월 동안, 친척이나 부모나 형제도 제공할 수 없는 숙소를 우리 교회 선교센터에서 무료로 제공하고 있다는 점에서도 그럴 거예요. 그동안 우리 교회가 선교하는 교회로서 선교사님들을 넉넉하게 품었던 사실들을 서로 공유하셔서 그런 말씀을 해 주시는 것 같습니다. 이것이 가능한 것은, 감사하게도 우리 교회는 성도들이 가진 은사가 곧 선교로 이어지고 있는 교회로서 모든 세대가 선교적으로 훈련되어 있기 때문입니다.

북한 선교를 공통분모로 한 '3개의 선교의 축' 새한반도센터 • 이스라엘선교센터 • 몽골선교센터

이상영 새중앙교회 설립 40주년을 맞이하여 '3개의 선교의 축'을 선포하고 추진하고 있는데요, 파주 문산읍 운천에 설립한 새한반도센터 NCOK, 이스라엘선교센터, 몽골선교센터, 이들이 감당하게 될 사명과 비전은 무엇인지 궁금하고, 각각의 3개의 선교의 축이 서로 연관성이 있게 계획되었다면 그 구체적인 내용을 새중앙교회의 비전과 관련하여 듣고 싶습니다.

황덕영 교회 설립 40주년을 맞이하여 그동안 한 번도 해보지 않았던 것에 도전하려고 합니다. 먼저, 5월 17일부터 40주년을 맞이하는 6월 25일까지 40일 동안 전 성도가 하루 한 끼 이상 금식기도로 준비하는 것이 그 첫 번째입니다. 설립 40주년을 맞이하여 여러 가지 행사도 진행하고 있는데요, 그중 대표적인 것이 선교헌금 작정하기입니다. 성도들이 다섯 가지의 선교헌금을 작정하면서 선교에 관한 도전을 가지면 좋겠기에 계획한 것입니다. 선교헌금의 내용을 보면, 3개의 선교 거점인 새한반도센터, 몽골선교센터, 이스라엘선교센터 건립을 위한 선교헌금이 있고, 교회 파송선교사들을 중심으로 선교지 교회 개척에 필요한 재정 마련을 위한 선교헌금이 있습니다. 선교의 중보기도자는 기도하는 마음과 더불어 물질적인 헌신도 함께 행해야 하는 게 맞거든요.

파주 운천 지역에 있는 새한반도센터 NCOK는 비전 백천만에서 백에 해당하는 '1백 개의 북한 교회 설립' 비전과 관계가 깊습니다. 하나님께서 10년 안에 북한 선교의 문을 여시리라 확신하는데요, 북한의 문이 열린다고 해서 한꺼번에 다 열리기는 어려울 것입니다. 비무장지대인 DMZ의 경우만 보더라도 지역별이나 분야별로 순차적으로 열릴 것입니다. 이와 관련해서 앞서 운천 지역에 우리 교회의 연구소인 새한반도센터가 세워진 것은 선교적 관점에서 볼 때 중요한 거점을 세우는 일입니다. 새한반도센터를 중심으로 DMZ 안 통일촌마을에 커뮤니티 센터를 세우고 자유롭게 왕래하며 기반을 갖추는 것은 북한 선교에 한 발짝 나아가는 일이지요. 이번에 우리 교회 청년 20명을 유엔 인턴십으로 보내게 되는데, 앞으로 그들은 믿음의 다음세대로서 선교의 일꾼으로 자라게 될 것입니다.

종교적 갈등과 대립이 있다는 점에서 이스라엘은 분단된 우리나라와 많이 닮았다고 봅니다. 여기에 세우게 될 선교센터는 북한 선교와 연결되는 동시에 마지막 시대에 열방을 선교하는 중요한 거점이 될 것입니다. 지난 2월 감람산에서 기도하고 있는데 성령께서 이스라엘선교센터에 대한 강한 마음을 주셨습니다. 이곳은 기독교와 유대교 그리고 이슬람교가 공존하고 있고, 갈등이 해소되지 않는 전형적인 분쟁 지역이기에 중요한 선교적 거점이 될 것입니다.

몽골선교센터는 중앙아시아 선교의 교두보이자 이곳 역시 북한 선교에 있어서 중요한 지역이라고 볼 수 있습니다. 몽골 또한 한국과 비슷한 점이 정말 많은데다 우리나라와는 우호적인 관계에 있다는 장점이 있습니다. 몽골에 세계적인 프렌차이즈인 스타벅스는 없어도 한국 마트에서 볼 수 있는 브랜드는 없는 게 없을 정도입니다. 더 놀라운 사실은 지난번 몽골 목회자 리더십 회의를 할 때 보니, 참가자 중 절반 이상이 한국말에 능통하고 그중 상당수의 목회자가 한국에서 신학을 공부했을 정도로 한국과 친숙합니다. 몽골 기독교가 부흥을 꿈꾸고 있을 때 우리 교회가 제자 양육과 선교로 쓰임 받게 된 것이 정말 감사하고 놀라울 뿐입니다.

우리는 성령께서 이끄시는 대로 순종할 뿐입니다. 앞으로 이 3개의 선교의 축을 통해 하나님께서 어떻게 세계 선교를 이끌어 가실지, 기도하며 주님의 뜻을 따라 순종하며 나아가려고 합니다.

미래 선교를 위한 쇄빙선이 되어
다음세대 사역 · 실버세대 사역 · 가정 사역 · 통일 사역

이상영 마지막으로, 목사님께서 바라보시는 미래의 세계 선교는 무엇이라고 생각하십니까?

황덕영 미래 선교는 정말 중요합니다. 미래 선교는 우리의 일이자 우리의 삶이기도 하기 때문입니다. 몇 년 전에 미래 선교의 방향성에 대해 교회에서 선포하며 나눈 적이 있습니다. 지금은 그때보다 몇 가지 더 추가된 내용들이 있지만 그 중요성은 여전히 동일합니다.

먼저, 다음세대에 초점이 맞춰져야 합니다. 다음세대가 중요한 이유는, 다음세대가 점점 줄어들고 있어서 교회마다 교회학교가 없는 곳이 점점 많아지고 있기 때문입니다. 이런 현상은 교회의 미래를 보여 줍니다. 새중앙교회는 다음세대를 위한 다양한 지원을 계획하고 있고, 그들이

'기대, 봄'에 참여한 다음세대 어린이들

신앙 안에서 자라갈 수 있도록 다양한 연구 및 프로그램 개발에 힘쓰고 있습니다. 또한 교회가 출산장려금을 지원하고, 청년들의 창업선교센터를 비즈니스선교회와 함께 운영하고 있습니다.

다음으로 실버세대가 중요한데요, 백세시대를 맞아 은퇴 후의 삶에 대해, 복지 개념 차원에 머무르지 않고 선교와 헌신의 삶을 살아갈 수 있도록 안내하는 일이 필요합니다. 새중앙뉴라이프비전학교는 실버세대의 역할과 선교의 비전을 구체적으로 제시하게 될 것입니다.

가정 사역 역시 미래 선교를 위해 중요한 사역입니다. 1인 가구, 이혼 가정, 붕괴된 가정 등이 점점 많아지고 있다는 말은 돌봄이 필요한 가정이 많아지고 있다는 의미입니다. 교회에서는 가정예배 드리기, 상담센터와 연계한 가정 회복 등에 많은 관심을 기울이고 있습니다.

그리고 통일 사역을 들 수 있습니다. 하나님께서 가까운 미래에 북한의 문을 여시는 날을 고대하며 북한 선교를 준비하고 있어야 그 사역을 감당할 수 있습니다.

새중앙교회는 '선교의 쇄빙선'과 같습니다. 선교에 대해 꽝꽝 얼어 있는 단단한 환경들을 창조적인 사역들로 앞서가며 계속 부수어 나갈 것입니다. 그러기 위해서는 믿음이 필요하겠지요. 기존의 교회들이 한 번도 가 보지 못한 곳을 새중앙교회가 선두에서 개척함으로써 뒤따르는 크고 작은 선교의 배들이 지나갈 수 있는 길을 열게 될 줄 믿습니다. 새로 시작하는 우리의 사역에 대하여 경직될 필요가 없습니다. 성령의 힘으로 나아가는 하나님의 일에는 실패가 없습니다. 선교에는 실패가 없다는 의미이기도 합니다. 우리에게 주신 비전에 순종하며 나아가는 것 자체가 의미 있는 일인 이유는 하나님께서 원하시는 일이기 때문입니다.

우리 교회는 2030년까지 '1만 명의 선교사 파송' 비전을 위해 열심히 전진할 것입니다. 그리고 새중앙교회 설립 50주년을 맞이하는 2033년까지, 예수님께서 공생애 3년을 사셨던 것처럼 그동안 복음의 씨앗을 뿌려 놓은 선교지를 돌아보며 통일 한국을 위해 섬기는 교회가 될 것을 소망해 봅니다. 아마도 교회 설립 50주년의 이야기는 통일에 관한 주제로 가득차게 될 것이라 믿습니다.

복음 들고 통일로 가는 길
새한반도센터 NCOK

'비전 백천만'의 '백'의 비전은 1백 개의 북한 교회 설립을 의미한다. 이 내용은 교회가 오랫동안 기도해 온 통일 한국과 북한 선교에 관한 비전과 맥을 같이 한다. 30년 이상을 기도해 오고 있는 이 비전에 관해 물꼬를 트게 된 계기는 2018년에 발족된 도시환경연구소에서 찾아볼 수 있다. '도시는 교회다'라는 비전에 따라 도시 공동체의 삶과 장소 자체가 교회가 되는 '도시교회'를 박세영 선교사가 꿈꾸며 시작한 연구소다.

"이사야 65장 17~25절에 보면 하나님께서 꿈꾸시는 도시가 있습니다. 새 하늘과 새 땅입니다. 하나님은 이 도시 공동체 속에서 하나님의 나라를 이루며 살기를 원하십니다. 이곳은 믿음의 사람들이 살아가는 공간입니다. 이 도시는 사도행전 1장 8절 말씀처럼 예루살렘으로부터 열방에 이르기까지 퍼져 나갈 것입니다." 박세영 선교사

평촌에 자리하던 도시환경연구소가 2021년에 비무장 지대와 가까운 파주로 옮기며 'NC URI New Center Urban Research Institute 플랫폼'이라는 이름으

공동경비구역 앞에서 기도하는 사역자들

264

로 새롭게 거듭났다. 그해 6월에 비무장 지대 접경 지역에 위치하고 있는 통일촌마을^{이하 통일촌}과 자매결연을 맺고 하나님이 원하시는 도시 공동체를 만들어 나가기 시작했다. 자매결연을 맺던 날에는 통일촌의 이완배 이장을 비롯하여 황덕영 담임목사, 교회 관계자들이 참석한 가운데 마을의 발전을 위한 서로의 약속을 나누었다.

통일을 바라보는 시대를 맞이하여 북한의 관문인 통일촌과 발 빠르게 협력 관계를 맺는다는 것은 중요한 의미를 가진다. 한 발 더 나아가 DMZ 내에 위치하고 북한과 1킬로미터 근방에 자리하고 있는 대성동마을의 판문점교회와도 자매결연을 맺었다. 오랫동안 북한 선교에 관해 비전을 품고 기도해 온 새중앙교회와 북한 선교의 사명을 받은 판문점교회가 동일한 선교의 거점에서 만났다는 그 자체가 의미심장하다. 앞으로 통일 한국과 북한 선교의 새 지평을 여는 협력 관계가 되리라 믿는다.

최근 또 하나의 큰 열매를 맺었으니, NC URI 플랫폼이 파주에 정착한 지 1년이 지난 2022년 1월에 통일촌 내에 커뮤니티 센터를 개소한 일이다. 통일촌은 육지에 위치하지만 실제로는 섬마을이나 다름없다. 남쪽으로는 임진강이 흐르고 북쪽으로는 철조망으로 막혀 있어서 지리적으로 외부와 단절되어 있기 때문이다. 통일촌을 비롯한 인근 3개 마을에는 3백 가구가 채 안 되는 주민들이 살고 있는데, 그들마저도 대부분 고령의 노인들이다. 특별한 변화를 기대하기 어려운 이러한 환경에서, 커뮤니티 센터가 육지와 섬 같은 마을을 잇는 다리 역할을 하리라는 생각

1 새한반도센터 제막식　2 NC DMZ 포럼에서 발표하는 박세영 선교사　3 통일촌 커뮤니티 센터 제막식　4 대성동마을 판문점교회에서 성탄절 예배를 인도하는 황덕영 담임목사

에 마을 주민 모두 기대가 크다. 커뮤니티 센터는 NC URI 플랫폼이 통일촌 주민들과 수많은 만남을 가지며 신뢰를 쌓은 끝에 얻어낸 결과물이다. 하나님이 꿈꾸시는 도시, 즉 '도시교회'를 만들어 가도록 환경을 만지시고 길을 여신 것이다. 문을 연 이래 1년여 동안 커뮤니티 센터에서 주민들을 위한 문화 강좌가 꾸준히 열렸고, 2022년 7월에는 특별 행사로 'DMZ국제마을영화제', '민통선끄트머리국제마을영화제'가 열려 세간의 관심을 끌기도 했다.

새중앙교회에서는 2021년과 2022년 12월, 두 차례에 걸쳐 세 마을에 '사랑의천사박스'를 보내 사랑의 교제를 나누고 있다. 각 가정으로 보내진 천사박스로 인해 마을 주민들의 마음이 마치 크리스마스 선물을 받은 동심처럼 환하게 열렸다는 반가운 소식을 전해 들을 수 있었다.

2023년 1월에는 NC URI 플랫폼이 파주 운천리로 둥지를 옮겨 지금의 새한반도센터 NCOK$^{New Center for One Korea}$라는 이름으로 새롭게 오픈 예배를 드렸다. 새중앙교회 전 교역자와 남북 관계자 그리고 운천리 마을 주민 150여 명이 참여한 가운데 북한 선교와 통일 한국을 구체적으

"우리 통일촌마을에 깊은 관심을 가져 주셔서 감사합니다. 사실 그동안 우리 마을과 결연을 한 곳이 너무 많았지만 대부분 일회성이었습니다. 새중앙교회는 일회성 행사에 그치지 말고 마을이 발전하도록 지속적인 기회를 만들어 갔으면 합니다."
통일촌마을 이완배 이장

로 꿈꾸는 새로운 발걸음을 내디뎠다.

  새한반도센터는 앞으로 남과 북을 연결하는 평화 지대를 만들어 나가는 일을 사명으로 삼게 될 것이다. 남북 간의 평화 교류를 활성화하기 위해 외교 지형을 다극화하고 외교 파트너를 다자화하며 특별히 유엔과의 외교도 적극적으로 추진할 계획이라고 밝혔다. 새한반도센터를 DMZ 바로 앞으로 자리를 옮기며 통일을 위한 사역을 향해 적극적으로 나아가고 있지만, 동시에 운천마을 주민들과 신뢰의 관계를 쌓는 일도 중요한 미션으로 삼고 있다. 인근 주민들을 초청하여 대접하며 지역의 특수성으로 인해 겪을 수밖에 없는 그들만의 이야기에 귀 기울이고 있다. NCOK의 첫 번째 비전은 DMZ 내 대성동마을과 북한의 기정동마을 사이에 '마실'이라는 평화 마을을 만드는 것이다. 마실은, 북한 주민도 남한 주민도 자유롭고 편안하게 이름 그대로 마실 나오는 기분으로 와서 만나게 되는 장소의 개념이다. 통일된 한반도는 물론, 한반도가 통일되기 전에도 적절하고 안전한 모델이 되리라 기대하며 소망하고 있다.

  2022년 12월에는 코로나19가 발생한 이후 처음으로 새중앙교회와 자매결연을 맺은 대성동 판문점교회에서 성탄축하예배가 드려졌다. 북쪽

통일촌을 방문한 교역자들

과 가장 가까운 대성동마을에서 펄럭이는 태극기와 북한 땅 기정동마을에서 펄럭이는 인공기 사이에서 올려 드린 예배로서 그 어느 때보다 특별하고 간절한 예배였다. 그날 예배에는 여러 교회와 기관, 공동경비구역 장병들 및 관계자, 유엔군사령부 중립국감독위원회 스위스 대표도 참여하여 더욱 의미가 있었다.

새한반도센터의 전신인
NC URI 플랫폼과 통일촌마을의
자매결연 협정식

새한반도센터 박세영 선교사
"먼저 교회를 비롯해 관공서, 학교, 상업 시설 등을 조사하면서 마을 주민들의 이야기를 충분히 들었습니다. 이후에 전문가의 개입이 시작되었죠. 학문적인 이론과 여러 사례들을 통해 연구하고 기도하면서 하나님의 지혜를 구한 것입니다. 이를 토대로 도시 계획이 시작되면서 수많은 사람들이 이곳 연구소를 찾았습니다."

새중앙교회 황덕영 담임목사
"이스라엘에 3년 반 동안 비가 오지 않았습니다. 민족적 위기 속에서 엘리야가 하나님께 간절한 기도를 드렸을 때 하나님은 위기의 땅을 회복시키셨습니다. 엘리야가 갈멜산 꼭대기에 올라가서 일곱 번째로 간절히 기도했을 때 사람의 손바닥만 한 작은 구름을 봅니다. 하나님은 그렇게 작은 구름 하나로 하나님의 큰일을 시작하셨습니다. 오늘 문을 연 새한반도센터가 바로 그 작은 구름이 되어 통일 한국과 민족 복음화의 마중물이 되기를 기도합니다. 통일을 꿈꾸는 장소가 되기를 바랍니다."

선교위원회 이윤휘 위원장 겸 장로
"남북으로 갈린 이 민족을 긍휼히 여겨 주십시오. 통일의 기초를 세워 가시는 하나님, 하루속히 북한 땅이 주님께 돌아올 수 있도록 인도해 주세요. 먼저 한국 교회가 말씀으로 회복되는 역사가 일어나게 해 주세요."

숭실대학교 하충협 교수 겸 목사
"미래의 한반도가 어떤 형태로 통일이 될지는 모릅니다. 그러나 북한 교회 세우기는 어떤 형태로든 반드시 진행되어야 합니다. 북한에 교회를 세우시는 분은 하나님이시고 그분의 섭리는 분명 한 번도 쉬지 않으셨습니다."

하나님의 사랑을 '광고'하다
복음의전함

'결국에는 소멸되고 마는 것들도 저렇게 좋다고들 부지런히 광고하는데 생명을 살리고 영혼을 구원하는, 복음 같이 좋은 것은 없다는 광고는 왜 없을까?'

'하나님의 사랑만큼 크고 놀라운 것이 없다는 사실은 어째서 광고하지 않는 걸까?'

2016년 11월 26일, '세계 복음 광고를 위한 워십 콘서트'가 새중앙교회 대예배당에서 개최되었다. '사단법인 복음의전함^{이하 복음의전함}'이 주최하고 극동방송이 후원한 행사다. 개그맨 정선희의 사회로 진행된 콘서트는 가수 박기영, 김장훈, CCM가수 리셋, 청년예배연합운동 웨이브코리아의 은혜로운 찬양과 김태경 성도의 간증, 복음의전함 이사장 고정민 장로의 복음의전함 소개로 채워졌다. 본당을 가득 메운 어린이부터 청년, 장년에 이르기까지 전 세대가 뜨겁게 공감한 시간이었다.

'사랑한다면 눈을 감아 보세요, 하나님은 사랑이십니다.'

이 콘서트를 통해, 복음의전함이 따뜻한 복음 문구로 세계를 향해 놀라운 기적을 만들어 가고 있음을, '복음 광고'라는 생소한 영역이 개척되어 선교의 새로운 지평으로 확장되고 있음을 새삼 확인할 수 있었다.

복음의전함은 제일 큰 목소리로 알려야 마땅할 복음에 대해서는 정작 침묵하고 있다는 문제의식에서 출발했다. 그 답으로서, 복음을 전하기 위한 새로운 선교의 방향을 상업적 광고에서 찾았다. 광고에 지속적으로 노출되다 보면 자연스레 신뢰가 생기면서 계획에 없던 구매로 이어지는 과정을 선교에 접목한 것이다. 2014년 10월 기치를 올리고 처음에는 기존의 여느 상업 광고들처럼 일간지 지면을 장식했다. 이후 광고가 이루어지는 세상의 모든 '광고판'에 주목하며 그 지경을 넓혔다. 사람들이 가장 많이 오가고 모이는 장소인 버스 정류장, 지하철, 기차역, 대형마트, 빌딩, 고속도로 등의 광고판을 적극적으로 이용해 상품이 아닌 복음과 하나님의 사랑을 광고하기 시작했다. 일상 가운데 지속적으로 복음을 노출시키는 것이 믿지 않는 사람들에게도 자연스럽게 하나님의 사랑과 신뢰가 스며들 수 있는 방법이라고 판단한 것이다.

6대륙 광고 선교 캠페인

6대륙을 향한 복음 광고의 1차 목표지는 북아메리카였다. 미국의 뉴욕 한복판, 그중에서도 최고가의 광고비로 유명한 타임스퀘어 광고판, 또 그중에서도 연중 가장 고가에 가장 경쟁이 치열하다는 연말연초 2개월 간의 광고에 도전장을 내밀었다. 막상 입성하자니 재정도 없고 연고도 없는 곳이라 막연했지만 주의 나라를 확장하겠다고 마음먹으니 길이 열렸다. 마침 1~2월 광고판이 비어 있었고, 3억 원에 달하던 그 많은 재정이 다 채워지며 드디어 6대륙을 향한 복음 광고가 첫걸음을 뗐다.

그렇게 2016년 12월과 1월에 뉴욕 타임스퀘어 전광판에 두 달간 대형 복음 광고가 게재되어 전 세계의 이목을 집중시켰다. 글로벌 초일류 기업들의 광고 격전지인 그곳에 종교 관련 광고가 걸린 것은 매우 이례적인 일이었다. 그곳에서 전해진 복음 메시지는 간결하고 명료했다.

'God is Love.'

북아메리카에서 시작된 캠페인은 2017년 5월 아시아로 이어져 불교 국가인 태국에 예수 그리스도의 사랑과 말씀을 전했다. 수도 방콕의 주요 지하철 역사에 한 달간 스크린도어 광고를 게시하는 방법이었다. 국민의 95%가 불교를 믿는 국가인 만큼 태국 정부로부터 기독교 홍보를 허가받기가 쉽지 않았다. 사실, 포기하려던 순간도 있었다. 하지만 그만두더라도 끝까지 기도해 보고 그만두자는 한 스태프의 말에 다시 간절하게 그리고 지속적으로 기도로 매달린 끝에 허가를 받아내는 쾌거를 이뤘다. 나아가 불교 국가 최초로 현지 교회가 참여하여 함께 거리 전도를 실시하는 의미 있는 성과를 거두었다.

2017년 9월 오세아니아, 2018년 3월 유럽에서도 뚜렷한 성과가 있었다. 호주 시드니와 뉴질랜드 오클랜드에서 진행된 3차 캠페인의 경우 스트릿 톡Street Talk과 버스 쉘터Bus Shelter 등 대중이 쉽게 접할 수 있는 장소에 복음 광고를 노출해 현지인과 관광객 모두에게 기독교의 본질과 의미를 알렸다. 무신론과 동성애의 천국으로 변한 호주와 뉴질랜드에 하나님의 사랑을 회복시키는 복음 광고가 세워짐으로써 의의를 찾을 수 있었다. 또한, 70여 한인 교회와 3천여 명의 성도가 연합하는 기회를 마련할 수 있었다.

4차 캠페인이 열린 곳은 유럽의 중심인 독일 프랑크푸르트다. 유럽을

'복음의전함'의 남아프리카공화국 사역 현장

잇는 교통의 허브인 프랑크푸르트 중앙역에 복음 광고가 걸렸다. 특히 이 캠페인은 주요 거점의 복음 광고로만 그치지 않았다. 현지 교회 및 기독교 단체들이 연합하는 것은 물론, 독일 전체를 비롯해 스코틀랜드, 스페인, 크로아티아, 헝가리 등 유럽 15개국에서 동시에 대규모 거리 전도에 나서며 유럽 재복음화의 불씨가 되어 주었다.

2019년 10월 한 달 동안은 남아메리카의 지리적, 종교적 중심부인 브라질 상파울루에서 제5차 캠페인이 진행되었다. 상파울루와 리우데자네이루를 연결하는 남미 최대 관문인 두트라 고속도로에 가로 세로 12×4미터 크기의 대형 복음 광고판 2개가 높이 걸렸다.

'It's Okay with Jesus! 예수님과 함께라면 괜찮아!'

2020년 2월, 마지막 6차로 찾은 아프리카 대륙에서 대장정의 막을 내렸다. 남아프리카공화국의 요하네스버그, 프리토리아였다.

복음의전함 광고가 내걸릴 때마다 각 대륙의 중심지에서는 복음 전파의 거대한 물결이 일어났다. 전 세계에 예수 그리스도의 복음을 알리는 광고판이 세워지자 현지의 수많은 교회 성도들이 교파와 인종에 상관없이 자발적으로 모여들었다. 오직 한 분 예수 그리스도의 이름으로 모인 한 형제자매였다. 모두 자발적으로 모여 한 목소리로 찬양하고 기도하고 거리 곳곳을 누비며 복음을 전했다. 상업적 광고를 매개로 지역과 인종을 초월해 예수 그리스도의 복음을 전한다는 선교의 발상은 교계에서도 광고업계에서도 신선한 돌풍을 일으켰다.

복음의전함이 만든 '복음 광고'

대한민국을 전도하라

대외적으로는 6대주 광고 선교 캠페인을 진행하는 중에 대내적으로는 '대한민국을 전도하다'라는 타이틀을 가지고 국내 전도에도 박차를 가했다. 2018년 7월 1차 경상도 및 부산을 시작으로, 같은 해 11월 2차 전라남도 광주, 2019년 6월 3차 제주 지역에서 각각 펼쳐졌다.

광고 매체를 통한 복음 전파가 돌풍이 된 것은 당연하지만, 캠페인이 열리는 각 지역에서 대규모 거리 전도가 함께 진행된 것에 주목하게 된다. 경상도 지역 캠페인에서는 2018년 7월 21일 토요일 부산 해운대에 450여 성도가 모여들었다. 그들 손에 들려진 3만여 장의 전도지가 해운대를 찾은 전국의 피서객들에게 전달되는 대규모 거리 전도가 약 2시간 정도 진행되었다. 이 소식은 인근 도시로도 전해져 김해, 창원, 포항 등에서도 각 지역마다 특색 있는 복음 캠페인이 다양한 형태로 진행되며 전도의 물결이 이어졌다.

그해 11월 10일과 25일에는 전라남도 광주 문화전당역을 중심으로 광주의 5개 구가 연합한 가운데 2천6백여 명이 모여 복음을 전했다. 광주의 전 교회가 연합해 거리 전도로 복음을 전하는 첫걸음이었기에 의미가 컸다.

마지막으로 진행된 제주 지역 복음 캠페인은 2019년 6월 1일 제주 시와 2일 서귀포 시에서 열렸다. '2019 제주복음화전도대회'라는 타이틀로 교단과 교파를 초월한 1천8백여 명의 성도 및 선교 단체들이 팀을 구성해 시내 곳곳에서 복음 광고 전도지 70만 부를 돌리며 복음을 전했다. 2019년은 제주 선교 111주년을 맞은 해로서, 토착 신앙이 강한 제주도 특유의 영적 아픔, 제주4.3사건 후 내재되어 있는 개인 및 사회적 아픔, 이혼율 1위라는 가족적 아픔 등 오랫동안 내재된 상처가 치유되고 제주도에 새로운 희망이 싹트기를 기대했다.

복음의전함 고정민 이사장
"복음의전함에는 '전함戰艦'이라는 뜻이 있습니다.
전함은 전쟁을 하지 않으면 필요가 없습니다.
같은 맥락으로 교회가 그리고 크리스천이 복음을 전하지 않으면 그 맛을 잃고
의미가 없어집니다. 복음의전함은 그 정체성을 지켜 계속 전쟁 중에 있는데
지금까지 한 번도 져본 적이 없습니다. 앞으로도 질 일이 없을 겁니다.
왜냐하면 예수님이 선장이시기 때문입니다. 앞으로 이 전함을
통해 세계가 복음 안에서 어떻게 연합하여 주의 일을 성사시켜 나갈지를
기대하며 계속해서 지켜봐 주셨으면 좋겠습니다."

함께할수록 넓어지는 선교의 대로
KWMA · BSH · KWMF · KWMI와의 동역

교회와 선교 단체의 합력

선교하시는 하나님은 선교하는 교회를 들어 쓰신다. 그 교회를 통해 더욱 더 선교하기에 적합한 환경을 만드시고 길을 여신다. 새중앙교회가 하나님으로부터 받은 '2030 가서 제자 삼으라' 비전에 순종하며 2~3년 동안 걸어 오다 보니 하나님이 그렇게 더 큰 선교 비전으로 이끄신다는 것을 실감하게 된다. 실제 선교 현장에서 일어나는 하나님의 섭리와 역사들이 그 증거다.

최근 몇 년 사이에 새중앙교회가 여러 선교 단체나 선교사들과 협력하는 일이 많아졌다. 이런저런 이해관계보다 오직 선교를 우선시하다 보니 자연스레 협력이 이루어졌고, 그 영향으로 교회와 선교 단체 사이의 현실적인 벽이 조금씩 허물어지고 있음을 보게 된다. 하나님이 이 땅에 교회를 세우신 것은 예배와 더불어 선교하기 위함이다. 그런 면에서 새중앙교회는 예수님의 지상명령을 제대로 준행하고 있으며, 선교에 대해 바른길을 걸어 오고 있다. 심지어 세상과 단절되던 코로나19 상황 속에서도 흔들리지 않고, 선교에 관해 어떻게 순종해야 하는지를 기도하며 '정면 돌파'를 결정했다. 그것이 하나님의 뜻이기에 순종했을 뿐이다. 선교는 어떤 상황에서든지 멈출 수 없고 멈추어져서는 안 될 명령으로 받들어 순종하였더니 하나님께서는 더 넓은 선교의 대로를 열어 주셨다. 그 대로는 교회뿐만이 아니라, 여러 선교 단체들과 타지역의 교회들까지 손짓하며 불러모았고, 모두가 함께할수록 점점 더 넉넉해지고 있다.

선교는 어떤 상황에서든지 멈출 수 없고 멈추어져서는 안 될 명령으로 받들어 순종하였더니 하나님께서는 더 넓은 선교의 대로를 열어 주셨다. 그 대로는 교회뿐만이 아니라, 여러 선교 단체들과 타지역의 교회들까지 손짓하며 불러 모았고, 모두가 함께할수록 점점 더 넉넉해지고 있다.

KWMF 선교사대회

KWMA와의 비전 공유

한국세계선교협의회인 KWMA^{Korea World Missions Association}와 선교 비전을 공유한 것은 교회의 선교 비전의 지경을 넓히는 계기가 되었다. 당시 KWMA가 'TARGET 2030 운동'을 펼쳐 오고 있었는데, 그 내용을 살펴보면 2030년까지 10만 명의 선교사를 파송하겠다는 비전을 담은 운동이었다. 선교 비전을 놓고 교회 전체가 기도하던 중에 이 비전을 접하면서 하나님의 뜻을 깨닫고 새중앙교회도 이 운동에 동참하게 되었다.

새중앙교회는 KWMA가 선포한 10만 명 비전을 본받아 그중의 1/10에 해당하는 '1만 명의 선교사를 파송하겠다'는 비전을 세우게 된 것이다. 1만 명의 선교사 파송은 곧 '비전 백천만'에서 '만'에 해당하는 비전이다. 여기에 2021년 1월 오랫동안 변하지 않고 품어 오던 '가서 제자 삼으라'는 비전에 'TARGET 2030 운동'을 접목시켜 'TARGET 2030 가서 제자 삼으라'라는 비전으로 재탄생시킨 것이다. 이 비전을 품고 3년

새중앙교회를 탐방한 브라질 오리존테스선교회 회원들

1 제18회 중남부 아프
리카 한인선교사대
회에서 말씀을 전하
는 황덕영 담임목사
2 엑소더스 한반도 포
럼에 발표자로 참여
한 황덕영 담임목사
3 국제 디아스포라 선
교센터 창립예배

차를 보내면서 1만 명의 선교사를 파송하겠다는 비전을 위한 발판을 구체적으로 만들었으니, 바로 '비전선교사'와 '비전캠퍼스'다.

코로나19 시기에 선교에 대해서 오히려 정면 돌파로 도전한 것이 교회 곳곳에서 귀한 열매로 귀결되면서 국내외 교회들과 선교 단체들이 새중앙교회만의 선교 비전과 시스템을 탐방하기 위해 줄을 잇고 있다. 선교 비전을 공유해 주었던 KWMA에서는 역으로 비전선교사와 비전캠퍼스 개념을 선교 단체에 적용하고자 나섰다. 새중앙교회에서 열매를 맺고 있는 선교 노하우를 적용해 보고자 부산 수영로교회와 청주 상당교회 등 여러 교회와 선교 단체에서 선교 탐방을 다녀갔으며, 2023년에는 비전선교사와 비전캠퍼스 제도를 그대로 적용하는 교회가 나오기도 했다. 2022년 5월에는 브라질 오리존테스선교회 사역자 30여 명이 새중앙교회를 탐방하여 이 제도의 설명을 듣고 '사도행전적 선교'를 펼치는 새중앙교회를 보고 놀라워하며 함께 기도하는 시간을 가졌다.

BSH와 함께한 다음세대를 위한 집회

빌리언 소울 하비스트^{Billion Soul Harvest 이하 BSH}는 전 세계 10억 인구를 향해 선교의 도전을 펼쳐 오고 있는 선교 단체로, 2022년 10월에 새중앙교회를 찾았다. 비전선교사와 비전캠퍼스의 정착으로 세대를 막론하고 교회 내 선교 열기가 고조되던 시기와 맞물려 BSH가 새중앙교회에서 다음세대를 위한 집회를 연 것은 더욱 고무적이었다.

선교에 관해 세계적인 인물로 평가받는 리더십들과 한국 강사들이 대거 참여해 밤샘 기도회를 이끌었다. 새중앙교회 성도들을 비롯해 한국의 청년 사역자들, 청년 대표자들, 중보기도자들 2천여 명이 참여하여 선교를 위해 힘을 모아 부르짖었다. 예수님의 지상명령을 위해 새중앙교회의 다음세대를 일으켜 세우셔서 세계와 열방을 향한 선교를 이루시겠다는 하나님의 뜻을 확인한 시간이었다.

새중앙교회에서 열린 '빌리언 소울 하비스트'의 다음세대를 위한 집회

제17회 KWMF 선교사대회

한인세계선교사회 KWMF ^{Korean World Missionary Fellowship}와의 협력도 주목하게 된다. 2022년 8월 새중앙선교센터 2층에 KWMF 본부가 둥지를 틀었다. 세계 선교를 위해 KWMF와 본격적으로 협력하는 차원에서 새중앙교회가 본부 사무실을 무상으로 임대해 준 것이다. 사무실 오픈 예배가 열리던 날, 많은 국내외 선교사와 선교 단체장들이 교회로 모여들었다. 45년 동안 사무실이 없는 상태로 사역을 감당해 오다가 처음으로 마련된 사무실을 보고 KWMF 임원들 모두 감동을 전해 왔다.

KWMF 이근희 사무총장에 의하면 사무실을 한국에 마련한 첫 번째 이유는 선교사와 선교사 가정을 보호하기 위해서다. 해외에서 선교 사역을 감당하고 있는 3만여 명의 선교사들 중 2/3는 군소 교단 혹은 군소 단체 소속이다. 심지어 소속된 교단이나 단체가 없는 경우도 있다. 대부분의 선교사들은 선교 사역을 위해서 전적인 지원을 받아야 하는 실

KWMF 집회 후 황덕영 담임목사를 위해 항아리기도를 하는 선교사들

정이다. 또한 은퇴 후에도 지속적으로 지원이 필요한 상황에서 KWMF
한국 사무소 개소는 여러 가지로 큰 의미를 갖는다. 앞으로 KWMF 한
국 사무소에서는 소속된 선교사들을 상대로 여러 가지 전문적인 케어
를 담당하는 로뎀선교사상담소를 운영할 계획이다.

KWMF는 1977년 선교사 일곱 가정이 친교를 나누며 시작된 모임으
로, 1982년에 제1회 한인세계선교사대회가 필리핀에서 열린 이후 현재
제17회 선교사대회까지 마쳤다. 가장 최근에 열린 제17회 한인세계선교
사대회는 2023년 3월 20일부터 3일 동안 새중앙교회에서 열렸다. 해외
에서 10년 이상 선교 사역을 감당하고 선교지에서 추천을 받은 3백여
명의 선교사들이 참여하였다. 이번 대회는 선교사회 중앙위원회 총회
및 제9차 지도력개발회의가 중심 내용이 되었다. '멈출 수 없는 하나님

1~3 KWMF 선교사대회

KWMF 선교사대회에 참여한 선교사들이 교회 내 카페에서 즐거운 시간을 보내고 있다.

의 선교'를 주제로 대예배당에 모인 선교사들은 '한국 교회가 어떻게 영적인 부흥을 일으킬 수 있었는지', '어떻게 영적인 전력을 생산해 냈는지'를 되돌아보았다. 코로나19가 강타한 선교지의 상황에도 불구하고 '하나님의 선교는 멈출 수 없다!', '선교를 멈추지 맙시다!'를 외치며 서로 다짐을 나누는 시간이었다. 대회 기간 동안 선교사들은 교회 채플홀에 모여 매시간 '선교 돌파를 위한 혁신과 변혁'이라는 내용으로 강의와 발표를 나누며 뜨거운 관심과 기도로 대회를 이끌어 나갔다.

마지막날 황덕영 담임목사는 한인세계선교사대회에 참석한 선교사들에게 KWMF를 섬기며 함께 해외 선교를 협력하게 된 간증을 나누었다. 열왕기상 18장에서 엘리야가 갈멜산 꼭대기에 올라가 간절히 기도할 때 저 바다 끝에서 손바닥만 한 구름을 본 것을 KWMF에 비유하며 하나

KWMF 개소식 예배

님의 선교에 대한 놀라운 사인이었다고 표현했다. 말씀 이후 선교사대회에 참석한 선교사들은 스스로부터 영적 부흥을 가져와야 한다고 느끼고 성령의 능력을 구했다.

KWMI 등 여러 선교사회와 협력

여러 선교사회와 세계 선교에 관하여 교류하고 협력한 것 또한 빼놓을 수 없는 성과다. 2022년 11월에는 황덕영 담임목사가 중남미선교사회의 선교대회에 주 강사로 나서며 선교사들을 위로하고 선교 사역에 협력하는 메시지를 전하기도 했다. 2023년 4월에는 세계선교사중보기도회인 KWMI Korean World Missionary Intercession 선교대회에서 황덕영 담임목사가 마지막날 주 강사로 나서서 세계 선교 협력을 강조했다.

크고 작은 선교사회와의 협력은 새중앙교회가 세계 선교에 동참하여 선교의 보폭을 외연으로 확장시킨 계기가 되었다. 교회와는 또 다른 기관인 선교 단체 및 선교사들과 협력을 통해 선교의 지경을 넓혀 가겠다는 의지를 보인 것이다.

KWMF 한인세계선교사대회 이모저모

2023년 3월 20~22일 제17회 KWMF 한인세계선교사대회가 새중앙교회에서
개최되었다. 이는 개교회 차원에서는 처음으로 교회에서 열린 선교사대회로,
하나님이 그려 주신 선교의 청사진을 새중앙교회 안에서 나누는 시간이었다.
앞으로 10년 동안 KWMF 소속 선교사들과 협력하여 민족의 부흥과
열방의 부흥을 함께 일구어 나가게 될 것이다.
새중앙교회는 KWMF 선교사대회가 열리는 동안 대회에 참여한
3백 명의 선교사들에게 예배 및 기도회 장소, 발표 및 강의 장소,
전 일정의 식사와 숙박 등을 제공했다. 대회 기간 동안
로뎀나무아래카페와 로뎀식당은 일반 성도들의 이용을 잠시 중단하고
오직 선교사들만의 공간으로 구별하여 섬겼다.
여전도회는 모든 일정마다 간식으로 섬겼으며, 사진선교회는 포토존을
만들어 기념사진을 촬영해 주는 것으로 섬겼다. 특히 촬영한 사진을
작은 액자에 넣어서 선물로 드린 것이 선교사들 사이에서
폭발적인 인기를 끌기도 했다.
선교사들은 대회 기간 내내 선교 돌파를 위한 혁신과 변혁을 위해 열정적으로
임했다. 그 마음을 보시고 하나님이 모든 일정마다 성령의 기름 부음과
영혼 구원을 향한 뜨거운 마음을 주셔서 선교사들 모두 눈물로 기도하며,
선교지로 파송되던 첫 마음을 회복하고 사명을 새롭게 하는 시간을
가질 수 있었다.

KWMF 대표 회장, 이은용 케냐 선교사

"개교회 차원에서는 처음으로 한국의 새중앙교회에서 KWMF 대회를 개최하게 되었습니다.
그동안 큰 대학이나 교회 외의 장소에서 선교사대회가 열렸는데, 이번 대회는 주님의 몸인
교회 안에서 이루어졌다는 점에서 굉장한 의의가 있다고 생각하고, 선교 사역에 새로운
전기가 마련되었다고 평가합니다. 이 일을 위해서 새중앙교회 전 교인이 합심해서 기도하고
재정적으로 후원하신 것은 선교사님들께 굉장히 큰 위로가 되었습니다. 특별히 수요일 저녁
황덕영 담임목사님께서 설교하실 때 성령의 강한 역사가 나타나서 우리 모두 놀라운 성령의
체험을 했습니다. 한 선교사님이 치유의 간증을 전했는데, 간이 안 좋아 불치병으로
수십 년 동안 고통 중에 있다가 수요일 저녁에 같이 기도하고 다음 날 병원에 갔더니
간 수치가 거의 정상으로 돌아온 경험을 나누며 은혜가 되었습니다.
선교사님들이 앞으로 어떻게 선교를 해야 하는지 도전받고 답을 찾는 기회가 되었습니다.
다시 한번 새중앙교회와 성도님들께 감사드립니다."

코로나19를 돌파하도록 인도하신
능력의 하나님, 지혜의 하나님

전 교인 기적의 신앙 40일	코로나19는 인류사에 수많은 기현상을 만들어냈다. 그중에서도 '비대면'이라는 생소한 문화를 일상화시킨 현상이 무엇보다 낯선 풍경이었다. '사회적 거리두기', '생활 속 거리두기'라는 듣도 보도 못한 기조로 인류 스스로를 혼자로 고립시킨 현상은 사회 집단이라는 인류 생존 방식의 근간을 뒤흔들어 놓았다. 당연히 예배, 기도 모임, 교제 등이 현실적으로 어려울 수밖에 없었다. 하지만 하나님은 '모이기에 힘쓰라'고 분명하게 말씀하신다. 그 말씀을 붙잡고 기도하면서 능력의 하나님, 지혜의 하나님을 경험하였다. 새중앙교회는 그 시간을 '전 교인 기적의 신앙 40일'이라 명명한다.
주중 공예배의 참석	형편에 따라 온라인이든 오프라인이든 수요예배, 금요성령집회, 새벽기도회 중에서 하나 이상의 예배를 선택하고 40일 동안 꾸준히 참석을 실천했다.
가정예배의 실행	교회 공간을 매개로 모이기를 힘쓸 수 없는 상황에서 교회와 예배 모임의 가장 중요한 최소 단위는 가정이다. 가정을 비전캠퍼스로 삼아 일주일에 적어도 한 번 이상 가정예배를 드리기로 했다.
큐티와 개인 기도의 일상화	세상 모든 것들이 깨어지고 흔들려도 하나님과의 관계만 든든하다면 살 수 있다는 생각으로 시작했다. 이미 《해피투게더》, 《비전큐티》, 《키투》 등 말씀 묵상을 인도하는 큐티 책들이 교회에서 자체적으로 발행되고 있어서 큐티를 하기에 부족함이 없었다.

온라인 구역 나눔	구역 식구들이 온라인으로 연결되어 현장에서 만난 것 못지 않게 말씀과 삶과 기도 제목을 나누고 함께 기도하는 시간을 가졌다.
4주간의 바이블아카데미	별도로 신청할 필요 없이 목요일 저녁과 금요일 오전 교회 홈페이지에 접속하기만 하면 무료로 실시간 강의를 들을 수 있었다. 성경신학, 역사신학, 조직신학을 내용으로 한 12과목을 12명의 목사가 강의하였다.
사랑과 복음 전파의 실천	전도지를 들고 불특정 다수를 만나러 현장으로 갈 수는 없지만, 자신과 관계 맺고 있는 소수의 비신앙인들에게 올바른 예배자이자 신앙인으로서 하나님을 전파하는 데 중점을 두었다.
성경필사	40일 동안 교회 공동체가 릴레이 방식으로 성경을 함께 필사했다. 성경 전체 1,189장을 1백 명이 나누어 40일 동안 12장씩 쓰는 방식이었다. 교구별로 한 권씩 필사본을 만들 수 있도록 필사에 참여한 성도들에게 교회가 필사 용지와 완성한 필사본의 제본을 지원했다. 교구뿐만 아니라 교역자들도 동참해서 한 권의 필사본을 만들었으며, 외국인선교회도 다국어 성경필사본을 완성하여 하나님께 영광과 기쁨을 돌렸다. 성경필사본 31권은 그 열매라고 할 수 있다. 각 교구 21권, 교역자 1권, 드림공동체 1권, 비전공동체 1권, 외국인선교회 1권, 임마누엘 성가대 1권, 개인 5권으로 4천 명이 넘는 성도들이 참여하였다. 공식적인 일정 이후에 개인적으로 3권이 더 추가되었다. 교회학교 친구들이 참여한 드림공동체 성경필사본은 가장 두꺼운 성경책으로 만들어졌다. 어린이들의 큰 글씨 때문이다. 또한 외국인선교회 성경필사본은 7개 국어로 쓰여진 그야말로 다국적 성경이 되었다. 사랑부 지체들도 2018년 4복음서 필사를 시작으로 2019년에 이르러 모세 5경 필사본이 제작되었다. 사랑부 전체 지체들과 각 가정과 교사들이 합심하여 66권을 완필하는 것을 목표로 도전은 계속 이어질 예정이다.

성경통독

당동2교구 여자4구역, 목련남자교구, 목련3, 5교구 등 많은 교구와 구역들이 하루에 네 장씩 성경 읽기를 시작하였다. 30대부터 60대까지, 구역원들이 세대 차를 느끼지 않으며 즐겁고 재미있게 모였다. '드라마바이블'이라는 앱의 도움을 받기도 했고, 목표 달성 후에는 '단톡방'에 '다 읽었음'이라고 손도장도 찍었다. 스스로 느끼는 성취감도 크고, 목표 달성자에게 작게나마 주어지는 구역장의 선물과 격려가 기쁨과 힘이 되기도 했다.

한 줄 묵상 올리기

성경통독과 성경필사가 불러온 도전이다. 《해피투게더》 큐티 책으로 그날그날 말씀을 묵상한 내용을 한 줄로 요약해 '단톡방'에 올리기 시작했다. 구역예배에서는 나눔에 다소 소극적이던 구역원들의 활동도 활발해지자 구역끼리 유대감이 더욱 돈독해졌다.

교구 박주환 목사
"40일 동안 새벽작정기도에 참여하신 성도들의 기도 응답 간증을 많이 들었고, 말씀을 붙잡고 성경필사본을 완성해 가져 오신 교구장이 눈물을 흘릴 때는 같이 울컥하며 감동을 받았습니다."

교구 이영곤 목사
"교구의 한 권사님이 허리를 다치자 믿지 않는 남편이 대신 필사를 해 주셨대요. 남편이 말씀에 대해 궁금한 부분을 계속 물으면서 성경을 쓰는 것이 너무 감사했다고 합니다."

교구 손석호 목사
"교구의 한 성도님은 직장에서 예배 참석을 원치 않았는데, 성경필사를 하는 가운데 큰 은혜를 받고 담대함이 생기게 되어 주일 현장예배를 결단하게 되었다는 소식을 전해 들었습니다."

화평교구 이희선 권사

"하루에 성경을 기본적으로 6시간 가량 읽다 보니 29일 만에 성경을 1독 했어요. 말씀이 주는 은혜로 감사가 넘치고 기도하면서 많이 울었습니다. 남편이 치매 판정을 받은 지 3년쯤 되었는데, 아침 8시부터 11시까지 등산을 다녀온 후 남편을 섬기는 시간 외에 밤낮으로 성경을 읽었어요. 읽을수록 말씀을 사모하게 되고 묵상하고 나면 평안하여 힘든 상황에서도 감사가 절로 나옵니다."

관양교구 김재숙 권사

"필사를 시작한 지 한 달여 지났을 무렵, 갑자기 친정어머니가 췌장암 말기 판정을 받았어요. 친정어머니는 독실한 불교 신자였기에 천국 소망으로 전도하자 처음에는 완강하게 거부하시더니, 병원 치료로도 호전이 안 되자 결국 병상 세례를 받게 되었어요. 이후부터 당신 스스로 주변 사람들에게 예수님을 전하기 시작하셨어요. 제게는 그 모습이 기적이었어요."

샛별교구 이종순 권사

"갑자기 주님 곁으로 가게 된 남편의 장례를 마치고 교회에서 울면서 주님을 불렀을 때 하나님을 인격적으로 만나게 되었어요. '이제 두려워하지 말아라. 내가 너와 함께 있는데 무엇이 너를 두렵게 하느냐'는 음성을 들으니 평안해지더라고요. '제가 주님께 무엇으로 감사를 드려야 될까요?'라는 질문과 동시에 성경필사를 해야겠다는 생각을 주셨어요. 이후로 지금까지 네 번째 필사에 도전 중인데, 새벽예배를 드리고 성경필사로 하루를 시작한 생활이 어느덧 10년이 넘었네요."

관양교구 이연순 권사

"목 디스크가 있어서 성경필사에 몇 번 도전했다가 중간에 멈추곤 했어요. 글씨를 못 쓸 정도로 팔이 많이 아프니까요. 근데 기적의 40일 동안은 출애굽기를 다 쓸 무렵 더 이상 아프지 않은 거예요. 그 기쁨과 감격에 밤에 자다가 말고 일어나 서너 시간씩 필사를 하면서 1년여 만에 끝낼 수 있었습니다."

이용건 안수집사의
3대가 한마음으로 만든 필사성경

조부모, 부모, 부부와 자녀들까지 이용건 안수집사는 가정이 '4대 기독교 명문가', '80년 신앙 가정'으로 불리기를 원한다. 4대에 걸친 믿음의 원조이신 할머니는 1940년대 초에 교회에 출석하면서 새벽마다 골방에서 기도하셨다. 기도하시던 할머니의 음성을 듣고 자란 형제자매가 여전히 같은 모습으로 그 신앙의 맥을 잇고 있다. 거주하는 지역은 각기 다르지만 형제자매가 시간을 맞추어 동시에 기도하는 시간이 있어, 매일 저녁 10시가 되면 마음을 모은다. 2020년 추석을 맞이해서는 어머니 팔순을 기념하는 의미로 성경을 필사하기로 결정하였다. 여름 방학 동안 교구 단위로 이루어진 성경필사 방법대로 이 안수집사의 부모, 누나, 부부와 딸까지 세 가정이 성경을 각각 1/3씩 나누어 필사했다. 결단한 지 1년 4개월이 지난 2021년 성탄절에 필사가 완성되었다. 2022년에는 세 가정이 1/3 분량으로 나누어 성경을 통독하며 녹음하는 것에 도전했다. 조부모와 부모의 공동 필사성경을 보면서 믿음의 유산을 상속받지 않을 자녀들이 있을까!

김승형 성도의 필사적인 성경필사
"두 번째 필사는 아들을 위해 써 주세요."
"2015년 6월에 남편이 갑자기 뇌출혈로 쓰러진 후로 몸이 마비되기 시작해 7년이 지난 지금까지 재활 치료 중에 있어요. 2021년 초, 믿음 없던 남편이 성경필사를 하겠으니 노트와 볼펜을 사달라는 말에 기도의 응답임을 확신하고 감사했어요. 오른팔은 자유로워서 남편은 새벽부터 일어나 성경을 필사했고, 7개월 정도 지나자 창세기부터 요한계시록까지 모두 완성되었습니다. 필사하면서 남편의 마음이 한결 평안해졌고 신앙도 조금씩 받아들이기 시작했습니다. 완성된 성경필사본을 담임목사님에게 들고 가서 기도받던 날은 정말 기쁘고 감사했습니다. 지금은 아들을 위해 기도하며 두 번째 필사본을 쓰고 있는데, 세 번째 필사본은 아내인 나를 위해 써 달라고 부탁했어요. 하나님께서 남편의 눈물을 닦아 주시고 평안 가운데 치료해 주시리라 믿습니다."

구역예배의 대세,
줌^{zoom}을 줌 인^{zoom in}!

"잘 계셨어요, 권사님?"
"얼굴을 뵈니까 건강해 보이세요."
"어, 그런데 왜 구역장님이 안 보이시죠?"
"저 여기 나와 있는데요."

과천구역이 줌으로 예배를 드리는 현장이다. 줌으로 예배를 드린다고 하니 구역원이 젊은 성도들일 것이라고 생각할 수 있는데 그렇지 않다. 모두 60세 전후의 권사들이다. 코로나19로 인해 예배를 비롯하여 모두 비대면으로 신앙생활을 해야 하는 상황에서 구역예배를 카카오라이브톡으로 시도해 보기도 하다가, 결국에는 실시간 소통 프로그램인 줌에 주목했다. 쌍방 소통이 가능한 앱이어서 구역원 얼굴도 실시간으로 모두 볼 수 있고, 대화를 나눌 때 한 사람에게 집중할 수 있어 좋은 점이 많았기 때문이다. 한 주씩 지날 때마다 자연스러운 분위기에서 나눔이 이루어지고 기계 조작에 대한 두려움도 점점 사라졌다.

김선일 목사
"처음에는 걱정이 많았습니다. 스마트폰이나 컴퓨터에 익숙하지 않은 노년 성도들이 참여하실 수 있을지 우려되었거든요. 하지만 그분들도 구역장들의 안내에 따라 잘 참여하였고, 그렇지 못한 분들은 구역장님 댁에서 함께 구역예배를 드리면서 오히려 오프라인 모임이 살아나는 것을 보게 되었습니다. 담임목사님과 함께하는 실시간 성경공부 이후의 구역 나눔을 카톡과 문자로만 할 때는 은혜 나눔에 한계를 느꼈는데, 온라인으로라도 대면할 수 있는 구역모임을 하게 되니 예전처럼 다양한 일상의 문제들도 나누며 은혜를 주고받게 되었다는 이야기를 들었습니다."

황경숙 권사

"저는 온라인 세대가 아니잖아요. 하지만 각 구역에 온라인에 능숙한 분들이 계시더라구요. 꼭 제가 잘해야 하는 것은 아니에요. 저희 구역도 젊은 엄마가 줌으로 회의를 개설해서 초대를 해줬어요. 처음에는 웹엑스, 그다음에는 라인 어플, 그후부터는 시간 제약 없이 무료인 줌으로 넘어왔어요. 수없이 많은 플랫폼들로 얼마든지 인격적인 교제를 할 수 있어요. 메신저로 좋은 찬양도 나누고요. 교제라는 것이 상호간의 공감이잖아요. 그 공감의 방식을 온라인으로 하는 것뿐 크게 다른 점은 없었어요."

담당 공무원도 인정한 철저한 방역

"새중앙교회는 정부가 정한 방역 지침 그 이상의 수준으로 철저히 준수하고 있습니다."

주일예배 때 경기도청과 행정자치부에서 공무원이 나와 방역 지침 준수 상황을 체크하면서 내놓은 평가다. 코로나19와 관련하여 성도와 지역 주민을 선제적 및 자발적으로 보호하고, 보건 당국의 정책에 적극 협력하여 당시 주일예배 및 주중 모든 예배를 온라인으로 진행하였다.

손 소독과 마스크 착용은 물론, 교회 셔틀버스 승차 전 체온 체크, 예배당 앞 교구별 텐트에서 두 번째 체온 체크, 마지막으로 출석부에 이름 기재 후에야 대예배당 출입구에 들어갈 수 있었다. 이것이 끝이 아니다. 대예배당 로비에 설치된 열화상 카메라를 다시 한번 지나야 현장예배에 참석할 수 있었다. 예배 좌석 역시 별도로 표시된 자리에만 착석 가능하도록 사회적 거리두기를 철저히 지켰다.

2020년 3월 초, 5백~1천 명에 달하던 일별 확진자 수가 4월 중순에는 20~30명 수준으로 줄었고, 이에 부활주일예배를 기점으로 공적 예배의 단계적 회복을 계획하였다. 정부 역시 5월 5일을 기점으로 고강도 방역 체제였던 사회적 거리두기에서 생활 속 거리두기로 변경하였다. 따라서 새중앙교회도 공적 예배의 2단계 회복 과정에서 교회 사역 및 프로그램 개강을 준비했다.

시설 담당 임인섭 장로
"코로나19 발생 이후 매주 금요일과 토요일은 교회 본당, 교육관, 선교관, 상담센터를 포함한 모든 건물에 방역을 했어요. 주일에는 예배 시작하기 전, 그리고 1부에서 5부 예배까지 예배가 끝날 때마다 방역을 했고요. 주중 새벽예배와 수요예배, 성경공부, 금요성령집회가 있을 때도 집회 시작 전에 방역하는 지침을 철저히 지켰습니다."

예배 담당 최병용 장로
"공적 예배 1단계, 2단계로 들어가면서 장로님들의 기도가 더욱 더 필요하다는 생각에 릴레이 금식기도를 시작했습니다. 예배 하루나 이틀 전에 장로님들께 기도 당번 순서에 따라 기도 제목을 문자로 보냅니다. 저에게는 기저 질환이 있기 때문에 예배를 섬기면서 불안하기도 했지만 그럴 때마다 하나님께서 더 큰 사명감을 주셔서 순교의 마음을 가지고 예배 사역을 감당했던 기억이 납니다."

코로나19로 신음하던 미자립교회 지원

"우리 교회가 선교적 교회로서 해외에 나가 선교하는 것도 중요하지만 코로나19로 인하여 쓰러져 가는 교회를 다시 일어설 수 있도록 돕는 것도 중요하다고 봅니다. 제가 먼저 3개월 동안의 사례비에서 일정 부분을 선교비로 내겠습니다. 지난 3월 동안 우리 성도님들께 감사한 것은 선교하는 교회를 사랑하는 마음을 적극적으로 표현하셔서 매월 지출되는 많은 선교비를 모두 감당할 수 있었다는 것이었어요. 얼마나 감사한지 모릅니다." 황덕영 담임목사

2020년 3월, 교역자들과 성도들이 미자립교회를 돕는 일에 하나둘씩 자원하는 마음으로 동참하였고, 교회 당회의 만장일치로 '부활주일 절기헌금' 전액을 코로나19로 신음하는 미자립교회들을 돕는 데 사용하기로 했다. 모두가 형편이 어려운 시기였지만, 더 어려운 형제를 돕고자 마음을 모아 하나님이 기뻐하시는 선교에 동참했다. 진짜 어려울 때 보여준 성숙한 신앙의 모습이 아닐 수 없다.

현장예배 못지 않은 실시간 온라인예배

코로나19가 예배당을 닫아 버리긴 했어도 예배는 결코 막지 못했다. 구원받은 성도들의 모임이 바로 교회이기 때문에 각 가정마다 작은 교회를 이루며 하나님께 예배를 드렸다. 주일 대예배는 기존 예배의 특성을 그대로 살려 예배를 드렸다. 1~2부 전통 예배, 3~4부 성령의 자유함이 있는 예배, 5부 비전예배 등 기존의 현장예배 분위기를 그대로 살려서 유튜브로 예배 영상을 내보냈다. 교구 교역자, 드림공동체 교역자, 비전공동체 교역자, 전문사역 교역자 등의 찬양팀들이 한 주씩 번갈아 가며 성가대 대신 찬양을 올려 드렸으며, 드림공동체 예배는 매주 성경 이야기를 스킷 드라마로 만들어 말씀에 더욱 집중하도록 인도하였다. 대예배뿐만 아니라 수요예배와 금요철야예배도 영상예배로 송출했고, 새벽기도회와 저녁 9시 기도회 또한 실시간으로 영상을 내보내면서 어려운 때일수록 성도들이 더욱 예배를 붙잡도록 했다.

교구 이근중 목사

"온라인으로 예배를 드리고, 유튜브 방송으로 구역예배를 드릴 때 처음에는 새로운 참여 방식에 대하여 좋다고 여기며 반응이 좋았습니다. 특히 담임목사님과의 성경공부는 시공간을 초월하여 만날 수 있다며 성도님들이 좋아하셨습니다. 그러나 안타까운 일은 스마트폰이 익숙하지 않고 컴퓨터가 없는 어르신이나 가정은 이러한 환경에서 소외된다는 점입니다. 온라인 환경이 장기화되지 않고 현장예배가 살아나야 한다는 생각이 그래서 더욱 강하게 들었습니다."

청계 구역장 김예자 권사

"10년 넘게 청계에서 구역장으로 섬기고 있습니다. 구역 식구들이 서로 너무너무 보고 싶어 하는데 모이지 못하니 어찌나 안타깝던지요. 그 심정에 당시에 기도 시간을 더 늘려서 새벽 4시부터 기도했어요. 하루빨리 현장 예배와 구역 예배가 정상화되도록 날마다 기도했어요."

사회적으로는 거리두기, 하나님과의 거리는 좁히기

세상이 사회적 거리두기를 외칠수록 성도들의 마음은 그 어느 때보다 하나님과의 거리 좁히기가 이루어졌다고 본다. 매주 목요일과 금요일에 큐티 책《해피투게더》나 교회 홈페이지에 올려진 교재를 가지고 황덕영 담임목사와 1천 명에 가까운 성도들이 실시간 방송으로 성경공부를 하였다. 덕분에 구역예배가 말씀으로 든든히 세워졌다.

교역자들의 톡톡 튀는 아이디어로 성도들과의 교제 시간을 재미있게 꾸미는 교구도 많았다. 매주 화요일 오후 3시에 진행되던 카카오TV 라이브 방송 프로그램 '슬기로운 신앙생활'이 대표적이다. 박재관 목사와 박준수 목사가 진행을 맡아 6백여 명의 성도들을 만났다.

비전공동체도 당시 주일 5부 예배를 마친 후 오후 4시 30분부터 카카오TV 라이브를 통해 구역예배를 드렸다. 5명의 사역자들이 신앙 안에서 청년들과 소통하고 공감을 나누는 프로그램이다. 구역예배 후에는 구역장이 카카오톡 단체방을 통해 구역원들과 교제하곤 했다.

드림공동체의 '드라이브스루' 심방은 국민일보 미션 1면에 소개될 정도로 한국 교회에 신선한 바람을 불어넣었다. 교역자는 승용차 안에서, 학생들은 승용차 밖에서 서로 마스크를 쓴 채 5분 정도 함께 기도하고, 큐티 책과 간식을 건네며 잠시 얼굴을 보고 안부를 건네는 정말 간단한 심방이었지만 아이들은 감동을 받고 눈물을 글썽이고 했다.

드림공동체 김윤민 목사
"아이들의 주일 예배관이 흔들리지 않도록 정시에 예배를 드리는 것을 원칙으로 각 가정과 소통을 했습니다. '드라이브스루' 심방은 코로나19 시기에도 아이들을 만날 수 있도록 하나님이 선물로 주신 사역이었습니다. 사실 처음에는 《비전큐티》를 전달하려고 시작했는데, 여기에 응원 카드와 간식까지 담아 전달했더니 아이들에게는 큰 힘과 격려가 되었다고 해요. '드리밍 콜센타'는 찬양하기를 좋아하는 아이들에게 딱 맞는 소통 채널이 되어 주었습니다."

큐티 책 주문이
어느 때보다
쇄도하던 시기

장년 성도들이 보는 큐티 책 《해피투게더》, 청소년과 비전공동체의 큐티 책 《비전큐티》, 어린이들이 보는 큐티 책 《키투》에 대한 요청이 그 어느 때보다 쇄도하였다. 본래 정기 구독자인 경우에만 우편 발송이 이루어졌는데 2020년 3~4월에는 낱권으로 구입하는 성도들에게도 우편 발송 서비스가 진행되었으며, 더불어 3~6월호 중보기도수첩까지 동봉되었다. 코로나19로 교구 목사들이 인도하는 영상큐티를 통해 도움 받는 성도들이 많아지면서 오히려 가정에서 큐티 책으로 말씀 묵상을 이어 가거나 교회에서 제공하는 가정예배 인도지로 가정예배를 드리는 성도들이 증가하였다.

2014

- 4월 이웃사랑초청잔치
- 6월 새중앙선교센터 선교관 100실 및 주차장 완공
- 8월 인도네시아 GGP교단 목회자 제자훈련
- 8월 새중앙의료선교회 필리핀 및 베트남 아웃리치
- 8월 목회자 선교사 부부학교
- 6~8월 SMTC 해외 현장 훈련
- 10월 새생명축제

2015

- 2월 비전공동체 150 아웃리치 달성
- 4월 이웃사랑초청잔치
- 6월 새중앙선교센터 개관 기념 세계선교영성축제 개최
- 6월 비전공동체 비전캠퍼스 1호 '안양대비카' 개척
- 6월 새중앙선교백서 발간
- 6~8월 SMTC 해외 현장 훈련
- 10월 새생명축제
- 10월 비전공동체 백두산 아웃리치

2020

- 1월 제4회 원크라이 12시간 국가기도회
- 6월 이웃사랑나눔잔치 및 사랑나눔7운동
- 7월 기적의 신앙 40일
- 11월 새생명축제 및 전 교인 111 살리기 운동
- 12월 안양·군포·의왕시에 사랑의천사박스 전달
- 12월 비전선교사 908명 임명 및 파송

2021

- 1월 비전캠퍼스 100호 개척
- 1월 제5회 원크라이 12시간 국가기도회
- 1월 NC URI 개소예배
- 6월 파주시 통일촌마을 및 판문점교회와 자매결연 협정식
- 6월 이웃사랑나눔잔치 및 사랑나눔7운동
- 8월 비전공동체 소그룹 아웃리치
- 10월 새생명축제 및 전 교인 111 살리기 운동
- 12월 안양·군포·의왕시에 사랑의천사박스 전달
- 12월 비전선교사 1,605명 임명 및 파송